KB125001

시민의 교양

시민의 교양

초판 1쇄 발행 2015년 12월 24일
초판 78쇄 발행 2024년 12월 1일

지은이 **채사장**
펴낸이 **권미경**
마케팅 **심지훈, 강소연, 김재이**
디자인 **오필민**
펴낸곳 **(주)웨일북**
등록 2015년 10월 12일 제2015-000316호
주소 서울시 마포구 토정로 47 서일빌딩 701호
전화 02-322-7187 팩스 02-337-8187
메일 sea@whalebook.co.kr 인스타그램 instagram.com/whalebooks

소중한 원고를 보내주세요.
좋은 저자에게서 좋은 책이 나온다는 믿음으로, 항상 진심을 다해 구하겠습니다.

시민의
교양

지금, 여기, 보통 사람들을 위한
현실 인문학

채사장 지음

whale books

이 책을 읽은 독자들의 추천

전교 1등의 비밀 노트를 훔쳐보는 기분이다! 채사장은 진정 정리의 달인이다. 그동안 알고 있던 지식의 구슬들을 한 번에 엮게 만드는 시원한 힘이 있다. 어느 정도 공부가 되어 있다면 꽤 유용한 서브노트가 되어줄 것이다. – 아즈나차크라

밤새 읽고 밤새 밑줄을 긋고 어느덧 필사를 하게 되는 마력을 지닌 교과서 같은 책. – kek0089

'보통의' 사람들에게 혹은 지금 당장 써먹을 만한 정보를 갈구하는 사람들에게 이 책은 교양 링거나 다름없다. 그간 수많은 교양서들을 영양제로 챙겨먹었으나 효과를 도통 모르겠다거나 지금 당장 인문학 결핍을 해소해야겠다면 이 책을 추천한다. – 낭만에디터

논술을 준비하는 고등학생이나 삶의 방향을 고민하는 대학생, 그리고 다가오는 대선에서 누구를 찍어야 할지 고민하는 일반 시민 모두에게 훌륭한 지침서 역할을 할 것이다. – ynebula

통찰력이 뛰어난 작가는 많지만, 이렇게 쉽게 풀어줄 수 있는 작가는 채사장이 독보적이다. – chalobar

영화 매트릭스에서 주인공 네오가 현실이라고 믿었던 세상이 만들어진 가상현실이라는 걸 봤을 때의 충격처럼 이 책을 읽고 난 후 내가 바라보는 세상이 다르게 보인다. — 서운

채사장은 이야기꾼이다. 어려운 이야기도 그가 하면 재밌다. 재미와 지식을 다 잡았다. — tlwj

채사장의 매력은 '가독성'에 있다. 어려운 개념을 친절히 알려주는 화법을 따라가다 보면 어느새 책의 마지막장을 향해 다가가는 자신의 모습을 볼 수 있다. 이 책의 후반부에선 작가의 남다른 통찰력을 볼 수 있다. 이제 인문학 입문서를 넘어선 듯하다. — quietsmile

단편적으로 여기저기 흩어져 있는 지식적 단어들을 한데로 엮어 하나의 이야기로 만드는 구조가 정말 놀랍고 놀랍다. — 웅이바보

내가 뭘 모르고 있는지도 몰랐던 것을 일목요연하게 보여준다. — yujinim

무거운 주제를 가볍게 풀어주고, 스스로 생각할 기회를 줌으로써 어렵다고 생각했던 인문학의 벽을 허물어주는 책. — skylove13577

단순하게 관통하는 데 있어선 천재적인 이해력을 가진 사람인 듯. — 갱지

대한민국 이 땅의 모든 젊은이들이 꼭 한번쯤은 정독했으면 하는 도서. — 배려의마음

지금의 삭막한 한국사회에서, 가장 필요한 인문학 책. — 토르치다

복잡하기만 할 것 같은 주제들을 단순하게 이해시켜주는 저자의 통찰력이 대단하다. 우리가 사는 세상의 과거와 현재를 이해하고 미래를 생각해 보게 하는 책이다. 세상을 모르고 사는 나 같은 속 빈 교양인의 필독서로 권하고 싶다. — 하우애

명확한 설명, 깔끔한 정리, 기본적인 인문 교양서로 접근하는 독자에게 괜찮은 선택. — 윤둥이

현대 사회 시민을 위한 맞춤형 인문학 서적이란, 바로 이런 책을 일컫는 표현일 듯하다. – ok0157

이 시대를 살아가는 시민이라면 꼭 한 번 읽어 볼 가치가 있는 책. – 안녕

책 페이지를 펴자마자 그 자리에서 마지막 페이지까지 전부 읽었다. (중략) 무엇보다 언론이 하는 말을 여과 없이 자기 생각인 양 착각해서 듣기 전에, 복잡해 보이는 뉴스를 단순한 프레임으로 바꾸어 볼 수 있는 기초적인 잣대를 알려주는 게 무척 도움이 된다. 고민하고 생각하는 사람들이 늘어나는 사회를 위해, 이런 책들이 좀 더 많아졌으면 좋겠다. – 무밍

세상을 바라보는 새로운 관점. – lovececikiki

지식을 객관적으로 툭 던지고 마는 것이 아니라 자신의 주관을 내비치며 간곡하게 들려주는 것이어서 감화력과 설득력이 한층 무게 있게 다가온다.

깊이 있고 정확한 좋은 글로 지식의 세례를 듬뿍 받았다. – 안또니우스

교과서가 이렇게 쉽고 이해하기 좋게 나온다면 얼마나 좋을까. – 솔나무

현재 한국의 상황을 이해하기 위한 입문서로 좋을 것 같다. 굉장히 쉽게 그리고 단순하게 설명되어 있다. – young

아무런 배경 지식이 없는 사람도 이해할 수 있을 만큼, 쉽고 재미있게 풀어낸 인문학 이야기. – 옥이

통찰이라는 것을 알게 해준 책. – 브레드

한국 사회의 현실을 진단하고 대응할 수 있는 필독서. – 콰미

이 책은 우리 공동체의 이익을 위해 그리고 우리들이 만들어갈 미래를 위해 반드시 필요한 책이다. – 이등급우유

정말 복잡하게 보이는 우리 사회와 세계를 '좌'와 '우'라는 단순한 이분법으로 제시하는 면은 저자의 엄청난 내공이다. 본질을 꿰뚫는 힘이 있다.
지금 시점에 지극히 부합한다. 지금의 작태는 시민으로서 우리가 제대로 된 판단을 못한 것이기 때문이니. – 닷슈

어떤 시민으로 살아갈 것인가에 대한 해답서 같은 느낌. – 이플리트

너무나 많은 이야기가 판을 치는 지금, 옳고 그름에 대한 판단의 바탕이 될 책. – 귤귤

실용적인 지식과 실제적인 고민으로 무장시키는 또 한권의 책. – 바보천

현실적인 제도와 구조의 문제를 다루기에 솔깃한 내용들이 많다. 학교 밖에서 배우는 인문학. 역사의 주인인 시민이 자신의 권리와 의무를 찾아 맘껏 자유를 누릴 수 있는 그날을 원한다면 당연히 알아야 할 인문학. – 봄덕

읽기 편한 지식백과사전 느낌. 해설이 쉬워서 술술 읽힌다. – vanillaice

시민으로 어떤 선택을 할 것인가에 대한 가장 기본적인 지식에 대한 책. – 하얀꽃잎

프롤로그

살아 있는 사람들을 위한 안내서

티벳에는 죽은 사람들을 위한 안내서가 있다. 죽은 다음에 개인이 겪게 될 일들에 대해서 차근차근 설명해주는 이 안내서는 '티벳 사자의 서'라고 알려져 있다. 중간중간에 해탈하는 방법이나 다시 사람으로 태어나는 방법 등의 팁을 알려주는 것도 잊지 않는다. 친절한 책이다.

죽은 사람을 위한 안내서도 있는데, 산 사람에 대한 것도 있어야 하지 않겠나 하는 마음에 이 책을 쓰기 시작했다면 믿어주려나 모르겠다.

두 가지의 삶이 있다. 첫 번째는 세계에 나를 맞추는 삶이다. 세상의 질서를 존중하고, 주어진 환경을 받아들이고, 그 속에서 최선을 다해 살아가는 인생이다. 두 번째는 세계를 나에게 맞추는 삶이다. 세상의 질서와 시스템에 저항하고, 주어진 환경을 변화시키려 노력하는 인생이다.

당신은 어떠했나? 어떤 모습에 더 가까운 삶을 살아왔는가? 질문을 바꿔보자. 다른 사람은 어떠했으면 좋겠는가? 당신이 사랑하는 사람들, 당신의 부모님이나 자녀나 연인, 당신의 친구들에게는 어떻게 살아가야 한다고 말해줄 것인가?

나를 바꿀 것인가, 세계를 바꿀 것인가는 근원적인 대립이다. 세계와 나, 사회와 개인이라는 구분은 근본적으로 갈등의 관계다. 사회는 개인을 유혹한다. 넓은 사회의 품에 안겨 쉬라고. 반대로 개인은 극복하고 싶다. 사회를 딛고 일어서려 한다.

그런데 이러한 사회와 개인의 근본적인 대립을 모순 없이 내포하는 하나의 놀라운 단어가 존재한다. 그것은 '시민'이다. 시민은 그 단어 안에 두 가지 개념을 모두 포함한다. 하나는 집단으로서의 전체성이고, 다른 하나는 개인으로서의 개체성이다. 쉽게 말해서, 시민은 사회 전체의 구성원인 동시에 독립적이고 자유로운 개별자다.

시민은 현실을 살아가는 과정에서 무수히 많은 선택의 상황에 놓일 수밖에 없다. 전체성과 개체성 사이에서, 구성원과 개별자의 사이에서 우리는 현실을 대면하는 것이다. 하지만 보통은 사회의 방대함과 복잡함 속에서 쉽게 길을 잃는다. 그것은 우리의 판단 능력이 부족하기 때문이 아니라, 너무나 많은 정보가 쏟아지기 때문이다. 현실의 팍팍함 속에서 무엇이 옳고 무엇이 그른지 고민할 시간적 여유가 없는 것이 문제다.

안내서가 있으면 좋겠다고 생각했다. 일상에 시달리는 부모님과, 입시에 몰두해 있는 아이들과, 취업과 노동에 숨 가쁜 사람들을 위해서 단순하고 친절한 가이드북이 있으면 좋겠다고 생각했다. 세상의 주인으로서 시민이 사회의 현안들을 합리적이고 주체적으로 선택하기 위해서는 단순하고 추상화된 세계의 구조가 도움이 될 것이기 때문이다.

그래서 사회를 단순화했다. '시장의 자유'와 '정부의 개입'이라는 상반된 개념을 중심으로 세계를 구조화했다. 그리고 현실에서 마주치는 다양한 분야들, 즉 세금, 국가, 자유, 직업, 교육, 정의가 이러한 구조 속에서 어떻게 연결되는지를 설명했다.

이렇게 세상의 구조에 대해서 이해하는 능력을 우리는 '교양'이라고 부른다. 그래서 이 책의 제목이 '시민의 교양'이다. 시민의 합리적 선택을 위한 세상의 구조화가 이 책의 목적이다.

《시민의 교양》은 다음의 내용을 담고 있다. 지금은 눈에 안 들어올 수 있으니 아랫부분은 건너뛰었다가 이 책이 끝난 후에 다시 읽어도 괜찮겠다.

[세금]으로 이야기를 시작한다. 그것은 우리 사회의 다양하고 복잡한 현상들의 본질이 세금에 대한 논쟁에서 기원하기 때문이다. 세금과 복지의 관계를 간결하게 정리함으로써 복잡한 사회를 이해하는 출발점으로 삼는다. 두 가지 쟁점인 '세금을 인상할 것인가'와 '누구의 세금을 인상할 것인가'의 문제를 다룬다.

[국가]에서는 앞서 정리한 사회가 현실화되는 공간으로서 국가에 대해 묻는다. 국가란 무엇인가? 우리는 어떤 국가를 원하는가? 이에 대한 답변으로 작은 국가와 큰 국가를 구분한다. 이어서 국가의 형태를 결정하는 주체가 누구인지를 확인할 것이다.

[자유]에서는 역사의 주인으로서 시민의 탄생을 알아본다. 이 과정에서 시민의 본질이 자유임을 확인한다. 이어서 우리는 현대사회에서 자유의 의미를 탐색한다. 자유란 무엇인가? 이에 대한 답변으로 소극적 자유와 적극적 자유를 알아보고, 이를 기반으로 하는 경제체제를 비교할 것이다.

[직업]을 갖는다는 것은 시민의 의무이며 권리다. 문제는 자본주의에서 직업들이 차등적 관계를 맺는다는 데 있다. 자본주의의 특성을 기준으로 직업군을 분류하고 그 관계를 알아본다. 이 과정에서 오늘날 직업 선택이 개인과 사회에 어떤 의미가 있는지 이해할 것이다.

[교육]에서는 우리가 실제로 배우는 것이 무엇인지를 묻는다. 우리는 교육의 형식에 집중함으로써 학교 구조를 통해 우리가 습득하게 되는 진리관과 경쟁에 대한 믿음을 확인해본다. 그리고 교육의 다양한 문제를 발생시키는 궁극적 토대가 경제체제임을 확인할 것이다.

[정의]는 모든 시민에 의해 요청된다. 문제는 무엇이 정의인가에 대한 견해가 개인마다 다르다는 데 있다. 정의란 무엇인가? 이에 답하기 위해 우리는 정의를 윤리, 경제, 정치적 측면으로 구분해서 다룬다. 이를 통해 사회를 구성하는 궁극적인 두 가지 세계관이 있음을 확인할 것이다.

마지막으로 살펴볼 [미래]는 새롭고 과감한 예측이 아니다. 일반적으로 알려져 있는 화폐와 인구 개념을 토대로 세계와 국내의 사회적 분위기를 가늠해본다. 이러한 과정을 거치는 것은 시민이 진행해야 할 선택에 참고하기 위해서다. 미래사회의 필연적인 흐름을 토대로 오늘날 우리 앞에 놓인 선택의 정당성과 무게를 검토할 것이다.

소수의 극단적인 사람들을 제외하면 사람들은 일반적으로 합리적이고 선하다. 현실과 미디어를 보면 대립과 갈등으로 세상이 가득 찬 것 같지만, 실수와 퇴행을 반복하며 세계는 꾸역꾸역 앞으로 나아간다. 그리고 세계를 이끄는 주인공은 시민이다.

오해하지 말아야 할 것은 시민이라는 존재가 어떤 이상향이나, 완성된 특정 상태를 말하는 것이 아니라는 점이다. 시민은 그저 내 옆에 있는 사람들이다. 욕심내고, 치열하고, 지혜롭고, 어리석고, 노력하고, 게으른, 그냥 그대로의 존재 말이다. 이 책은 합리적인 시민이 되자는 책이 아니다. 있는 그대로의 존재인 시민이 앞으로 진행할 선택에 대한 책이다.

시민으로서 당신이 합리적 선택과 결정을 내리는 데 이 책이 작은 도움이 되기를 바란다.

당신이 오실 줄 알고 기다리고 있었습니다.

차례

세금

어느 날 대통령에게 버튼이 하나 배달되었다
사회의 가장 근원적인 문제

정신을 차려보니 여기는 집무실이고 나는 대통령이다. 꿈이었구먼. 잠깐 책상에 엎드려 있다가 일반인으로 사는 꿈을 꿨나 보다. 몇 달째 돌려막기 중인 카드 대금과 퇴근 무렵 김 부장이 던져준 일거리 때문에 좌절하고 있었는데, 꿈이었다니. 급격하게 안도감이 밀려온다.

깊은 안도감과 함께 새삼 강력한 의지가 파도처럼 몰아친다. 한국의 모든 문제를 해결하고야 말겠다. 당장 어떤 일부터 할 것인가?

개인적으로는 우선 김 부장부터 청와대로 호출하고 싶지만, 나는 공과 사를 구분할 줄 아는 대통령이니까 가장 급하고 근본적인 문제점부터 해결하고자 한다. 한국의 가장 근본적인 문제는 무엇일까?

어떤 사람은 빈부격차가 가장 시급한 문제라고 말할 것이다. 다른 사람은 장기적인 경기침체와 일자리 문제를 거론할 것이다. 혹은 사회에

만연한 부정부패를 주장할 수도 있다. 아니면 통일과 안보, 공교육의 정상화, 역사 청산, 치안, 성차별, 환경, 독과점 등을 가장 중요한 문제라고 지목할 수도 있다.

각각의 문제점에 대한 해결 방안은 개별적인 특수성을 고려해서 마련되어야 한다. 정부와 시민사회 그리고 전문가 집단의 의견을 수렴함으로써 현실적인 방안이 제시되어야 할 것이다. 하지만 여기에만 집중할 수는 없다. 개별적인 문제를 해결하기 위해서는 먼저 사회 전체의 일관된 방향성이 결정되어 있어야 한다. 그렇다면 사회의 방향성이란 무엇이고, 그 방향성은 어떻게 결정되는가?

결론부터 이야기하면, 우리가 선택할 수 있는 사회의 방향성은 둘 중 하나다. 시장의 자유 또는 정부의 개입. 그리고 이 두 가지 방향성 중 하나를 선택하게 만드는 핵심적인 요인은 세금이다. 세금은 사회 문제를 이해하기 위한 근원이다. 거칠게 말하면, 세금으로부터 모든 사회 문제가 비롯된다고도 할 수 있다. 그래서 우리의 이야기는 세금에서 시작된다.

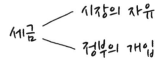

대통령으로서 내가 선택할 수 있는 사회의 방향성 역시 세금에 달려 있다. 세금을 높일 것인가, 아니면 낮출 것인가. 이 선택이 앞서 나

열되었던 다양한 사회 문제를 해결하기 위한 열쇠가 될 것이며, 이 선택으로 국가의 미래가 결정될 것이다.

집무실의 문이 벌컥 열린다. 깜짝 놀랐다. 한창 심각하게 사회의 근본 문제를 고민하고 있었는데 비서실장이 들어온 것이다. 비서실장은 다짜고짜 빨간색 버튼을 내민다.

"무슨 버튼인가요?"

"세금 버튼입니다."

"…응?"

"버튼을 누르면 현재를 기준으로 세금이 인상되고, 누르지 않으면 인하됩니다."

뭘 이런 걸 버튼으로 만들었나 생각이 들지만, 이왕 가져왔으니 결정해보자. 당신은 현재를 기준으로 앞으로의 한국사회가 세금을 높이는 방향으로 나아가야 한다고 생각하는가? 아니면 낮추는 방향으로 나아가야 한다고 생각하는가? 아니면 지금이 가장 이상적인 세율이라고 생각하는가?

잠깐, 버튼을 누르기 전에, 국가의 다양한 문제 중에서 왜 하필이면 세금을 가장 근본적인 문제로 꼽는지 궁금할 것이다. 이를 이해하기 위해서 우선 사회에 대한 단순한 그림을 그려주려고 한다.

시장이 있다. 여기서 말하는 시장이란 우리 사회를 말한다. 자본주의 사회에서는 모든 곳이 시장이다. 그리고 시장에는 두 주체가 있다. 개인과 기업이다. 개인과 기업은 사이가 좋다. 기업은 개인을 노동자로 고용해 임금을 준다. 개인은 소비자가 되어 기업이 만들어낸 재화와 서비스를 구매한다. 이들은 시장에서 합리적인 관계로 엮여 있다. 그런데 이들 외에 세 번째 주체가 있다. 정부다. 정부는 시장 밖에 있으면서 끊임없이 시장에 개입하려고 한다.

정부가 시장에 개입하는 방식은 무엇인가? 그것은 규제와 세금이다. 우선 정부는 규제를 위한 다양한 제도를 만들어 시장의 활동을 촉진하거나 제한한다. 다음으로 세금을 거둬들여 정부의 재정을 확보한다. 그래서 시장과 정부는 사이가 좋지 않다. 정부가 세금을 뜯어가니 그럴 수밖에 없다. 시장은 정부의 규제와 세금으로부터 자유로워지고 싶어 한다.

위의 내용을 토대로 우리 사회를 극단적으로 추상화해보자. 다음과 같은 그림이 된다.

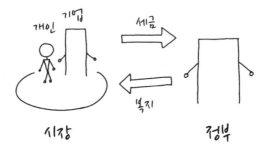

여기서 기억해야 할 단어가 등장한다. 바로 '시장의 자유'와 '정부의 개입'이다. 시장의 자유는 정부의 규제 완화와 세금 인하를 의미한다.

정부의 개입은 규제 강화와 세금 인상을 의미한다. 이때 규제와 세금 중 더 근본적인 것은 세금이다. 우리는 세금에 집중하려 한다.

정부는 왜 세금을 걷는 걸까? 세금은 도로나 항만, 의료, 교육 등 사회간접자본을 확충하기 위해 사용되기도 하고, 국방이나 치안에 사용되기도 하며, 국회의원과 공무원의 월급으로 지급되기도 하는 등 다양한 국가 운영 사업에 쓰이고 있다. 그리고 더 근본적으로는 복지를 위해 쓰인다.

세금과 복지의 관계는 일반적으로 비례한다. 세금이 높아져서 국가 재정이 강화되면 복지 수준이 높아지고, 세금이 낮아져서 국가 재정이 약화되면 복지 수준이 낮아진다.

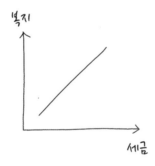

정리해보자. 시장의 자유가 의미하는 것은 세금 인하와 복지 축소나. 성부의 개입이 의미하는 것은 세금 인상과 복지 확대다. 두 가지 세계가 가능하다. 시장의 자유를 지향하는 사회와 정부의 개입을 지향하는 사회. 세금에 대한 선택은 사회의 방향성에 대한 선택이라고 할 수 있다. 그래서 세금이 중요하다. 세금은 사회의 가장 근원적인 문제다. 당신은 어떤 사회로 나아가는 것이 더 타당하다고 생각하는가?

시장의 자유 : 세금 ↓ , 복지 ↓

정부의 개입 : 세금 ↑ , 복지 ↑

물론 이상적인 사회를 그려볼 수도 있다. 세금은 낮고 복지 수준은 높은 사회. 이런 사회를 만들면 되는 게 아닌가? 하지만 우리는 알고 있다. 이런 사회는 실현 가능하지 않다는 사실을 말이다. 세금을 인상하지 않으면서 복지를 강화하려면 이에 필요한 재원을 확보하기 위해 국채를 발행해야만 한다. 그만큼 국가의 빚은 늘어나고, 재정 건전성은 악화될 것이다.

그래서 선택이 필요하다. 현재의 과도한 세금 징수가 복지보다 더 큰 문제라고 판단하는 사람은 시장의 자유를 선택할 것이다. 반대로 복지 확대가 세금보다 더 중요한 문제라고 생각하는 사람은 정부의 개입을 선택할 것이다.

전문가들의 토론을 들어보자
한국의 상황

버튼을 눌러야 할 시점이 왔다. 현재 한국의 상황을 고려할 때 앞으로 우리는 세금을 낮춰야 하는가, 높여야 하는가? 즉, 우리의 방향성은 시장의 자유인가, 정부의 개입인가? 국가 전체의 미래가 달린 일이므로 쉽게 선택할 수는 없다. 경제 전문가들의 조언을 들어보기로 했다. 전문가 A와 B가 집무실에 도착했다. 먼저 B의 브리핑이 시작되었다. 그는 정부 개입을 주장해온 사람이다.

전문가 B 우선 현재 한국 상황에 대해서 브리핑하겠습니다. 2014년 OECD 통계에 따르면 국내총생산(GDP) 대비 세율은 대략 24%입니다. 쉽게 말해서 1년에 5,000만 원을 벌었다면 그중에 세금이 1,200만 원이었다는 이야기죠. 숫자만 보면 많아 보일지도 모릅니다. 하지만 다른 국가들과 비교해봐야 합니다. OECD 회원국의 평균비율은 34%

입니다. 한국은 세금을 인상할 수 있는 여력이 충분하고도 남는다고
볼 수 있습니다.

 복지에서도 마찬가지입니다. 한국의 경우 GDP 대비 복지 지출은
대략 10%입니다. 반면 OECD 회원국의 평균비율은 21%입니다. 한
국은 그들에 비해 절반의 복지도 시행하지 못하고 있다는 말입니다.

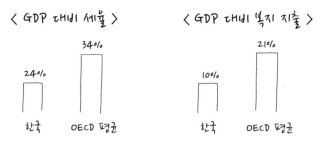

 한국은 세금과 복지 문제에서 과도하게 시장의 자유 쪽으로 치우쳐
있습니다. 이에 따른 문제점들이 심각합니다. 세금과 복지로 부의 재
분배가 이루어져야 하는데, 그러지 못하니 빈부격차가 극심한 실정입
니다. 빈부격차의 양상도 2015년의 OECD 통계를 참고할 필요가 있
습니다. 한국은 상위 10%의 소득자와 하위 10%의 소득자 간 격차
가 10.1배입니다. 10명의 사람이 있다면 가장 부유한 사람은 매년 가
장 가난한 사람보다 10배 더 많은 소득을 올리고 있다는 거죠. 이는
OECD 회원국 평균인 9.6배를 뛰어넘을 뿐만 아니라, 독일이나 프랑
스가 6~7배인 것을 고려할 때 매우 높은 수치라고 하겠습니다.

 결론적으로 말하자면, 한국은 낮은 세금 징수와 이에 따른 낮은 복

지 지출로 빈부격차가 심화되었습니다. 다른 국가들과 비교해볼 때 세금을 인상해도 충분한 여유가 있습니다.

다른 국가들과 비교해보니 대략적인 한국 상황을 알 것 같다. 세금 인상 버튼을 눌러야 하나. 손을 버튼 위로 올리려는 찰나, 그때까지 불만 가득한 표정으로 B의 브리핑을 듣고 있던 A가 자리에서 일어났다. 그러고는 브리핑을 시작했다. A는 시장의 자유를 주장해온 전문가로 알려져 있다.

전문가 A 한국 상황을 일부 선진국들하고만 비교하는 것은 무리가 있습니다. 우리는 선진국들의 경제협력기구인 OECD의 평균에 익숙해 있는데, OECD 회원국과 한국은 성장해온 역사부터가 다릅니다. 그들은 수 세기 전에 근대화를 시작했습니다. 그리고 자신들의 앞선 산업화를 기반으로 아시아와 아프리카를 식민지로 만들어서 오랜 기간 착취했던 제국주의의 역사가 있습니다. 반면 한국은 바로 그 식민지였습니다. 우리의 근대화는 고작 반세기 동안 이루어져왔고, OECD 회원국이 된 것도 20년 정도밖에 되지 않았습니다. 이미 한참 발전한 국가들과 비교하면 모든 면에서 한없이 부족해 보일 수밖에 없습니다. OECD 회원국뿐만 아니라 우리와 같은 처지에서 성장한 다른 개발도상국들과도 비교해봐야 합니다.

우리와 경제성장의 역사가 비슷한 신흥경제지역인 대만, 홍콩, 싱가포르 등을 참고하면 한국의 세율이 낮지 않다는 것을 알 수 있습니다.

예를 들어 기업의 소득에 부과하는 법인세를 기준으로 보면 한국은 최고 세율이 22%인데 대만과 싱가포르는 17%, 홍콩은 16.5%입니다. 그 외에 미국과 일본 같은 선진국들도 세계적인 경제성장 둔화를 고려해, 높았던 법인세를 현재보다 낮추려는 움직임을 보이고 있습니다.

〈 법인세 최고세율 〉

- 한국   22%
- 대만   17%
- 싱가포르   17%
- 홍콩   16.5%

복지의 확대는 윤리적이고 정의로워 보일 수는 있습니다. 하지만 세계적인 경기침체 속에서 다른 선진국들과 경쟁해야 하는 한국의 상황을 고려해볼 때, 세금 인상과 복지 강화는 현실적이지 않습니다. 현실을 직시해야 합니다. 우선 복지 지출을 줄이고 세금을 인하해서 국내기업과 해외기업의 투자를 촉진하고, 개인의 노동의욕을 고취해야 합니다. 아직은 시장의 자유가 필요할 때입니다.

A의 말을 들어보니 일리가 있다. 게다가 강대국들 사이에 끼어 있는 한반도의 상황을 고려할 때 세금을 인하하는 것이 맞겠다는 생각도 든다. A의 이야기가 끝나자 B가 자리에서 일어나 A를 향해 소리쳤다.

B 어디서 자기주장 합리화할 자료만 들고 와서는 말도 안 되는 소리를 하는 거야? 지금까지 낮은 세율을 유지한 결과가 이거야? 세금을 낮게 해주니까 일부 대기업만 성장한 기형적인 경제가 된 거 아니야! 전체 근로자의 절반 이상이 월급여가 200만 원이 안 되고, 당장 절대빈곤 상태에 놓인 노인 인구가 넘쳐나는 마당에, 누구 좋으라고 복지를 줄이고 세금을 낮춰! 이 피도 눈물도 없는 부도덕한 인간아!

A 누가 누구더러 부도덕하다는 거야? 자신은 세금 납부의 의무도 다하지 않으면서 타인의 노력과 성과에 무임승차하려고 하는 게 더 부도덕한 거 아니야? 무조건적으로 복지 혜택을 줄 게 아니라 노동해서 살아갈 수 있는 환경을 마련해줄 생각을 해야지! 당신이야말로 되도 않는 선진국들 자료나 가져와서는 무작정 그들하고 수준을 맞추자는 게 말이나 돼? 지금 국내외 경제 상황이 얼마나 위태로운지도 모르고 비현실적인 이야기나 하는 이 한심한 이상주의자야!

A와 B가 멱살을 잡기 시작했다. 마음이 심란해진다. 갑자기 김 부장이 보고 싶다는 생각이 든다. 비서실장에게 눈짓을 보내자 금방 알아채고는 전문가들을 밖으로 내보낸다.

현실을 객관적으로 파악한다는 것은 원천적으로 불가능한 일인지도 모른다. 실제로는 객관적인 사료들을 선별적으로 선택해서 이용할 수만 있을 뿐, 현실에 대한 해석은 항상 주관적인 것인지도 모른다. 세금과 복지의 문제도 마찬가지다. 세금의 인상과 인하 중 더 객관적인 자료를 근거로 한 주장을 가려내는 것은 쉽지 않다. 그리고 어떤 주장이 더 윤리적인지를 가려내는 것도 어렵다. 더 선한 주장, 더 악한 주장이란 없다. 일부의 극단적인 사람들을 제외하면 일반적인 대다수의 사람들은 공익과 사익을 합리적으로 조율해서 하나의 입장을 지지한다. 이러한 입장 차이는 누가 더 객관적인 자료를 많이 갖고 있는지에 따라 생기는 것이 아니다. 또한 그 사람이 선하거나 악해서 생기는 것도 아니다. 현실의 상황에 대한 해석 차이가 개인의 입장 차이를 드러낼 뿐이다.

A와 B의 견해를 정리하면 다음과 같다. 두 입장의 차이는 현실을 통시적으로 파악하는가 아니면 공시적으로 파악하는가에 따라 발생한다. 여기서 통시적이란 시간의 흐름을 고려해서 의미를 파악하는 것을 말한다. 반면 공시적이란 시간에 대한 고려보다는 현재 상황을 기준으로 의미를 파악하는 것을 말한다.

우선 A는 통시적인 측면에서 접근한다. 시간적 변화를 고려해서 한국의 상황을 파악하는 것이다. 과거로부터 성장해온 짧은 역사를 고려하고, 동시에 앞으로 성장 둔화가 심화될 미래를 반영한다. 성장의 과정 중에 있으므로 이에 맞는 정책이 필요하다는 입장이다.

반면 B는 공시적인 측면에서 현재 한국의 상황을 파악한다. 현재를 기준으로 다른 나라와의 세금 및 복지 현황을 비교하는 것이다. 유럽의 발전된 복지사회를 궁극적인 지향점으로 상정하고, 거기에 이르는 방향으로 현재 한국의 방향성을 결정해야 한다는 입장이다.

대통령에게 버튼 하나가 추가되었다
누구의 세금을 높일 것인가

결정의 순간이 왔다. 세금을 낮출 것인가, 높일 것인가? 시장의 자유를 선택할 것인가, 아니면 정부의 개입을 선택할 것인가? 비서실장이 빨간색 버튼을 들고 천천히 다가온다. 가슴이 쿵쾅거리고 숨이 가빠온다. 식은땀이 등줄기를 타고 흘러내린다. 누르자니 경기침체가 우려되고, 누르지 않자니 빈부격차가 걱정이다. 버튼을 만들어 온 정성도 있는데 눌러야 하지 않을까 싶다가, 이건 이유가 안 된다는 생각이 들다가, 정신이 혼미하다. 에라, 모르겠다! 힘차게 버튼을 누른다.

그런데 아무 변화도 없다. 고장인가. 비서실장에게로 눈을 돌리니 주섬주섬 뒷주머니에서 무엇인가를 꺼내어 내민다. 이번에는 파란색 버튼이다.

"이건 또 무슨 버튼인가요?"

"누구의 세금을 인상할지 결정하는 버튼입니다."

"…응?"

"이 버튼을 누르면 보통 우리가 알고 있는 것처럼 부유층의 세금이 올라갑니다. 반대로 누르지 않으면 국민 전체의 세금이 일정하게 올라갑니다. 부유층에게 세금 부담을 떠넘기지 않는 것이지요."

앞서 세금이 증가하면 복지가 확대된다는 것을 이해했다. 하지만 이 방향을 선택하기 위해서는 한 가지가 더 결정되어야 한다. 그것은 '누구의 세금으로 복지를 확대할 것인가'다. 안타깝게도 현실에서 이루어지는 세금에 대한 논쟁에서는 세금 인상과 인하에 대한 주장만이 첨예하게 대립할 뿐, '누구'의 세금인지가 정확하게 언급되지 않아서 혼란을 일으키는 경우를 자주 목격한다.

예를 들어보자. 특정 정치인 P씨가 대중들 앞에서 이렇게 주장했다. "세금을 낮춰야 합니다!" 만약 당신이 노동자라면 기뻐해야 하는가, 아니면 분노해야 하는가? 혼란스럽다.

문제는 실제로 이러한 주장에 어떤 노동자는 기뻐하고, 다른 노동자는 분노한다는 데 있다. 이들은 서로를 한심하다고 생각할지 모른다. 기뻐하는 노동자는 자신의 세금을 생각했을 것이고, 분노하는 노동자는 부유층의 세금을 생각했을 것이다. 주어를 말해줘야 한다.

일반적으로 증세의 주어가 명시되지 않을 때, 우리는 보통 그것이 부유층의 증세를 말한다고 자연스럽게 생각한다. 이유는 두 가지다. 첫 번째는, 우리가 세금에 대해 갖고 있는 일차적인 이미지가 '많이 벌수록 많이 내는 것'이기 때문이다. 즉, 우리는 세금을 떠올릴 때 소득에 부과되는 직접세를 일차적으로 떠올린다. 두 번째는, 직접세가 소득이 높아질수록 세율도 함께 높아지는 누진세 제도를 따른다는 것을 우리가 이미 잘 알고 있기 때문이다. 즉, 우리는 많이 벌수록 부과되는 세금의 비율 자체가 늘어난다는 것을 알고 있다.

이 두 개념, 직접세와 누진세가 우리가 세금을 말할 때 암묵적으로 전제하는 세금의 형태다. 그래서 주어를 말하지 않아도 세금이 높아진다고 하면 자연스럽게 부유층의 부담이 커질 것이라고 생각한다.

실제로 세금을 높인다고 하면 일반적으로 부유층과 기업의 반발이 거세진다. 그런데 부유층에게 부담을 지우지 않는 증세의 방법도 있다. 부유층이 주어가 아닌 증세. 논리적으로는 매우 단순해 보인다. 부유층의 증세가 아니니까 가난한 사람들의 증세를 말하는 것 아닌가? 하지만 가난한 사람들의 세금을 높이자고 직접적으로 주장하는 정부나 정당은 찾아보기 힘들다. 그런 정부나 정당은 다수를 차지하는 서민들의 지지를 받지 못할 것이기 때문에 존속하기 어렵다.

그렇다면 부유층의 세금을 높이지 않으면서 동시에 가난한 사람들의 세금을 높이지도 않은 채로 세금을 인상하여 복지를 확대하는 방법은 무엇인가? 그것은 간접세를 높이는 것이다. 즉, 소득을 고려하지 않고 국민 한 명당 동일한 세금을 부과하면 된다.

〈 복지를 위한 증세 방법 〉

1. 부유층 세금 인상

2. 국민 전체 세금 인상

정리하면, 세금을 높여 복지를 확대하는 방법은 두 가지다. 부유층의 세금을 높여서 사회 전체의 복지 수준을 높이는 방법. 그리고 국민한 명당 세금을 일정하게 높여서 그것으로 복지를 실현하는 방법. 그래서 주의해야 한다. 정부나 특정 정당이 복지를 위한 증세를 말할 때, 특히 그 주어를 말하지 않을 때, 실제 주어가 무엇인지 확인해야 한다.

당신은 복지를 위해 부유층과 국민 전체 중 누구의 세금을 인상하는 것이 더 정당하다고 생각하는가? 각각의 방법과 타당성에 대해서 생각해보자.

우선 부유층에게 세금을 부과하는 방법은 간단하다. 우리가 누군가를 부유하다고 말할 때, 그것은 두 가지를 의미한다. 소득이 많거나, 재산이 많거나. 따라서 소득과 재산에 세금을 부과하면 된다. 일반적으로 소득에 부과되는 세금은 누진세, 재산에 부과되는 세금은 부유세의 형태를 띤다.

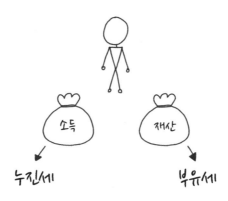

부유층의 세금을 인상하는 방법 1-누진세

소득에 부과되는 세금은 두 종류를 생각해볼 수 있다. 우선 소득의 정도를 고려하지 않고 모두에게 동일한 세율을 부과하는 방법이 있다. 이를 비례세라고 한다. 예를 들어 저소득자도 20%, 고소득자도 20%를 부과하는 것이다. 다음으로 소득의 정도를 고려해서 고소득자일수록 높은 세율을 부과하는 방법이 있다. 이를 누진세라고 한다. 예를 들어 저소득자는 10%, 고소득자는 30%를 부과하는 것이다.

오늘날 비례세와 누진세에 대한 논쟁은 없다. 누진세를 기반으로 어느 정도의 누진율을 적용할 것인지가 국가마다의 주요 논쟁점이다. 한국을 비롯한 대부분의 국가들은 누진세 제도를 시행하고 있다. 근대 산업화 이후 자본주의가 세계적으로 확대됨에 따라 빈부격차와 양극화가 심화되었다. 이를 해결하기 위해 정부가 시장에 적극적으로 개입한 결과가 누진세 제도다.

과세표준	세율
1,200만 원 이하	6%
~4,600만 원	15%
~8,800만 원	24%
~15,000만 원	35%
15,000만 원 초과	38%

　소득에 따라 부과되는 누진세율은 국가마다 다르다. 한국에서는 매년 이를 과세표준으로 제시한다. 과세표준에서는 소득 구간을 다섯 단계로 나눈다. 가장 낮은 소득 구간은 연간 1,200만 원 이하로, 6%의 세금을 부과한다. 반면 가장 높은 소득 구간은 연간 1억5천만 원을 초과하는 금액으로, 이 구간에는 38%의 세금을 부과한다.

　예를 들어보자. X씨는 한 달에 500만 원을 버는 고소득자다. 1년이면 소득이 6,000만 원이다. X씨의 세금은 얼마인가? 과세표준을 참고해보니 세 번째 구간에 해당한다. 그럼 세금은 24%여야 한다. 6,000만 원의 24%이니까 실제 세금은 1,440만 원인가? 한국도 세금이 엄청 높다고 생각할 수 있으나, 이렇게 단순하게 적용되는 건 아니다. 과세표준은 내 소득을 구간별로 잘라낸 뒤에 각 구간에 따라 얼마의 세금이 책정되는지를 보여준다.

실제로는 이렇게 계산된다. 내가 6,000만 원을 벌었지만, 이것이 모두 내 소득이라고 볼 수는 없다. 여기에는 나와 가족의 기본적인 생활을 위해 사용한 돈이 포함되어 있다. 기초 생활을 위해 사용한 돈에도 국가가 세금을 부과한다면 그건 타당하지 않을 것이다. 그래서 국가는 소득에서 경비를 제한다. 만약 X씨가 국가로부터 인정받은 경비가 1,000만 원이라면, 세금 부과의 대상이 되는 소득은 5,000만 원이다.

이제 과세표준을 참고해서 5,000만 원을 구간별로 나눠보자. 그러면 세 부분으로 나눌 수 있다.

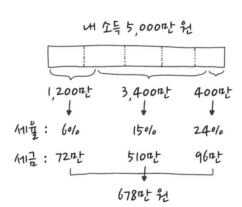

가장 낮은 구간에 해당하는 1,200만 원, 두 번째 구간에 해당하는 3,400만 원, 마지막으로 세 번째 구간에 해당하는 400만 원. 여기에 각 구간별 세율이 적용되는 것이다.

이렇게 각 구간별로 납부한 세금을 합산하면 실제 소득 5,000만 원에 해당하는 세금은 678만 원이다. 결론적으로 연봉이 6,000만 원인 X씨의 세금은 연봉 대비 24%인 1,440만 원이 아니라, 11.3%인 678만 원이 된다.

현실에서의 세법은 다양한 조건들이 더 추가되어서 매우 복잡하게 계산된다. 많은 사람이 이미 잘 알고 있다. 나에게 부여된 세금의 산정 근거를 이해하는 건 이번 생에는 글렀다는 것을 말이다. 그래서 보통은 국가가 알아서 내게 적합한 세금을 부과했을 것이라고 믿고 넘어간다. 하루하루 먹고살 생각만으로도 머리가 복잡할 지경인데, 이런 자잘한 일까지 생각할 여력이 없다. 이런 거나 계산하고 있을 시간에 차라리 조금이라도 더 버는 것이 낫다고 호탕하게 말하기도 한다.

세금을 계산하는 방법을 모르고 신경 쓰지 않는다고 해서 문제 될 것은 없다. 부지런하게 노동하고 성실하게 납세하는 것만으로도 자신의 책임과 의무를 수행하는 모범적인 사람이라고 할 수 있다. 문제는 나의 세금이나 타인의 세금에 대해서 대다수가 무관심한 가운데 세금에 대한 사회적 담론이 형성된다는 데 있다. "세금이 높다!" "세금이 낮다!" 신문과 방송에서 쏟아져 나오는 주장들 속에서 세금의 산정 방식을 모르는 대다수의 사람들은 갈피를 잡지 못한다. 그리고 자신의 주관적 느낌을 근거로 판단하고, 미디어에서 전문가라고 소개되는 사람들의 말을 앵무새처럼 따라 하게 된다.

무책임하게 형성된 세금에 대한 담론이 우려되는 것은, 앞서 살펴본

바와 같이 세금 문제가 복지 문제와 직결되기 때문이다. 복지의 확대와 축소에 대한 논쟁은 지금 이 순간 어떤 사람들에게는 생존의 문제와 직결되어 있고, 어떤 사람들에게는 재산권의 문제와 직결되어 있으며, 사회 전체로는 구성원들의 삶의 질 또는 지속적인 성장의 문제와 연결되어 있다.

자신이 국가의 노예인지 국가의 주인인지는 세금을 납부했느냐 아니냐의 문제로 결정되는 것만은 아니다. 중세의 백성들도 왕의 노예였지만 세금을 납부했다. 내가 국가의 주인일 수 있는 것은 사회의 방향성과 담론의 형성에 참여할 수 있기 때문이다. 세금과 복지의 현실에 대해 대략적인 큰 그림을 그려보는 것은 그러한 담론에 참여할 수 있는 최소한의 조건이 된다.

바쁘고 성실한 당신을 위해서, 복잡한 세율 적용에 따른 몇 가지 사례를 구체적으로 제시해보려고 한다. 월 수입에 따라 타인들은 어느 정도의 세금을 납부하고 있는지 알아보자. 여기 W, X, Y, Z의 네 사람이 있다.

이 중에서 우리 사회의 대다수를 이루는 사람은 W씨다. 정규직, 비정규직, 일용직, 아르바이트 등 전체 소득자를 기준으로 할 때, 중간 정도에 위치한 개인의 소득을 뜻하는 '중위소득'은 월급여 100만 원 내외인 것으로 알려져 있다. 또한 2014년 통계청 자료에 따르면 임금 근로자 전체의 50.7%가 월급여 200만 원 미만이었다. 대략 우리 사회의 절반 정도는 W씨다.

	W	X	Y	Z
월 수입	125	300	800	2,000
경비 20% 제외 소득	100	240	640	1,600
연 소득	1,200	2,880	7,680	19,200
과세표준 적용 세율	6%	11.25%	17.2%	27.9%
실제 세금	연 72 / 월 6	324 / 27	1,321 / 110	5,356 / 446

※단위 : 만 원

우리는 이 중에서 누진세에 집중하려고 한다. 실질세율을 보면 소득에 따라 6%, 11.25%, 17.2%, 27.9%로, 실제로 세율 자체가 증가하고 있음을 확인할 수 있다. 이를 토대로 할 때, 한국은 누진세를 적용하고 있는 것이 확실하다.

그런데 문제는 누진세를 적용하는가 하지 않는가가 아니다. 그보다는 책정된 누진세율의 정도가 실제로 정당한지가 논쟁의 핵심이 된다. 당신은 지금의 누진세율이 정당하다고 생각하는가? 많은 사람이 지금의 누진세율에 불만을 갖고 있다. 하지만 그 불만의 이유는 서로 정반대다. 어떤 사람들은 지금의 누진세율이 과도하게 높다고 생각한다. 반대로 어떤 사람들은 너무 낮다고 생각한다.

우선 지금의 누진세율이 너무 높다고 생각하는 견해부터 알아보자. 이들은 현재의 누진세 제도 자체가 정당하지 않다고 생각한다. 왜냐하면 이들이 보기에 누진세는 국가가 소수의 고소득자들의 권리를 강제로 침해하는 제도이기 때문이다. 개인이 시장에서 노력하고 투자해서 얻은 성과를 보호해주지 않는 국가는 경제적으로 건강하지 못하고 윤리적으로 정의롭지 않다는 것이 이들의 생각이다. 따라서 현재의 누진세율을 낮추는 방향으로 나아가야 한다고 주장한다. 이에 대해서는 이 책의 〔정의〕 부분에서 자세히 다룰 것이다.

이와는 반대로 지금의 누진세율이 너무 낮다고 생각하는 견해에 대해 알아보자. 이들이 보기에 누진세는 경제적 양극화를 해결하는 가장 직접적인 방법이다. 빈부격차가 극단적으로 심화되고 있는 바로 지금이 누진세를 강력하게 적용할 시점이라는 것이 이들의 생각이다. 따라서 이들은 과세표준에서 최고구간에 해당하는 세율을 최대한 높여야 한다고 주장한다.

그리고 이보다 한발 더 나아가서 소득에 대한 누진세뿐만 아니라 재산에도 강력한 세금을 부과해야 한다는 주장이 있다. 이러한 주장은 부유세에 대한 논쟁으로 알려져 있다.

부유층의 세금을 인상하는 방법 2 - 부유세

부유세는 일정 수준 이상의 재산에 부과하는 세금을 말한다. 소득 말고 재산 말이다. 쉽게 말해서 순자산이 일정액을 넘는 상위계층의 재산에 직접 세금을 부과하는 것이다. 예를 들어 Z씨의 연간 소득은 2억 원이고, 그동안 모아놓은 순자산은 100억 원이다. 그런데 Z씨의 국가에서는 부유세를 시행하고 있다. 순자산 10억 원 이상에 대해서는 매해 2%의 세금을 물린다. 그러면 Z씨는 소득에 대한 세금 외에 재산에 대한 세금을 매년 1억8천만 원 정도 더 추가로 납부하게 된다.

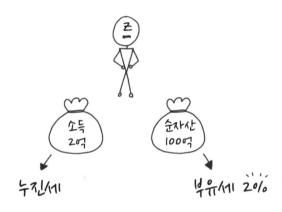

아니, 무슨 100억 원이나 가진 사람이 겨우 1억8천만 원 더 낸다고 문제가 되느냐고 생각할 수 있다. 하지만 부유세를 시행할 정도의 국가라면 Z씨는 이미 소득에 대한 누진세를 포함한 추가적인 세금들을 납부하고 있을 것이다. 게다가 이 상태로 10년이 지난다면 Z씨의 재산은 현재를 기준으로 5분의 1이 사라진다. 이런 이유로 부유세는 부유층의 강력한 저항을 받아왔고, 실제로 이를 시행하는 국가에서는 부유층이 외국으로 이민을 가는 결과로 이어졌다.

부유세에 대한 견해는 둘로 나뉜다. 그리고 이 둘의 주장에 대한 근거는 앞서 누진세 논쟁에서 알아본 내용과 유사하다.

우선 부유세를 찬성하는 사람들이 제시하는 가장 핵심적인 이유는 부의 재분배다. 양극화를 없애고 빈부격차를 해소하자는 것이다. 생각해보면 특정 개인이나 기업이 혼자서 너무 많은 부를 축적한다는 것은 사회 전체의 입장에서 보면 비윤리적일 뿐만 아니라 비효율적이다. 어차피 생전에 사용하지 못할 돈이라면, 당장 현실에서 빈곤한 삶을 사는 다수의 사람들을 위해 사용하는 것이 사회적으로 더 큰 효용과 가치를 발생시킬 수 있다. 극단적으로 빈곤한 사람들이 존재하는 상황에서 사회 전체의 이익을 위해 이들의 재산을 제한하고 분산시킬 필요가 있다는 주장이다.

반면 부유세를 반대하는 사람들은 부유세의 실효성을 의심한다. 현실적으로 부유세가 복지를 위한 재정 확보에 도움이 되지 않는다는 것이다. 실제로 부유세를 시행한 국가에서는 이에 부담을 느낀 최상위층의 개인과 기업이 세금이 낮은 국가로 이민을 가거나 재산을 이전하는 일이 발생했다. 결국 부유세로 확보한 세금보다 국가에서 빠져나간 자본이 더 컸던 것이다. 이러한 이유로 20세기 초에 부유세를 최초로 도입한 스웨덴을 비롯해서 많은 국가가 현재는 부유세를 폐지하고 있는 실정이다.

이 외에도 부유세는 윤리적인 측면에서 비판받아왔다. 부유세의 본질은 가난한 다수가 부유한 소수에게 느끼는 질투심과 열등감의 산물이라는 것이다. 이에 따르면 아무리 빈부격차가 심하다고 해도 그것 자체가 문제 되는 것은 아니다. 정당한 절차를 통해 부를 획득했다면 국가는 이를 보호해줘야 할 의무가 있다는 주장이다.

　참고로 한국에서도 부유세에 대한 논쟁이 있어왔다. 가구별 순자산을 고려해서 일정 소득 이상의 가구에 누진적으로 세금을 부과하자는 것이다. 2014년 통계청에서 발표한 가구당 순자산 보유액을 구간별로 살펴보면, 순자산이 0에서 2억 원인 가구가 전체의 55%로 과반수를 차지한다. 그리고 10억 원 이상을 보유한 가구는 전체의 4.1%이다. 한국의 부유세 논쟁은 4.1%에 해당하는 사람들을 대상으로 한다. 실제로 시행되지 않았고 사회적으로 크게 이슈화되지 못했지만, 앞으로도 부유세 도입의 정당성에 대한 논쟁은 끊임없이 계속될 것이다.

〈가구당 순자산 보유액 분포〉

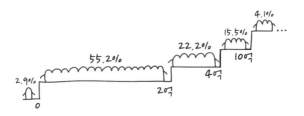

　정리해보자. 누진세와 부유세는 개인의 소득과 재산에 직접 세금을 부과한다는 측면에서 부유층의 세금을 인상하는 가장 확실한 방법이

된다. 우리는 세금을 이야기할 때 암묵적으로 누진세와 부유세를 말한다. 그래서 세금에 대한 논쟁은 항상 부유층의 세금 인상과 관련이 있다. 그런데 세금을 높이면서도 부유층의 세금을 높이지 않는 방법도 있다. 이제부터 이에 대해서 알아보려고 한다.

국민 전체의 세금을 인상하는 방법-간접세

부유층의 세금을 높이지 않으면서, 국가의 세금 수입을 높이는 방법은 무엇일까? 너무 쉬운 문제다. 가난한 사람들의 세금을 높이면 된다. 하지만 사실은 쉬운 문제가 아니다. 왜냐하면 다수를 차지하는 가난한 사람들의 반발이 매우 심할 것이기 때문이다. 그리고 사회 전체의 여론이 가난한 사람들에게 세금을 부과하는 것을 쉽게 용납하지 않는다.

그렇다면 방법은 한 가지다. 특정 계층의 세금을 높이지 않고, 국민 전체의 세금을 동일하게 높이는 것이다. 이러한 세금을 간접세라고 한다. 간접세는 직접세에 대응하는 세금이다. 우선 직접세는 앞서 알아본 것처럼 말 그대로 개인이나 법인의 소득과 재산에 직접 세금을 부과하는 방법이다. 누진세와 부유세가 직접세에 속하며, 이 밖에도 상속세와 증여세, 취득세 등이 있다.

간접세는 일반적으로 소비에 부과되는 세금을 말한다. 대표적으로 소비세, 부가세, 담배세, 주류세 등이 이에 해당한다. 시장에서 거래되는 모든 재화나 서비스의 가격에는 일정한 세금이 붙어 있는 것이다. 이 밖에도 거주하는 주민에게 일정하게 세금을 부과하는 주민세 역시 대표적인 간접세다.

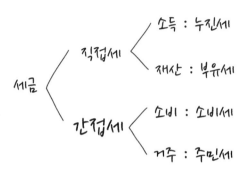

간접세는 매우 공평해 보인다. 누구도 차별하지 않고 자신이 소비한 만큼 그리고 거주한 만큼 세금을 내므로 불공평하다고 말하기 어렵다. 그래서 일반적으로 간접세는 조세에 대한 저항이 상대적으로 적다. 자신의 선택이 세금을 발생시켰다고 생각해서 강제성이 적고 평등해 보이기 때문이다.

하지만 개인의 소득을 고려했을 때는 간접세가 공평하다고 말하기 어렵다. 예를 들어 해당 지역에 거주하는 모든 개인에게 부과되는 주민세가 연간 1만 원이라고 해보자. 그리고 앞서 경비를 제외한 월 소득이 100만 원인 W씨와 1,600만 원인 Z씨를 비교해보자. 두 사람은 매해 1만 원을 공평하게 납부하는 것 같지만, 사실은 소득을 고려하면 월 소득 대비 W씨는 1%를, Z씨는 0.0625%를 세금으로 납부하는 것이다. 물론 사람마다 차이는 있겠지만, 소득만 놓고 생각했을 때 W씨가 느끼는 1만 원의 가치는 Z씨에게 625원 정도로만 느껴질 수 있다. 소득을 기준으로 할 때, 간접세는 저소득자의 실질적인 부담을 증가시킨다는 면에서 불평등한 세금이다.

　역사적으로 간접세는 직접세에 비해서 더 보편적인 세금이었다. 이는 '인두세(人頭稅)'라 불렸는데, 풀이하면 사람 머릿수에 따라 부과하는 세금을 말한다. 고대부터 중세에 이르기까지의 시기에는 세금을 부과하고 징수하는 복잡한 시스템이 없었던 까닭에 인두세가 가장 확실한 세금 징수 방식이었다. 하지만 인두세는 부에 대한 차등적 고려가 없어서 사회적 반발에 직면할 때가 많았다.

　현대에 이르러 가장 유명한 인두세 반발은 1990년대 영국에서 있었다. 당시 영국의 수상이었던 마거릿 대처는 과도한 사회보장 시스템으로 침체에 빠져 있던 영국사회를 구하기 위해서 과감한 신자유주의적 정책을 펼쳤다. 시장의 자유를 지향함으로써 세금을 낮추고 복지를 줄이는 정책을 펴나간 것이다. 특히 법인세를 축소하고 노조의 세력을 약화해서 기업이 활동하기 유리한 환경을 조성했다.

　과감한 개혁은 성과를 드러냈다. 대처가 처음 집권했던 1979년의 영국은 마이너스 성장률을 기록했지만, 집권 후 10년 차가 되던 해에는 5%의 성장률을 넘어섰다. 대처의 인기는 계속되었다. 그런데 1990년대에 이르러서는 상황이 달라졌다. 지속적으로 추진한 시장의 자유가 한계를 드러낸 것이다. 다시 경제가 악화되고 국가 재정이 어려위졌다. 그러자 대처 정부는 세금을 인상할 수밖에 없었다. 하지만 시장의 자유에 대한 그녀의 신념은 확고했다. 시장의 자유를 포기할 수는 없었다.

시장의 자유를 유지하면서 세입을 확충하는 방법. 그것은 투자할 능력 및 가능성을 가진 부유층과 기업의 세금은 높이지 않고, 국민 전체의 세금을 높이는 것이었다. 대처는 주민세를 부과했다. 거대한 저택을 소유한 귀족부터 음식점의 점원에 이르기까지 성인이라면 누구나 동일하게 세금을 물게 했다. 이러한 인두세는 시민들을 거리로 나서게 만들었다. 런던의 트래펄가 광장에 시위대가 모여들었고, 그들은 영국의 총리 관저가 있는 다우닝가로 행진을 시작했다. 폭력 진압과 폭력 시위가 이어졌다. 반년 후 대처는 결국 총리에서 물러나야만 했다. 그리고 다음 선거에서 정부의 강력한 개입을 주장하는 노동당이 집권하게 되었다.

직접세와 간접세 중에서 어떤 것이 선이고 어떤 것이 악인가? 그런 것은 없다. 당시의 국내외 상황을 고려해야 한다. 부유층의 세금을 높이는 것이 효과적인 시기가 있고, 국민 전체의 세금을 높이는 것이 효율적인 시기가 있다. 일반적으로 정부는 한계를 넘지 않는 선까지 정책의 방향성을 밀어붙인다. 시장의 자유를 추구하는 정부는 시민들의 반발이 있기 직전까지 국민 전체의 세금을 인상한다. 반대로 정부의 개입을 추구하는 정부는 부유층의 반발과 이탈이 있기 직전까지 직접세에 대한 증세를 밀어붙인다.

시민은 놀랍도록 참을성이 강해서 문제가 악화되는 시점까지 기다리는 경향이 있다. 가시적으로 문제가 발생해야 조금씩 움직이기 시작한다. 너무 늦어 사태가 악화되었을 때가 보통이지만, 시민의 움직임은 사회의 분위기를 역전시킨다.

진짜 문제는 움직이지 않는 시민에게 있다. 상황이 악화되는 시점에 이르기까지 무엇이 문제인지 파악하지 못하는 부동의 시민들이 문제다. 그들이 사회의 절대다수일 경우 그 사회는 균형을 잃어버리고 특정 계층, 특정 계급의 이익만을 반복적으로 보장하는 부정한 사회로 변질될 수 있다.

다시 전문가들의 토론을 들어보자

직접세와 간접세의 장단점

복지 확대를 위해 세금 인상이 결정되었을 때, 우리가 주목해야 하는 것은 누구의 세금을 인상해서 복지를 확대할 것인가다. 앞서 부유층 의 세금을 인상해서 복지를 확대하는 방법이 일반적임을 알아보았다. 누진세와 부유세를 포함한 직접세를 높이는 것이다. 반대로 국민 전체 의 세금을 높여 복지를 시행하는 방법도 있었다. 소비세나 주민세를 포함한 간접세를 높이는 것이다.

< 누구의 세금을 높일 것인가 >

┌ 부유층　 : 누진세, 부유세 (직접세)
└ 국민 전체 : 소비세, 주민세 (간접세)

마지막으로 직접세와 간접세에 대한 전문가들의 견해를 들어보고 결정해야겠다. 밖에서 싸우고 있는 A와 B를 불렀다.

전문가 A 직접세를 인상하는 건 안 됩니다. 래퍼곡선이라는 것이 있습니다. 미국 경제학자 래퍼 교수가 제안한 적정세율에 대한 그래프입니다. 우선 가로축은 세율의 변화를 보여줍니다. 0%부터 100%까지지요. 세금을 하나도 안 가져가면 0%, 소득 전부를 가져가면 100%. 세로축은 세금으로 인한 정부 수입을 보여줍니다. 그래프를 보면, 세율이 0%일 때는 정부의 수입도 0입니다. 아무도 세금을 내지 않으니 당연한 결과지요. 이후 세율이 늘어나면 정부의 수입도 함께 늘어납니다.

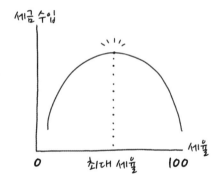

그럼 세율을 계속 높이면 정부의 수입도 계속해서 늘어날까요? 그렇지 않습니다. 어느 순간부터는 세율이 늘어날수록 정부의 수입은 반대로 줄어들어 결국 세율이 100%가 되는 지점에서는 국가의 세금 수입이 0이 됩니다. 왜 이런 일이 발생할까요? 국가가 나의 모든 수입을 세금으로 가져간다면 나는 더 이상 일할 의욕이 없어질 것이고, 결국 생산 활동을 전혀 하지 않을 것이기 때문입니다.

국가가 개인의 최고 소득구간에 대하여 과도한 누진세나 부유세를 책정한다면 어떤 일이 발생할까요? 당신이라면 어떻게 하겠습니까? 적정한 세금에는 꼬박꼬박 납세하던 당신 같은 윤리적인 사람도 국가가 소득의 대부분을 징수해간다면 견디기 어려울 겁니다. 당신은 세금을 내지 않는 다양한 합법적인 방안들을 고려하게 될 것이고, 결국에는 세금을 회피할 수 있는 다른 국가로 이민을 갈 것입니다.

안 그래도 개인의 최고 소득세율이 38%이고, 법인의 최고 소득세율이 22%인 한국에서 누진세를 강화하거나 부유세를 신설한다면, 부유한 개인과 국내외의 해외 자본들은 한국을 떠날 겁니다. 결국 국가총생산이 줄어들고, 복지에 사용할 세금 수입도 줄어들겠지요.

실제로 프랑스는 한시적으로 부자 증세를 시행했습니다. 2013년과 2014년에 연소득이 12억6천만 원을 넘는 구간에 대해서 최고 세율을 75%로 하는 법안을 통과시켰었지요. 하지만 2년 만에 폐지하고 말았습니다. 실제 세수의 증가는 1%에도 미치지 못했으니까요. 반대로 2년간 부유층과 기업들의 자본이 프랑스를 빠져나간 것으로 조사되고 있습니다.

더 이상의 직접세 인상은 안 됩니다. 지속적인 성장을 위해 간접세 인상이 필요합니다.

전문가 B 래퍼곡선은 사유실험을 통해 추상적으로 제시된 자료이기 때문에 현실을 반영하지 못한다는 비판을 들어왔습니다. 1980년대 미국의 경기침체를 해결하기 위해 레이건 대통령은 시장의 자유를 주장했고, 이러한 맥락에서 당시 70%에 달하던 최고 세율을 35%까지 낮추려고 했습니다. 이때 국민을 설득하기 위한 근거로 제시된 자료가 래퍼곡선이었지요.

물론 과도한 추상화라는 문제점은 있으나, 세율과 국가 세금 수입의 관계를 적절하게 설명해준다는 점에서는 참고할 만한 부분도 있습니다.

래퍼곡선의 문제점은 따로 있습니다. 그것은 래퍼곡선 자체로는 가장 적정한 최대 세율이 어디인지를 알 수 없다는 점입니다. 이렇게 물어보겠습니다. 래퍼곡선 상에서 우리는 지금 최대 세율을 기준으로 왼쪽에 있는 겁니까, 아니면 오른쪽에 있는 겁니까? 이에 대한 판단은 주관적일 수밖에 없습니다. 어떤 사람은 우리가 현재 오른쪽 어딘가에 있다고 생각합니다. 즉, 그에게는 최대 세율에 도달하는 방법이 세율의 인하에 있습니다. 하지만 우리가 왼쪽 어딘가에 있다고 생각하는 사람에게는 최대 수입을 위해 세율을 높이는 것이 이상적인 방법이 됩니다.

이제 확인해야 할 사안은 우리가 어디에 있는가 하는 것입니다. 앞서 이야기했듯이 레이건 정부는 당시 미국이 래퍼곡선의 오른쪽에 있다고 생각했습니다. 그 근거로 소득의 최고 세율이 70%에 달한다는 점을 들었지요. 그렇다면 한국은 지금 어디에 있습니까?

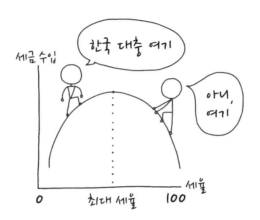

우리의 과세표준 최고 세율은 현재 개인이 38%, 법인이 22%입니다. 단순한 비교는 무의미하겠지만, 표면적인 세율만을 비교했을 때는 우리가 현재 오른쪽에 있다고 말하기는 어려워 보입니다.

프랑스의 사례도 마찬가지입니다. 2014년 세계 상위 소득 통계를 보면 상위 10%의 소득점유율이 프랑스는 32.69%인 데 반해 한국은 44.87%입니다. 한국의 10%의 부유층이 전체 부의 절반 가까이를 독점하고 있는 것입니다. 한국은 간접세 비율이 높고 직접세 비율은 낮아서 부의 재분배가 이루어지지 않고 있습니다. 극단적으로 직접세를 높이자는 것이 아닙니다. 한국은 아직 증세의 여력이 충분하며, 특히 직접세의 비중을 점진적으로 높여가야 한다는 것입니다.

B의 말이 끝나기 무섭게 A가 삿대질을 시작했다.

A 안 그래도 근로자의 절반 가까이는 실질 세금이 0에 가까워서 세금 한 푼 내지 않고 있고, 소수의 개인과 기업이 이미 국가 전체의 복지를 책임지고 있는 마당에, 이들에게 세금을 더 걷으라고? 모든 국민이 동등하게 의무를 지고, 그에 따라 자신의 권리를 요구할 때 그 사회가 정의로워지는 게 아닌가? 의무는 전혀 안 지려고 하고 권리만 요구하는 것만큼 도둑놈 심보가 어디 있나? 이 공산주의자야!

B 누가 누구더러 도둑놈이라는 거야?! 지금까지 성장 논리를 앞세워서 대기업과 부유층의 세금을 깎아주고 혜택을 주자고 국민들의 희생을 강요해왔으면서, 이제 국민들에게 권리를 찾아주자니, 뭐? 도둑놈? 국민들의 노력으로 성장한 국가의 부를 지금까지 독점해온 것이 진짜 도둑 아니야? 이 자본가의 앞잡이야!

집무실 창밖으로 보이는 하늘이 노을로 물들었다. 결정을 내릴 시간이다. 김 부장은 잘 지내고 있을까. 투닥거리는 A와 B를 내보냈다. 비서실장이 빨간 버튼과 파란 버튼을 들고 서서히 다가온다.

지금까지 두 가지 질문을 다뤘다. 첫 번째 질문은 '세금을 인상할 것인가'였고, 두 번째 질문은 '누구의 세금을 인상할 것인가'였다.

첫 번째 질문이 중요한 것은 사회에서 발생하는 다양한 문제들의 근원에 세금에 대한 논쟁이 자리 잡고 있기 때문이다. 세금은 복지 문제와 직결되어 있다. 세금의 인하는 복지의 축소를, 세금의 인상은 복지의 확대를 가져온다.

그래서 논리적으로 두 가지 사회가 가능하다. 첫 번째 사회는 세금을 낮추고 복지를 축소하는 사회다. 이런 사회를 시장의 자유를 추구하는 사회라 한다. 두 번째 사회는 세금을 높여서 복지를 확대하는 사회다. 이런 사회를 정부의 개입을 추구하는 사회라 한다.

시장의 자유에 대한 주장은 지속적인 성장을 근거로 한다. 세금이 낮으면 노동자들의 근로의욕이 높아지고 자본가들의 투자의욕도 높아진다는 것이다. 이에 따르면 세계적인 장기불황 속에서 한국이 지속적으로 성장하려면 세금을 낮춰야 한다.

이에 반해 정부의 개입에 대한 주장은 극단적인 양극화를 극복하고자 하는 데서 시작된다. 지금과 같은 양극화는 성장을 명분으로 낮은 세금과 낮은 복지를 유지했기 때문이라는 것이다. 이에 따르면 절대적 빈곤과 빈부격차로 인한 사회 갈등을 해결하기 위해서는 세금을 높여야 한다.

시장의 자유 : 세금↓, 복지↓ = 성장

정부의 개입 : 세금↑, 복지↑ = 분배

두 번째 질문인 '누구의 세금을 높일 것인가'에 대해서는 두 가지 답변이 가능했다. 하나는 부유층의 세금을 누진적으로 높이는 것이고, 다른 하나는 국민 전체의 세금을 일괄적으로 높이는 것이다.

우선 부유층의 세금을 인상한다는 것은 누진세와 부유세를 높이는 것을 의미한다. 누진세는 개인의 소득에 부과하는 세금이고, 부유세는 개인의 재산에 부과하는 세금이다. 소득과 재산이라는 개인의 부에 직접적으로 세금을 부과하기 때문에 이 둘을 직접세라고 한다.

다음으로 국민 전체의 세금을 인상한다는 것은 소비세와 주민세를 높이는 것을 의미한다. 소비세는 상품과 서비스에 붙는 세금으로, 개인이 소비한 만큼 발생한다. 주민세는 특정 지역에 거주하는 사람들에게 일괄적으로 부과되는 세금이다. 이 둘은 간접세에 속한다. 간접세는 모든 사람에게 동등하게 부여된다는 점에서 표면적으로는 평등해 보이지만, 개인의 소득과 재산을 고려할 경우 상대적으로 가난한 사람들의 부담이 높아지는 불평등한 세금이라고 할 수 있다.

〈 세금의 주체 〉

┌ 부유층　　　 : 직접세

└ 국민 전체 : 간접세

국가의 방향성을 선택한다는 것은 '세금 징수의 양'과 '세금 납부의 주체'를 결정함을 의미한다. 시장의 자유를 선택하는 사회는 세금의 양을 줄일 것을 주장한다. 어쩔 수 없이 세금을 높여야 할 때는 국민 전체의 세금을 높일 방법을 찾는다. 반대로 정부의 개입을 선택하는 사회는 세금의 전체 양을 늘리기 위해, 특히 부유층의 세금 징수를 강화한다.

시장의 자유와 정부의 개입이라는 방향성이 구체적으로 무엇을 의미하는지 이해하려면 결과적으로 누구의 이익이 보장되는지를 확인하면 된다. 시장의 자유라는 방향성은 궁극적으로 소수의 자본가의 이익을 우선한다. 반대로 정부의 개입이라는 방향성은 결국 다수의 노동자의 이익을 대변한다. 사회의 방향성이란 구체적으로 자본가와 노동자의 계급 간 이익 대립을 의미한다.

	세금비중	세금주체	이익주체
A : 시장의 자유 :	세금 ↓	국민 전체	소수의 자본가
B : 정부의 개입 :	세금 ↑	부유층	다수의 노동자

오늘날의 사회를 자본가와 노동자의 이익 대립이라는 이분화된 계급 구도로 보는 시각은 구시대적이라는 주장이 있다. 이 주장은 타당하다. 뒤에서 자세히 이야기하겠지만, 현대의 주주 자본주의에 이르러 노동자와 자본가의 경계는 이론적으로 모호해졌기 때문이다. 하지만 그렇다고 계급을 고려하지 않기에는 우리 사회가 너무도 계급 대립적으로 잘 설명되는 것이 사실이다. 그래서 우리는 이념이 아닌 실용적 측면에서 계급 대립적 시각을 견지하고 이야기를 계속하려고 한다.

국가

대통령은 버튼을 누를 수 없다고 말한다
야경국가와 복지국가

당신 앞에 버튼이 있다. 당신의 선택에 따라 국가의 모습이 달라진다. 국가 구성원들의 삶의 모습도 함께 변한다. 세금과 복지에 대한 국가의 선택이 사회와 개인의 미래를 규정한다는 건 너무 단순하고 명료한 까닭에 극단적으로 보이기까지 한다. 하지만 실제로 개인의 삶은 거시적인 국가의 방향성과 직접적인 관계를 맺고 있다.

국가가 개인의 삶을 바꿀 수 있다니, 두려운 일이다. 대통령은 피로해졌다. 책상 위에 엎드려 잠을 청해보려 했지만, 비서실장의 시선이 뒤통수에 꽂혀서 다시 일어났다.

그러다 문득 대통령은 의문이 생겼다. 정말로 나에게 국가의 방향을 결정할 권한이 있는 걸까?

아니, 그보다 먼저, 개인의 삶을 규정하는 국가란 대체 무엇인가?

'국가'와 '나라'를 같은 말로 보는 사람들이 대다수이고 실제로도 구분 없이 사용되지만, 차이점도 있다. 국가는 법적, 정치적, 행정적인 측면이 강조되는 개념이다. 반면 나라는 역사, 민족, 문화, 언어, 영토 등의 개념을 포괄하는 느슨하고 넓은 개념이다. 그래서 어감상으로 국가가 뭔가 더 정돈되고 세련된 느낌이라면, 나라는 막연하지만 친밀한 느낌이다. 실제로 오늘날 국가라고 할 때, 그것은 보통 제도화된 근현대 국가를 의미한다.

사전적 의미나 어감상의 접근이 아닌 국가의 본질을 생각해보자. 국가란 무엇일까? 이 질문에는 답하기가 곤란하다. 왜냐하면 이에 대한 답변은 질문을 던진 사람의 수만큼이나 많기 때문이다. 서구의 플라톤 철학이나 동양의 유학 사상부터 마르크스 이론과 현대 철학에 이르기까지, 국가에 대한 정의는 다양하게 제시되어왔다. 그것은 국가의 개념이 고정된 무엇이라기보다는 시대와 사회의 요구에 따라 변화하는 유동적인 개념이기 때문이다.

오늘날 일반적으로 사용하는 국가에 대한 정의는 정치적 실체를 말한다. 항구적인 영토와 국민을 기반으로 정치 조직으로서의 정부를 가지고 있는 정치적 실체 말이다. 다만 이러한 정의는 '국가란 무엇인가?'라는 질문을 던질 때 우리가 기대하는 답변으로는 어쩐지 부족하다. 왜냐하면 우리가 기대하는 것은 사실로서의 정의가 아니기 때문이다. 국가에 대한 물음의 근저에는 '국가가 무엇을 해야 하는가?'라는 당위적 역할에 대한 물음이 깔려 있다. 우리가 국가에 대해서 정말하고 싶은 질문은 다음과 같은 것이다.

국가의 역할이란 무엇인가? 국가는 무엇이어야만 하는가?

두 종류의 국가를 생각해볼 수 있다. 우선 최소한의 역할을 수행하는 국가가 가능하다. 국민의 생명과 재산을 보호하고 국방과 치안에 힘쓰지만, 국민 개개인의 삶의 방식이나 경제활동에는 간섭하지 않는 국가. 이러한 국가를 '야경국가'라고 한다. '야경'의 한자를 풀어보면 '밤 야(夜)' '경계할 경(警)'으로, 국가는 야간에 경비를 서는 정도의 역할만을 한다는 의미다. 원래는 19세기 독일에서 활동했던 사회주의자 라살레가 부정적인 의미로 처음 쓴 단어다. 라살레는 노동자의 복지에는 신경 쓰지 않고 부유한 자본가의 재산만 지켜주는 당시의 국가를 비판하고자 이 용어를 사용했다. 하지만 오늘날에는 최소한의 역할만을 수행하는 국가를 지칭하는 일반적인 용어로 사용된다. 야경국가의 정부는 작고 효율적인 형태를 지향한다.

다음으로 야경국가에 반대되는 국가가 가능하다. 생명과 재산 보호, 국방과 치안을 넘어 개인의 삶에 적극적으로 개입하는 국가가 그것이다. 국민이 배가 고프지 않은지, 어디가 아프지는 않은지 신경 쓰며 국민의 삶을 개선하려는 의지를 가진 국가다. 이를 위해 국가는 시장에 적극적으로 개입하고 시장의 방향을 조정한다. 이러한 국가를 '복지국가'라고 한다. 여기서의 '복지'란 건강하고 윤택한, 궁극적인 행복의 상태를 의미한다. 복지국가의 정부는 역할이 많아짐에 따라 크고 거대한 형태를 띠게 된다. 이에 따라 비효율의 문제를 발생시키기도 한다.

〈 국가의 종류 〉

┌ 야경국가 : 작은 정부

└ 복지국가 : 큰 정부

  당신은 어떤 국가가 이상적이라고 생각하는가? 야경국가와 복지국 가는 모두 국민의 안전과 행복을 추구한다. 다만 그 목표에 이르는 방 법에 대해 관점의 차이가 있다. 야경국가는 국민 전체가 행복해지는 길은 국민의 자유를 최대한 보장해주는 데서 시작된다고 본다. 반면 복지국가는 국민 전체의 행복은 국가가 국민을 적극적으로 돌봐주는 데서 시작된다고 본다.

  그래서 야경국가와 복지국가는 앞서 우리가 논의했던 두 가지 사회 형태인 시장의 자유, 정부의 개입과 각각 연결된다. 야경국가에서 말 하는 최대한의 자유를 보장하기 위해서는 국가가 시장에 개입하지 않 아야 한다. 다시 말해서 야경국가는 세금을 낮추고 복지를 축소하는 방법을 취한다. 사회는 시장의 자유가 확보된다. 다음으로 복지국가가 추구하는 것처럼 국민의 복지를 향상시키기 위해서는 국가가 시장에 적극적으로 개입해야 한다. 복지국가는 세금을 높이고 복지를 확대하 는 방법을 취한다. 사회는 정부의 개입이 강화된다.

  일반적으로 야경국가의 형태를 갖고 시장의 자유를 추구하는 이념 을 자유주의라 하고, 복지국가의 형태를 갖고 정부의 개입을 추구하 는 이념을 사회주의라 한다.

국가 형태   사회의 방향   이념

┌ 야경국가 : 시장 자유 : 자유주의

└ 복지국가 : 정부 개입 : 사회주의

주의해야 할 점이 있다. 편의에 따라 나누기는 했지만, 오늘날의 국가들을 단순하게 자유주의, 사회주의 혹은 야경국가, 복지국가로 단정하기는 쉽지 않다는 것이다. 이 상반되는 개념들은 하나의 국가 안에서 갈등과 대립을 계속하고 있다. 시장의 자유를 추구하려는 노력과 정부의 개입을 강화하려는 노력이 섞여 있다. 이렇게 상반된 입장들은 해당 국가의 정치, 경제적 여건에 따라 조율되어 결국 하나의 방향성으로 드러난다.

궁금한 건 누가 이러한 방향성을 최종적으로 결정하느냐 하는 것이다.

"언제 결정하실 겁니까?"

비서실장이 재촉했다. 멍한 눈으로 그의 손에 들려 있는 버튼을 응시하던 대통령의 표정이 갑자기 여유로워졌다. 비서실장에게 불길함이 엄습해왔다. 대통령이 입을 열었다.

"내가 궁금한 건, 나에게 버튼을 누를 권한이 있는가 하는 겁니다."

"…네?"

"사회의 방향을 결정할 권한이 정말 저에게 있는 걸까요? 저는 의심스럽습니다. 진정으로 권한을 가져야 하는 사람에게, 다시 말해서 이 국가의 진정한 주인에게 이 버튼을 맡겨야 한다고 생각합니다."

"지금 회피하려고 하시는 것 같은데요."

"저는 항상 진실합니다."

국가의 방향성은 당연히 그 국가의 주인이 결정한다. 그런데 역사적으로 국가의 주인은 항상 변화해왔다. 어떤 사회에서는 왕이, 어떤 사회에서는 부르주아나 프롤레타리아가 주인이 되었다. 지금부터는 네 가지 종류의 정치체제를 통해서 국가의 실질적인 주인이 어떻게 변화되어왔는지를 알아보려고 한다.

역사 속 국가의 주인들이 한자리에 모였다
누가 국가의 방향을 결정하는가

비서실장이 말했다.

"그러실 줄 알고 준비해두었습니다. 따라오시지요."

어쩐지 걱정스럽지만, 대통령은 비서실장의 뒤를 따랐다. 비서실장이 데려간 곳은 거대한 체육관이었다.

"뭘 원하시는지 몰라서 역사 이래 인류 전체를 모아봤습니다."

"인류 전체를 어떻게 모았대?"

"국가의 주인을 한번 찾아보시지요."

머릿속에 공간을 마련해서 지금까지의 인류 전체를 한자리에 모아보자. 이 중에 국가의 주인들이 있을 것이다. 어떻게 찾아낼 수 있을까? 우선 사람이 너무 많으니 비슷한 종류의 사람끼리 분류해보는 게 좋겠다.

먼저 가장 눈에 띄는 왕을 구분해볼 수 있다. 왕의 집합을 만들자.

다음으로 귀족과 엘리트를 묶을 수 있다. 마지막으로 무수히 많은 나머지 사람들의 집합을 만들어보자.

분류를 계속하기 전에 언어부터 정리하고 갈 필요가 있다. 마지막 그룹인 다수의 사람들을 지칭할 어휘가 필요하다. 이들은 매우 다양하게 불린다. 백성, 국민, 인민, 민중, 대중 등이 그것이다. 문제는 각각의 단어들이 어떤 방식으로 사용되는지를 확인하기 위해서 사전을 찾아보거나 한자를 확인해보는 방법은 사실 그다지 만족스러운 결과를 이끌어내지 못한다는 것이다. 이 단어들은 사전적 정의와 함께 어감으로 구분해야 한다.

우선 백성(百姓)의 사전적 정의는 '국민을 예스럽게 이르는 말'이다. 한자를 풀어보면 '백 가지 성씨'가 된다. 다양한 성을 가진 사람들의 무리. 글자의 뜻만 본다면 오늘날의 사람들을 백성이라고 불러도 틀린 것은 아니다. 하지만 무엇인가 어색하다. 예를 들어 대통령이 대국민 TV 연설 중에 우리를 백성이라고 칭한다면 무언가 이상할 것이다. 실제로 백성은 왕이 존재하는 사회의 피지배층을 지칭하는 어감이 강하다. 오늘날의 사람들을 지칭하기에 적절한 어휘가 아니다.

다음으로 국민(國民)은 '국가를 구성하는 사람'이라는 뜻이다. 오늘날 많이 사용하는 단어로 매우 익숙하고 자연스럽다. 하지만 실제로는 다수의 사람들을 지칭하기에 그렇게 자연스러운 단어는 아니다. 예를 들어 하나의 국가는 사라지거나 변화될 수 있다. 그럼에도 불구하고 그 지역에 거주하는 사람들은 변하지 않는 동질감을 유지할 것이다. '국가'와 '국민'은 시대의 변화를 따르는 가변적인 정치 개념이다.

　국민에 비해 다수를 지칭하기에 더 자연스러운 단어는 인민(人民)이다. 인민은 한자 그대로 그저 '사람'을 말한다. 우리 주변에 있는 자연인들을 의미하기 때문에 사전적 의미만 고려했을 때는 가장 무난한 단어다. 다만 분단으로 인한 정치적 상황이 인민을 가장 정치적인 단어로 만들었다. 북한에서 지속적으로 인민이라는 말을 사용했기 때문에 그에 대한 반감으로 우리는 이 단어를 사용하기 껄끄럽다. 좋은 단어 하나를 잃었다.

　인민 이외에 자연인을 지칭하는 가장 무난한 단어가 민중(民衆)이다. 민중은 '일반적인 사람들의 무리'를 지칭한다. 다만 사람들 전체를 지칭한다기보다는 소수의 지배자들을 제외한 다수의 피지배자들을 강조하는 방식으로 자주 사용된다. 특히 근대의 노동자 계급을 지칭할 때 많이 사용되어왔다. 이러한 특성으로 민중이라는 단어 자체가 사회의 부조리를 함축하는 측면이 강하다.

민중과 대비되는 단어로 대중(大衆)이 있다. 대중은 민중처럼 다수의 사람들의 무리를 지칭하지만, 어감상 부정적인 측면이 크다. 대중은 특색 없고 의식 없는, 그저 모여 있는 대다수의 무리를 말한다. 민중이 정치적이거나 계급대립적인 어감이 강한 데 비해서 대중은 수동적인 느낌이 강하다.

　정리해보자. 백성은 왕이 있을 때 사용한다. 국민은 국가를 강조할 때 사용한다. 인민은 자연인을 말하지만 현재는 사용하기 어색하다. 민중은 피지배층을 강조한다. 대중은 수동적이고 비합리적인 다수의 무리를 말한다.

백성　——　왕

국민　——　국가

인민　——　북한

민중　——　피지배층

대중　——　수동적, 비합리적

　때로는 긴 대화보다도 상대방이 사용하는 단어가 그 사람의 내면을 명료하게 드러낸다. 어떤 사람이 민중이라는 단어를 많이 사용한다면 그 사람은 정부의 개입을 주장하거나 세금의 인상을 강조하거나 복지국가를 추구할 가능성이 높다. 만약 자신이 국가의 성장이나 시장의 자유를 추구하는 사람이라면 국민 외에는 선택할 수 있는 단어가 없을 것이다. 혹은 어떤 사람이 대중이라는 용어를 즐겨 사용한다면 그는 엘리트주의자일 가능성이 있다.

당신은 지금까지 어떤 단어를 즐겨 사용했는가?

괜찮은 단어가 없다. 어떤 단어는 이념적이고 어떤 단어는 수동적이다. 이러한 단점들이 없는 더 괜찮은 단어는 없을까? 그런 단어가 존재한다. 그것은 우리가 앞으로 자세히 다룰 '시민'이다.

일단 여기서는 대략적인 의미만 기억하고 넘어가자. 시민은 '권리를 갖고 있는 주체'를 의미한다. 서울시나 부산시에 살면 '시민'이고 경기도나 충청도에 살면 '도민'인 것이 아니다. 물론 매우 좁은 의미로는 그렇게 쓰이기도 한다. 행정구역상 시(市)에 거주하는 사람들을 시민이라 칭하는 것이다. 하지만 우리가 일반적으로 시민을 언급할 때는 그런 협소한 의미를 말하는 것이 아니다. 시민은 의무를 이행하고 권리를 갖는 주체 모두를 지칭한다는 점을 기억하자.

시민

권리를 갖고 있는 주체

원래 이야기로 돌아오자. 우리는 인류 전체를 분류하고 있다. 왕, 귀족과 엘리트 그리고 절대다수를 차지하는 나머지. 이들의 이름은 백성, 국민, 인민, 민중, 대중 그리고 시민이다. 이 다수의 사람들은 계급적으로 왕과 귀족을 포함하지 않으므로 전체적으로 평등하다.

하지만 '부'를 기준으로 하면 이 평등해 보이는 사람들의 무리도 두 집단으로 구분된다. 우선 근대에 들어서면서 산업화와 상업자본을 바탕으로 막대한 부를 소유한 사람들인 부르주아가 있다. 이들은 '자본가' 또는 '유산계급'으로 번역되는데, 공장이나 농장, 거대 자본 등의 생산수단을 소유한 사람들을 말한다. 다음으로 부를 소유하지 못한 사람들인 프롤레타리아가 있다. '노동자', '무산계급'으로 번역되는 이들은 먹고살기 위해서 부르주아에게 자신의 노동력을 파는 사람들이다. 이들은 부르주아의 생산수단에 고용되어서 노동을 하고 그 대가로 임금을 받는다.

이러한 네 종류의 주체인 왕, 귀족과 엘리트, 부르주아, 프롤레타리아는 서로 다른 역사와 공간에서 그 시대의 주인공이었으며, 국가의 실질적인 주인이었다.

아시다시피 대한민국은 민주공화국이다
네 가지 국가체제

이제부터는 왕, 귀족과 엘리트, 부르주아, 프롤레타리아 각각이 주인이었던 국가와 체제에 대해서 알아볼 것이다. 우리는 전제군주제, 입헌군주제, 공화제, 민주제를 구분해볼 것이다.

전제군주제: 국가의 주인은 왕이다

우선 왕이 국가의 주인인 체제가 있다. 전제군주제가 그것이다. 절대적인 통치권을 가진 군주가 법이나 백성들의 견제 없이 무제약적인 권력을 행사하는 정치체제를 말한다. 의회는 존재하지 않는다. 왕이 행정, 정치, 경제 등 국가의 모든 방향성을 결정한다. 고대와 중세의 유럽과 아시아 국가들에서 쉽게 발견되는 정치 형태다. 우리가 막연히 '왕이 다스리는 나라'라고 할 때 생각하는 바로 그 국가의 모습이다.

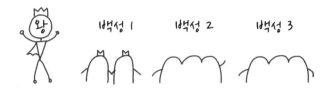

오늘날에도 전제군주제 국가들이 존재한다. 사우디아라비아가 대표적인데, 실제로 국왕이 모든 의사결정을 담당한다. 의회 대신 자문 위원회가 있고, 백성들에게는 참정권이 없어서 선거 제도도 없다. 카타르, 브루나이 등의 국가도 있으나, 이 외에는 오늘날 거의 찾아보기 힘든 체제다.

입헌군주제: 왕은 헌법에 종속된다

입헌군주제는 전제군주제와 동일하게 왕이 존재하는 정치체제다. 차이가 있다면 입헌군주제는 왕의 권한이 법으로 제한된다는 점이다. 국가의 근본 규범이라고 할 수 있는 헌법이 왕과 어떤 관계를 맺고 있느냐에 따라서 전제군주제와 입헌군주제가 구분된다. 전제군주제는 헌법이 왕에게 종속되어 왕이 막강한 권한을 갖는다. 반면 입헌군주제는 왕이 헌법에 종속되어 그 안에서만 권한을 행사할 수 있다.

이때 헌법이란 국가 통치의 기본원리이며 근본원리인 성문헌법을 말한다. 그런데 단어의 표면적인 뜻만 고려하면 '헌법'은 같은 말의 반복이다. '헌(憲)'이 자체로 법이나 가르침을 의미하고 '법(法)' 역시 말

그대로 법을 의미하기 때문이다. 단어의 표면적인 뜻과는 달리 현대에 이르러 헌법은 국가의 기본적 원칙을 규정한 근본법으로서 최고법을 의미한다.

왕 > 헌법 = 전제군주제

왕 < 헌법 = 입헌군주제

오랜 역사의 흐름 속에서 점진적으로 형성되어온 까닭에 헌법의 기원을 말하기는 쉽지 않다. 다만 13세기 초 영국에서 승인된 문서인 〈마그나카르타〉를 기원으로 보는 견해가 있다. 〈마그나카르타〉는 '대헌장'이라고 번역된다.

13세기 영국의 왕이었던 존은 계속해서 국내외 정책에 실패하고, 결국 프랑스에 많은 영토를 빼앗겼다. 하지만 존은 이에 굴하지 않고 영토를 수복하기 위해서 프랑스 침공을 준비했다. 이 과정에서 막대한 자금이 필요했는데, 문제는 영토가 줄어들어서 세금 수입이 충분하지 않았다는 것이다. 그는 어쩔 수 없이 남아 있는 귀족들로부터 막대한 세금을 징수했고, 귀족들은 이에 크게 반발했다.

존은 억지로 감행한 프랑스 침공에서도 전쟁비용만 소모한 채 패배했다. 귀족들은 이를 계기로 반란을 일으켰다. 런던 시내에서 치열한 전투가 벌어졌다. 이때 런던의 시민들도 반란에 참여했다. 한 달간의 대치 이후 존은 굴복했고, 귀족들이 제안한 문서에 어쩔 수 없이 서명하게 되었다. 1215년 6월에 서명한 이 문서가 〈마그나카르타〉다. 〈마그나카르타〉는 후에 63개 조항으로 정리되었는데, 실제로 모든 내용은 왕의 권한 약화와 귀족들의 권한 상승에 있다. 대표적으로 다음과 같은 내용이 포함되어 있다. 왕이 기본적인 세금 이외에 추가로 세금을 징수할 때는 귀족들로 구성된 회의의 동의를 얻을 것, 왕의 권한으로부터 자유로운 도시들에 대해서는 관세를 면제할 것, 왕으로부터 교회의 권한을 분리할 것 등등.

특히 현대에 이르러 〈마그나카르타〉가 중요하게 다뤄지는 것은 39조 때문이다.

39조 자유민은 합법적인 재판에 의하거나 또는 법의 정당한 절차에 의하지 않고서는 체포되거나 감금되지 않는다. 또한 재산과 권리를 박탈당하지 않고, 추방 또는 침해당하지 않는다. 왕 역시 그렇게 하지 않으며, 이를 명하지도 않는다.

사실 이때의 '자유민'이란 당시 하나의 계급으로서, 오늘날과 같이 모든 사람을 의미하지는 않았다. 하지만 왕으로부터 독립된 자유인의 가능성을 담았다는 측면에서 〈마그나카르타〉는 현대 헌법의 기원으로 제시된다.

존이 사망한 이후 즉위한 그의 아들 헨리 3세는 〈마그나카르타〉를 인정하지 않았다. 이에 반발하여 1265년에는 대귀족과 고위성직자뿐만 아니라 각 자치시의 대표자들까지 참여한 회의가 열렸고, 여기서 왕의 권한을 다시 한 번 견제하기로 합의했다. 후에 이 회의를 '의회'라고 불렀다. 이것이 현대 영국 의회의 기원이다.

〈마그나카르타〉와 당시의 의회는 약화된 전제군주의 권한을 그 상태로 확정하는 역할을 했다는 데 의미가 있다. 이후에는 왕과 의회의 권한이 확대와 축소를 반복하며 대결하는 시기를 보낸다. 그러다가 1688년이 되면 귀족과 시민들의 이익과 권리를 보장하기 위한 명예혁명이 일어난다. 그 결과 다음 해 12월, 시민의 권리와 자유를 선언하고 왕의 권한을 규정하는 법률로서 〈권리장전〉이 승인된다. 명예혁명과 〈권리장전〉은 전제군주제가 폐지되고 입헌군주제가 확립되는 결정적 계기가 되었다.

입헌군주제는 왕의 존재를 인정하므로 표면상으로는 왕의 신분이 가장 높은 것이 사실이다. 하지만 실제로는 왕의 모든 권한이 헌법에 제한되고 헌법이 의회의 합의로 결정된다는 점에서, 사실상 의회의 구성원들이 왕보다 강력한 권한을 갖는다.

그렇다면 의회를 구성하는 실질적인 구성원은 누구였을까? 이에 따라 두 가지 종류의 입헌군주제가 가능하다.

첫 번째는 귀족 중심의 입헌군주제다. 〈마그나카르타〉나 〈권리장전〉이 만들어졌을 당시의 의회 구성원은 귀족이나 지역 유지들이었다. 따라서 실질적인 국가의 주인 역시 이들이었다. 두 번째는 국민 전체에 의한 입헌군주제다. 오늘날까지 입헌군주제를 유지하고 있는 서양의 영국, 스페인, 스웨덴, 덴마크, 노르웨이, 네덜란드와 동양의 일본, 말레이시아 등의 국가들이 여기에 해당된다. 이들 국가에서 정책적 권한을 행사하는 의회와 총리는 국민 전체에 의한 선거로 구성된다. 즉, 실질적인 권한이 국민에게 있는 것이다. 그래서 오늘날의 입헌군주제는 정책 결정 과정상으로는 대의 민주주의 체제와 동일하다.

공화제: 왕이 아닌 사람이 국가의 주인이다

전제군주제와 입헌군주제는 왕과 헌법의 관계에 따라 차이점을 갖지만, 근본적으로는 왕이 존재한다는 점에서는 동일하다. 이렇게 왕이 존재하는 국가체제를 군주제라고 한다. 군주제에 반대되는 개념이 공화제다. 왕이 존재하지 않는 국가체제를 말한다.

우리말은 한자를 정확히 알지 못해도 대략적으로 그 단어의 원래 뜻을 가늠해볼 수 있다. 그런데 문제는 도대체 '공화'가 무엇을 의미하는지 감이 오지 않는다는 것이다. 우선 영어로는 '리퍼블릭(Republic)'으로, 이는 '공공의 것'을 뜻하는 라틴어 '레스 퍼블리카(res publica)'에서 왔다. 국가가 특정인의 소유가 아니라 모두의 것이라는 의미이므로 그럴듯하다. 한자를 풀어보면 '한 가지 공(共)'에 '화할 화(和)'로, '한 가지로 화합하다' 정도의 의미가 되겠는데, 무언가 부족하다.

'공화'의 어원이 어디서 기원했는지에 대해서는 여러 설이 있다. 그 중 가장 설득력이 있는 것은 중국의 특정 시대에서 기원을 찾는 설명이다. 중국에 왕이 없었던 시기가 있었는데, 그 시기의 이름이 '공화시대'였다는 것이다.

기원전 9세기 중엽, 중국 주나라에 폭군 여왕이 있었다. '여왕'은 여자 왕이 아니라 이름이다. '여(厲)'왕. 그는 이익을 독점하기 위해서 토지와 산림을 장악하고 백성들은 사용하지 못하게 했다. 백성들이 불만을 표출하자 공포정치를 시작했다. 불만을 가진 사람들을 모조리 죽인 것이다. 이에 백성들이 더 이상 참지 못하고 폭동을 일으켰다. 그러자 여왕은 나라를 버리고 도망쳤다. 이때부터 왕이 없는 14년의 시기가 이어졌는데, 이때가 공화시대로 불린다.

왜 14년 동안의 기간을 공화시대라고 하는지에 대해서는 두 가지 설이 있다. 우선 왕이 자리를 비운 사이 주공과 소공이라는 두 제후가 함께 정치를 관장했기 때문에 '공화'라는 설이 있다. 다음으로 '공'나라 땅의 제후였던 '화'라는 사람이 왕의 업무를 대행했기 때문에 '공화'라는 설도 있다. 어쨌거나 후에 '리퍼블릭'을 번역해야 했던 일본의 번역가들이 적절한 낱말을 찾던 중에, 왕이 없던 중국의 이 시기에서 단어를 차용한 것이 '공화'의 기원으로 여겨진다.

공화제는 왕이 없다는 기본적인 전제만을 갖기 때문에 다양한 형태의 국가체제로 나타날 수 있다. 우선 왕 대신 귀족이나 소수 엘리트가 집권하는 형태가 있다. 이를 일반적으로 귀족제라고 한다. 다음으로 다수의 인민들에 의해서 국가가 운영되는 형태가 있다. 이를 민주제라고 한다.

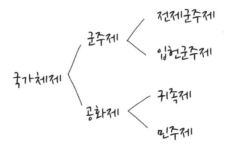

공화제의 주인은 왕을 제외한 어떤 사람이라도 될 수 있다. 개념상 귀족이나 소수 엘리트가 독재하는 체제도 공화제라고 할 수 있고, 모든 사람이 직접 정치에 참여하는 민주제도 공화제라고 할 수 있다.

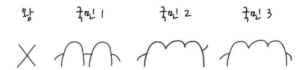

현대에 이르러 대부분의 공화제 국가들은 귀족제가 아닌 민주제를 지향한다. 한국도 마찬가지다. 우리가 잘 알고 있듯, 한국의 헌법 1조 1항에서는 다음과 같이 규정하고 있다.

제1조 1항 대한민국은 민주공화국이다.

이제 뜻을 알 것 같다. 우선 '공화국'이니 왕을 인정하지 않는다는 것이고, 특히 소수의 귀족제가 아니라 다수의 국민들에 의한 정치를 지향하므로 앞에 '민주'를 붙인 것이다. 바로 다음에 이어지는 1조 2항에서는 이에 대한 부연 설명이 나타난다.

제1조 2항 대한민국의 주권은 국민에게 있고, 모든 권력은 국민으로부터 나온다.

민주제: 국가의 주인은 국민 전체다

공화제와 민주제는 공통적으로 왕이 없는 정치체제로, 개념상 민주제가 공화제에 포함되는 관계에 있다. 공화제는 집권자가 국민 전체일 때뿐만 아니라, 두 명이거나 소수 집단인 경우도 포함하기 때문에 더 큰 개념이다. 반대로 민주제는 계급이나 계층의 구분 없이 모든 국민에 의한 정치만을 의미하므로, 더 특수한 경우다.

그런데 어떤 의미에서는 공화제와 민주제가 대립적인 개념이기도 하다. 공화제가 소수 귀족이나 엘리트에 의한 통치를 긍정하기 때문이다. 공화제와 민주제는 화해할 수 없는 부분을 갖는다. 그것은 일반적으로 엘리트주의와 민주주의의 대립으로 알려져 있다.

정치적 의사결정에 참여하는 사람의 수만을 기준으로 했을 때는 두 종류의 정치체제로 구분된다. 소수에 의한 엘리트 독재와 다수의 민중에 의한 민주주의가 그것이다.

① 공화제 ⊃ 민주제
　(왕 없음)　　(왕 없음+전체 통치)

② 공화제 ⟷ 민주제
　(소수 엘리트　(다수에 의한 통치만
　통치 가능)　　가능)

오늘날 우리는 민주주의를 최선의 정치체제로 알고 있고, 그 가치를 지켜나가는 것을 자연스럽게 생각한다. 하지만 모든 역사에서 그랬던 것은 아니다. 소수에 의한 엘리트주의를 이상적인 정치체제로 보는 견해도 있었다. 고대 그리스의 도시국가 아테네의 민주주의를 목도하면서, 플라톤은 민주제를 어리석은 다수에 의한 정치라는 의미의 '중우정치'라고 말했다. 그리고 난폭한 대중에 의한 정치라는 뜻으로 '폭민정치'라고도 말했다. 그의 제자 아리스토텔레스도 마찬가지였다. 다수의 가난한 자들에 의한 정치라는 의미에서 민주주의를 '빈민정치'라고 규정했다.

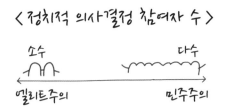

〈 정치적 의사결정 참여자 수 〉

소수　　　　　　　다수

엘리트주의　　　　　민주주의

현대에도 민주주의를 부정적으로 보는 시선이 존재한다. 많은 정치가와 사상가가 민주주의의 근본인 다수결의 원리가 얼마나 비합리적 결론을 도출하는지를 우려한다. 대중은 현명한 판단을 내리기 귀찮아 하기 때문에 선동가와 군중심리에 쉽게 휩쓸리고, 자신과 집단의 이익에 반하는 선택을 한다는 것이다. 이를 방지하기 위해서는 소수의 의견이 존중되고 표현의 자유가 확보된 상황에서 충분한 대화와 토론이 전제되어야 하는데, 대중에게 이를 기대하기는 현실적으로 어렵다는 것이다.

반대로 독재와 엘리트주의에 대해서는 체제의 우월성에 대한 구체적 사례가 제시되기도 한다. 강력한 전제정부가 경제를 성장시키고 삶의 질을 개선한다는 주장이 그것이다. 1960년대부터 80년대까지 동아시아의 눈부신 경제성장이 그 근거가 된다. 한국의 군부독재를 비롯해 대만의 장제스, 싱가포르의 리콴유 등과 같은 전제정부는 독재를 통해 효율적인 의사결정과 강력한 추진력으로 경제성장을 이룩했다는 것이다.

독재와 엘리트주의에 대한 긍정적 평가에 반대하는 견해도 있다. 민주제와 다수결이 완벽한 의사결정 방식이 아닌 것은 사실이지만, 인류가 오랜 시행착오 끝에 그나마 찾아낸 가장 이상적인 정치 형태라는 관점이다.

민주주의에 대한 옹호는 두 가지 측면으로 전개된다. 그것은 사실의 측면과 당위의 측면이다. 사실의 측면이란 실제 현실에서 민주주의가 경제성장에 걸림돌이 되었는지를 확인하는 것이다. 당위의 측면이란 이익과 성장의 문제를 넘어 민주주의의 의미와 가치에 대해서 생각해보는 것이다.

우선 사실의 측면에 대해서 알아보자. 동아시아의 눈부신 경제성장이 강력한 독재, 엘리트 정부에 의한 성과라는 견해는 논리적으로 타당한 접근이 아니라는 비판이 있다. 빠르게 성장한 몇몇 개발도상국의 사례를 확인했더니 하필이면 그 사회의 정치체제가 독재였다고 해서, 역으로 독재가 경제를 성장시킨다고 생각할 수는 없다는 말이다. 실제로 반대의 사례가 있다. 한국, 대만, 싱가포르가 강력한 전제정부 아래 성장하던 같은 시기에 똑같이 전제정부를 유지했던 중국과 북한, 필리핀, 미얀마는 당시에 경제적으로 긍정적인 성과를 보여주지 못했다. 동아시아의 눈부신 발전 사례는 독재가 민주주의보다 우월하다고 판단하는 근거가 되지 않는다. 인적 역량, 교육, 외교관계 등의 다른 요인이 경제적 성장과 실패를 낳은 것이다.

다음으로 당위의 측면에서도 민주주의는 옹호된다. 민주주의를 경제성장의 관점에서 평가하는 사고방식 자체에 문제를 제기하는 사람들이 있다. 우리가 민주주의를 추구하는 것은 물질적인 성장 때문이 아니라 이념적인 측면에서 마땅히 그러해야 하기 때문이라는 것이다. 사람은 배부른 노예가 아니라, 가난하더라도 자기 삶의 주인으로 살고자 한다. 내 이익과 결부된 문제에서 정치적 의사결정의 권한이 없는 자는 주인이라고 할 수 없다. 경제가 성장하든 실패하든, 그에 대한 책임과 후회는 주인으로서의 시민 스스로가 져야 한다. 경제성장을 빌미로 나의 정치적 의사결정 권한을 제한하는 행위는 주인으로서 강력히 저항하고 맞서 싸워야 한다는 것이 이들의 주장이다.

정리해보자. 정치적 의사결정에 참여하는 주체의 규모에 따라 우리는 두 가지 정치적 견해가 있음을 보았다. 엘리트주의와 민주주의가 그것이다.

엘리트주의는 소수에 의한 정치를, 민주주의는 전체에 의한 정치를 지향한다. 중요한 것은 오늘날에 이르러 표면적인 측면에서는 민주주의가 승리했다는 것이다. 극단적인 견해를 제외하면 오늘날 한국에서 독재나 엘리트주의를 지지하는 사람은 찾아보기 어렵다. 한국을 포함한 현대의 대부분의 국가는 정치적인 면에서 민주주의다.

다만 엘리트주의와 민주주의에 대한 논쟁은 현대 정치체제에 대한 담론에서는 마무리되었는지 모르지만, 경제에 대한 담론으로 자리를 바꿔 계속되고 있다. 시장을 성장시키는 주체가 누구인가에 대한 문제가 남은 것이다. 어떤 사람들은 시장을 성장시키고 사회적 부를 증진시키는 소수의 엘리트가 경제의 주인공이라고 생각한다. 따라서 이들이 사회를 견인할 수 있도록 환경을 조성해줘야 한다고 주장한다. 반면에 다른 사람들은 시장을 구성하는 민중 전체가 경제의 주인공이라고 생각한다. 따라서 전체의 이익이 우선 보장되어야 한다고 주장한다.

그렇다면 현대적 의미의 엘리트는 누구일까? 국가와 사회의 이익을 창출하고 시장의 혁신을 주도하는 주체, 바로 자본가다. 어떤 사람들은 기업과 재벌이 성장할 수 있는 환경을 조성해주는 것이 국가 전체를 위한 길이라고 믿는다. 세금을 낮추고 규제를 완화하면 이들이 국가 전체의 부를 창출하게 된다는 것이다. 이러한 견해를 A라고 하자.

다음으로 경제적 측면에서의 민주주의를 주장하는 사람들이 있다. 시장에서 가장 시급한 문제는 양극화라고 판단하고, 이 격차를 줄이기 위한 정부의 적극적 노력을 요구하는 것이다. 이들은 민중의 삶의 질을 개선하는 것이 국가의 근본 목적이라고 믿는다. 기업과 재벌의 세금을 높이고 규제를 강화함으로써 적극적인 복지 정책을 시행해야 바른 길로 간다는 것이다. 이러한 견해를 B라고 하자.

앞서 우리는 A와 B의 이름을 확인했다. A는 시장의 자유, 야경국가, 자유주의 정도가 된다. B는 정부의 개입, 복지국가, 사회주의 정도가 된다. 이제 한 가지 이름을 더 붙이려고 한다. 우리는 국가체제로서 공화제와 민주제를 구분했다. 개념상 공화제는 민주제를 포함하기도 하지만, 다른 측면에서 대립하는 개념일 수 있음을 확인했다. 공화제가 엘리트주의를 개념상 내포할 수 있고, 오늘날 시장의 엘리트가 소수의 자본가라는 점에서, '공화'라는 개념은 A에 위치시킬 수 있다. 그리고 민주제가 민중 전체의 상황을 고려한다는 점에서 '민주'라는 개념은 B에 위치시킬 수 있다.

A : 시장의 자유 — 야경국가 — 자유주의 — 공화제

B : 정부의 개입 — 복지국가 — 사회주의 — 민주제

A와 B는 사회를 구분하는 기본적인 구조다. 사회에서 발생하는 다양한 문제들의 근본적인 대립은 이 두 가지 견해에서 비롯된다. 정치적 대립도 마찬가지다. 정당과 정치인은 A와 B 중에 하나의 견해를 기반으로 한다. 특정 정당이 어떤 입장을 기반으로 하는지는 그 정당의 일관되고 세부적인 정책들을 확인함으로써 파악해볼 수 있으나, 정당의 이름만으로도 대략적으로 확인할 수 있다. 그럴 수밖에 없는 것이, 만약 당신이 정치인이고 새로운 정당을 창당하려고 한다면 자신의 이념적 기반을 반영하는 어휘들을 정당명으로 차용할 것이기 때문이다. 실제로 해보자.

이름에는 정체성이 숨어 있다
국가의 체제와 정당의 이름

네 가지 국가체제를 알아보았다. 전제군주제, 입헌군주제, 공화제, 민주제. 이 중 오늘날 대부분의 국가가 선택하고 있는 국가 형태는 민주제다. 국민 전체의 의사를 수렴해서 사회의 방향성을 결정하고자 하는 것이다. 문제는 국민 전체라는 언어가 부자연스러운 개념이라는 데 있다. '국민 전체'는 허구적이다. 국민은 자신의 이익에 따라 대립하는 집단으로 양분된다. 그것은 자본가와 노동자다. 자본가 계급은 국가가 시장 자유의 방향성으로 나아갈 때 이익을 얻고, 노동자 계급은 국가가 정부 개입의 방향성으로 나아갈 때 혜택을 받는다.

정치 정당은 이렇게 양분된 국민들의 집단을 대변하는 역할을 한다. 국민이 자본가와 노동자로 구분된다면, 정당 역시 두 가지의 모습으로 나타난다. 자본가의 이익을 대변하는 정당과, 노동자의 이익을 대변하는 정당으로 말이다.

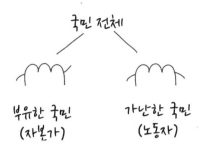

국민 전체

부유한 국민 (자본가)　　　가난한 국민 (노동자)

　정당의 정체성은 정당의 이름에서 드러난다. 가상의 상황을 통해 이에 대해서 알아보자. 나는 정치인이다. 그리고 지금 막 새로운 정당을 창당해서 당대표가 되었다. 나는 우리 정당의 이름을 무엇이라고 지을 것인가?

　극단적인 정당부터 생각해보자. 알고 보니 나는 자본가와 기업의 이익을 대변하는 정당의 당대표다. 나는 자본주의 사회 안에서 개인이 노력과 능력을 통해 획득한 부는 정당하다고 생각한다. 따라서 국가는 개인 노력의 결과물인 재산을 강력하게 보호해줘야 할 의무가 있다고 본다. 어떤 이름이 적합할까? '자본당' 어떤가? 자본주의를 옹호하니까 자본당. 당의 이념이 잘 드러나는 건 사실이지만, 이런 정당명을 사용할 수는 없다. 많은 사람이 거부감을 느낄 것이다. 그러면 표를 얻지 못하고 집권할 수 없다. 이건 안 된다. 그럼 '자유당'은 어떤가? 시장의 자유를 추구하니까 자유당. 괜찮은 이름이다. 자유라는 단어는 누구나 좋아하니까. 실제로는 시장의 자유, 즉 자본주의를 의미하지만, 대중적이고 괜찮아 보인다.

　다음으로 정반대에 위치하는 극단적인 정당을 살펴보자. 나는 노동자의 이익을 대변하는 정당의 당대표다. 개인의 노동력을 착취하는 자본주의 시스템에 문제가 있다고 생각한다. 이를 해결하기 위해서는 정부의 강력한 개입이 필요하고, 부를 재분배하는 사회주의 시스템의 도입이 시급하다고 생각한다. 노동자의 이익을 우선하니까 '노동당' 어떤가? 적합한 이름이다. 그런데 이름이 너무 노골적이지 않나? 자본가들의 반감을 불러일으켜 그들의 표를 얻지 못할 수도 있다. 하지만 괜찮다. 왜냐하면 자본가는 소수이고 노동자는 다수이기 때문이다. 노동자를 대변하는 정당임이 분명해지면 노동자의 표를 얻어 집권할 수 있다. 이 이름 외에도 사회주의를 기본으로 하니 '사회당'도 괜찮을 것 같다.

극단적인 두 정당을 알아보았으니, 이제 중간에 있는 어정쩡한 정당들도 살펴볼 차례다. 일단 너무 극단적이면 좋을 게 없다. 반감을 가질 사람들이 많아서 집권하기 어려울 수 있기 때문이다. 어정쩡하게 우선은 국가 전체를 고려한다는 것을 앞세우는 것이 좋을 것 같다. 그러면 많은 표를 얻기에 수월할 것이다. 오늘날의 정당들은 자신들이 대변하는 계급을 노골적으로 드러내기보다는, 우선은 국가 전체를 대변한다는 명분을 앞세운다. 그 후에 자신들이 실제로 대변하는 계급은 은연중에 드러낸다.

그래서 일상에 치여 먹고살기 바쁜 보통의 사람들은 정치가 어려울 수밖에 없다. 오랜 기간 관심을 가지고 봐야 대의명분의 표피 속에 감춰진 개별 정당의 본질을 이해할 수 있는데, 그만큼의 시간을 낼 여유가 없는 것이다. 정당이 계급의 이익을 대변한다는 본질을 이해하지 못하는 사람은 미디어에서 보이는 정치인의 비리 문제나 스캔들에 마음을 쏟고, 정치 전문가라는 이름으로 등장하는 사람들의 말을 자신의 생각으로 쉽게 받아들일 수밖에 없다.

본래 이야기로 돌아오자. 우리는 어정쩡한 세 번째 정당에 대해 이야기하고 있다. 나는 국민 전체의 이익과 국가의 발전을 가장 중요한 가치로 판단하는 정당의 당대표다. 다만 국가 전체의 발전을 위해서는 우선 시장의 자유가 선행되어야 한다고 생각한다. 자본가의 이익이 커지면 국가 전체의 이익도 커질 것이고, 이것이 결국 서민들의 이익으로 점차 확산될 것이라 믿는다. 정당의 이름으로 무엇이 좋을까? 자유당 어떤가? 여기에도 역시 어울리는 이름이다. 다만 시장의 자유가 너무 강조되어 있다. 국민 전체의 이익을 고려하는 정당으로 보였으면 좋겠다. 국민이 주인임을 강조해야겠다. '공화당'이나 '민주당'이 좋겠다. 둘 다 괜찮은 이름이지만, 자본가와 기업이라는 시장의 엘리트가 사회 발전의 실질적인 주체가 되어야 한다는 측면에서는 공화당이라는 이름이 더 적합할 것이다.

마지막으로 어정쩡한 네 번째 정당의 이름을 생각해보자. 나 역시 국민 전체의 성장과 국가의 발전을 추구하는 정당의 당대표다. 그런데 국가 전체의 발전을 위해서는 우선 정부의 개입이 필요하다고 생각한다. 노동자의 이익과 권리가 우선적으로 보장되고 빈부격차가 줄어들어야 사회와 경제의 발전이 가능하다고 확신하는 것이다. 그렇다면 정당의 이름으로 '사회당'이나 '노동당'은 어떤가? 정당의 정체성에 물론 부합한다. 하지만 국민 전체의 이익을 우선한다는 점이 강조되었으면 좋겠다. 그렇다면 공화당이나 민주당이 될 수 있겠다. 그런데 앞서 공화당이 엘리트주의적인 측면을 내포한다는 것을 확인했으니, 민주당이라는 이름이 좀 더 적합할 것이다.

〈 적절한 정당명 〉

① 자본가　　　　　: 자유당

② 자본가 > 노동자 : 공화당

③ 자본가 < 노동자 : 민주당

④　　　　노동자 : 사회당, 노동당

　지금 논의한 내용은 가상의 상황이지만, 실제 현실과 무관한 것은 아니다. 한국을 비롯한 세계 각국에서 이념에 따라 정당이 설립될 때는 개별 국가의 정치적 상황이나 역사적 상황이 복잡하게 맞물려 불규칙하고 다양하게 드러날 것이다. 다만 정치는 근본을 크게 벗어날 수 없다. 근본이란 계급의 이익을 대변한다는 것이다. 정당은 근본 정체성의 테두리 안에서 그에 합당한 이름을 선택한다.

　시민에게 요구되는 것은 불규칙한 변화 속에서 변하지 않는 근본을 알아볼 수 있는 눈이다.

　대통령은 눈을 감았다. 이제 국가의 주인을 찾아 나설 때다. 밝고 현명한 눈으로 이 시대를 살아가고 있을 사회의 진정한 주인을.

앞서 세금에 대한 논의에서 우리는 두 가지 질문을 했다. 세금을 높일 것인가? 그리고 누구의 세금을 높일 것인가? 이에 대한 답변은 두 가지 견해 A와 B로 구분된다.

우선 견해 A는 시장의 자유다. 이에 따르면 세금의 비중을 낮춰야 하며, 어쩔 수 없이 세금을 높일 때는 국민 전체의 세금을 높이는 방법으로 간접세의 비중을 높여야 한다. 이로 인해 직접적인 이익의 대상이 되는 계급은 자본가다.

다음으로 견해 B는 정부의 개입이다. 이에 따르면 세금의 비중은 높아져야 한다. 이 세금은 부유층이 부담해야 하며, 이를 위해 직접세의 비중을 높여야 한다. 이로 인해 직접적인 이익의 대상이 되는 계급은 노동자다.

자본가와 노동자의 이익은 대립한다.

국가는 사회의 방향을 결정한다. 구체적으로 시장의 자유를 추구하거나 정부의 개입을 추구하는 것이다. 국가가 시장의 자유를 추구한다는 것은 세금과 복지를 낮춰, 최소한의 역할만을 하는 작은 정부를 구성하겠다는 것이다. 이러한 국가를 야경국가라 부르며, 이 체제 안에서 자본가의 이익이 보장된다.

다음으로 국가가 정부의 개입을 추구한다는 것은 세금과 복지를 높여, 많은 역할을 하는 큰 정부를 구성하겠다는 것이다. 이러한 국가를 복지국가라 하며, 이 체제는 노동자의 이익을 보장한다.

그렇다면 이러한 국가의 방향성은 누가 결정하는가? 역사적으로 왕, 귀족과 엘리트, 다수의 사람들이 있었다. 각각의 주체는 각각의 국가체제를 기반으로 정치적 의사결정을 독점해왔다.

국가체제는 우선 군주제와 공화제로 나뉜다. 군주제는 왕이 존재하는 사회, 공화제는 왕이 존재하지 않는 사회의 체제를 말한다. 군주제는 다시 전제군주제와 입헌군주제로 나뉜다. 전제군주제는 왕의 권한이 무제한적이지만, 입헌군주제에서는 헌법이 왕의 권한을 제한한다.

전제군주제의 주인은 왕이지만, 입헌군주제의 주인은 헌법을 제정하는 귀족과 엘리트가 된다. 다만 현대의 입헌군주제는 소수 귀족이 아닌, 국민 전체에 의한 정치 참여로 변화되었다.

군주제에 대립하는 공화제는 귀족제와 민주제로 나뉜다. 귀족제는 소수의 사회적 특권계급에 의한 지배를 말하고, 민주제는 국민 전체에 의한 통치를 의미한다. 하지만 오늘날 귀족제를 지향하는 국가는 찾아보기 어렵다. 결과적으로 오늘날 대부분의 국가는 국민 전체에 의한 정치 참여를 지향한다. 민주주의는 가장 널리 받아들여지고 있는 정치체제다.

문제는 국민이 단일한 전체가 아니라는 점에 있다. 국민은 이해관계에 따라 대립한다. 국민은 자본가 계급과 노동자 계급으로 구분된다. 정치 정당은 이렇게 구분된 계급의 이익을 반영하는 집단이다. 우선 자본가의 이익을 대변하는 정당은 세계적으로 '자유'나 '공화' 등의 단어를 차용할 가능성이 높다. 다음으로 노동자의 이익을 대변하는 정당은 '사회', '노동', '민주' 등의 단어를 차용할 가능성이 높다.

	세금비중	세금주체	이익주체	국가형태	이념	정치개념
A: 시장의 자유 : 세금 ↓	국민 전체	자본가		야경국가	자유주의	공화
B: 정부의 개입 : 세금 ↑	부유층	노동자		복지국가	사회주의	민주

자유

인류는 종착점에 도달했다
시민의 탄생

정신을 차리고 보니 여기는 바다 한가운데이고 나는 비서실장이다. 꿈이었구나. 잠깐, 꿈이 아니다.

인천 앞바다를 표류한 지 사흘째다. 와이셔츠는 너덜너덜해졌고, 정장 바지는 더러워졌다. 덥수룩한 수염이 얼굴을 덮었다. 뗏목은 햇살이 쏟아지는 푸른 바다 위를 찰랑거렸다. 이게 다 대통령 때문이다. 혼미해지는 정신 속에서 희미하게 사흘 전의 일을 떠올렸다.

"이제 누를 때가 되었습니다."

"비서실장님, 우리가 방금 국가체제에 대해서 알아보지 않았습니까?"

"네."

"우리나라 국가체제는 민주공화국. 민주주의 체제가 아닙니까?"

"네."

"민주주의의 주인은 누구입니까?"

"…다수의 사람들…?"

"그렇죠. 그분들이 이 버튼을 누를 권한이 있습니다. 모셔 오세요."

"네? 누굴 모셔 오라고요?"

민주주의의 주인을 찾는답시고 지천을 헤매다 여기까지 왔다. 누르기 싫으면 싫다고 할 일이지, 다수의 사람들을 어떻게 다 데리고 오란 말인가? 분할 새도 없이 의식이 몽롱해졌다.

다시 눈을 떴을 때는 가정집 방 안에 누워 있었다. 숨을 쉴 때마다 바다의 짠 내가 났다. 옆으로 돌아보니 검게 그을린 얼굴에 길게 수염이 난 노인이 앉아 있었다.

"여긴 어딘가요?"

노인이 답했다.

"우리 집이지. 그물에 걸린 걸 내가 집어 왔네."

"저를 납치하셨군요. 러시아의 스파이입니까?"

"어부라네. 도대체 왜 내 그물에 걸려 있던 건가?"

"누구를 좀 찾고 있었습니다."

"그물 속에 있다고 하던가?"

사흘 전이 떠올라 다시 울컥해졌다.

"제 말이 그겁니다. 말도 안 되는 지시 때문에 전국 방방곡곡을 돌아다니고 있습니다. 국가의 주인을 찾아오라는데, 그게 말이 됩니까?

다수의 사람들 전체를 어디서 어떻게 찾아옵니까? 단수랑 복수도 구분 못하는지. 이건 뭐….”

“아, 그분. 노량진에서 만났었지.”

“노량진에서 누굴 만났다고요?”

노인은 천천히 메뉴판을 쥐여주며 대답했다.

“내가 노량진에서도 횟집을 하나 하는데, 거기에 가끔 오셨었지. 광어 괜찮은데, 하나 떠줄까?”

“도대체 그분이 누굽니까? 광어는 서비스인가요?”

노인은 진지하고도 인자한 얼굴로 대답했다.

“국가의 주인이라…. 모든 사람이 이미 알고 있지 않은가? 그분은 바로 시민일세. 광어는 시가라네. 자네에게만 특별히 그분의 탄생의 비밀을 알려주겠네.”

시민이 어떻게 탄생했는지를 알기 위해서는 헤겔의 말을 들어볼 필요가 있다. 그는 역사, 정신, 자유의 개념을 토대로 시민의 탄생을 설명한다. 결론부터 이야기하자면, 우리는 시민이 역사의 필연적 귀결임을 보게 될 것이다. 그리고 시민이 자유 그 자체임을 이해하게 될 것이다.

지금부터 이 거대한 이야기를 시작해보자.

역사에 대한 이야기부터 시작해야 한다. 역사가 진보한다고 믿는 사람들이 있다. 이들은 하나의 방향성을 가지고 사회가 점진적으로 발전한다고 생각한다. 19세기 초에 독일에서 활동했던 헤겔도 이런 부류 중 한 명이었다. 역사가 무엇이냐는 질문에 헤겔은 이렇게 대답한다.

"역사란 절대정신이 자신을 실현해가는 과정이다."

여기서 말하는 '절대정신'이 도대체 무엇인가에 대해서는 지금까지도 학계에서 해석이 분분하다. 기본적으로는 말 그대로 '정신'을 의미한다. 물질에 반대되는 말, 바로 그 정신.

정신은 두 종류로 구분할 수 있다. 우선 한 명 한 명의 개인이 가지고 있는 정신이 있다. 이를 '주관적 정신'이라고 한다. 무엇인가 느끼고 생각하고 배우는 나의 정신 말이다. 다음으로 사회가 가진 정신도 있다. 법, 정의, 도덕, 인류가 그것이다. 헤겔은 이를 '객관적 정신'이라고 불렀다. 맞는 말 같다. 법이나 도덕은 물질이 아니고, 인류 전체가 공유하는 어느 정도 고정된 정신적인 것이니까. 객관적 정신이라고 이름 붙이기에 타당해 보인다.

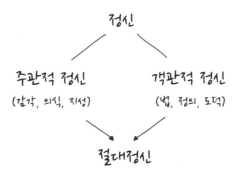

그런데 헤겔은 두 가지로 구분한 주관적 정신과 객관적 정신을 다시 통합한다. 이 통일된 정신이 절대정신이다. 개인부터 사회에 이르기까지의 정신적인 것 전체를 아우른다고 하겠다. 헤겔에게 세계 전체는 절대정신이라고 할 수 있다. 실제로 헤겔은 물질보다는 정신이 세계의 근본이라고 생각한 관념론자였다.

이러한 정신으로서의 세계는 스스로 성장해나간다. 정신이 어떻게 성장할 수 있을까? 방법이 있다. 우선 정신은 자신과 모순되는 것을 상정한다. 다음으로 이것과 자신을 다시 통합한다. 마지막으로 이를 계속 반복한다. 다시 말해서, 정상적인 자신을 기준으로 반대되는 역을 상정한 뒤에 이를 통합해나가는 과정을 반복하는 것이다. 이렇게 성장해가는 운동 과정을 헤겔은 '변증법'이라고 불렀다.

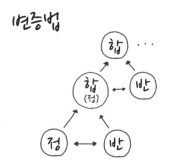

도대체 헤겔은 이런 변증법을 어떻게 알았을까? 역사를 보면 알 수 있다. 절대정신이 자기 자신을 드러내는 과정, 즉 성장해나가는 과정이 역사다. 이것은 인간의 정신이 성장해나가는 과정과 대응한다. 아이의 어린 정신이 성인의 성숙한 정신으로 확장되어가는 것처럼, 절대정신은 역사 속에서 자기 자신을 성장시키며 드러낸다.

헤겔에 따르면 절대정신이라는 어마어마한 근원적 정신이 태초에 자신을 드러내는 활동을 시작해서 지금에 이르게 되는데, 이러한 과정이 역사를 이룬다. 그래서 이렇게 규정한다. "역사는 절대정신의 자기실현 과정이다."

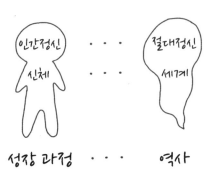

이제 점점 절대정신의 정체가 궁금해진다. 도대체 절대정신이 무엇이기에, 역사 속에서 자신을 드러내려 하는 것일까? 헤겔은 절대정신의 본성에 대해 말한다. 그것은 '자유'다. 절대정신은 역사 속에서 자유의 확장으로 드러난다. 세계의 역사는 자유가 확대되는 방향으로 일관되게 진행되어온 것이다.

실제로 고대부터 근대까지의 역사를 보면 절대정신이 어떻게 자신을 드러냈는지 알 수 있다. 우선 고대 사회에는 단 한 명의 자유인만이 존재한다. 그는 왕이다. 왕은 홀로 구속되지 않는 상태에 있다. 아무리 신분이 높은 귀족이라 하더라도 개념상 그는 왕의 노예일 뿐, 자유인이 아니다. 이후 중세 시대가 되면 장원을 소유한 영주들이 등장하면서 여러 명의 자유인이 탄생한다. 이제 세계에는 소수의 자유인이 존재한다. 자유인의 수가 늘어난 것이다.

그리고 중세 봉건시대를 무너뜨린 프랑스혁명 이후가 되면 자유인의 수가 급격히 늘어난다. 다수의 사람들이 자유인이 된다. 이 다수의 사람들이 부르주아다. 부르주아가 자유를 획득한 것이다.

자유를 기준으로 본다면 역사는 하나의 방향으로 진보해온 것으로 드러난다. 역사는 자유인의 확대, 같은 말로 자유의 확장이라는 하나의 방향으로 흘러왔다. 그리고 여기서 자유가 확장된다는 말은 동일한 의미로 절대정신이 확장되고 있음을 말한다.

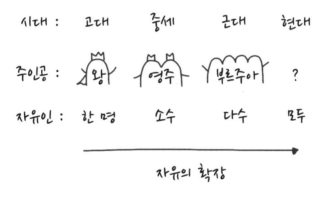

헤겔이 살던 시대는 근대였으므로, 그는 생전에 부르주아가 자유를 획득한 사건만을 볼 수 있었다. 그래서 그는 부르주아의 등장이 역사의 끝이라고 생각했다. 역사는 종결되었다. 이제 절대정신은 끝에 도달한 것이다.

하지만 현대를 살아가는 우리는 부르주아 혁명이 끝이 아님을 알고 있다. 만약 역사가 헤겔의 말대로 자유의 확장으로 나아가는 것이라면, 이제 자유는 한 명, 소수, 다수를 지나 '모두'의 것으로 확장되어야 한다. 헤겔의 철학을 이어받아 발전시킨 마르크스는 부르주아가 자유를 획득한 이후에도 역사는 발전한다고 생각했다. 그리고 궁극적으로 프롤레타리아 전체가 자유를 획득하는 공산주의 사회가 올 것이라고 생각했다.

마르크스가 생각한 세계가 실패한 것인지, 아니면 아직 오지 않은 것인지에 대해서는 세계적으로 논란이 분분하다. 어쨌거나 이와는 무관하게, 현대에 이르러 형식적인 측면에서나마 모든 개인이 자유로워진 것은 사실이다. 계급이나 신분이 더 이상 개인을 억압하지 않는, 모두가 평등하고 자유로운 세계가 등장한 것이다.

이제 이 사람들을 뭐라고 불러야 할까? 역사의 마지막에 도달한 인류, 자유를 획득한 모든 이를 지칭할 언어가 필요하다. 오늘날 우리는 이들을 '시민'이라고 부른다.

그런데 주의할 점은 '시민'이라는 용어가 우리 사회에서 혼란스럽게 사용된다는 점이다. 크게 두 가지가 구분 없이 사용된다.

  ㉠ 자본가 계급인 부르주아와 동의어로 사용하는 경우
  ㉡ 자본가와 노동자의 구분 없이 정치적 권리를 가진 사회 구성원 전체를 지시하는 경우

두 가지 사용 방식 중에서 옳은 것이 있고 그른 것이 있는 건 아니다. 두 가지 모두 사용되는 합리적인 근거가 있다. 다만 우리는 더 대중적으로 사용되는 ⓛ을 앞으로 우리가 사용할 '시민'에 대한 개념으로 사용하려고 한다.

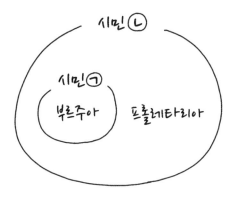

정리해보자. '시민'은 '자유' 그 자체다. 시민은 역사 속에서 그저 우연히 탄생한 존재가 아니다. 세계의 역사를 통해 자유를 실현하고자 했던 절대정신의 필연적 귀결이 바로 시민이다. 시민은 거대한 역사의 목표이자, 종착점이다.

자유를 주마, 단 조건이 있다
두 종류의 자유

인천을 출발해서 노량진으로 가는 지하철에 앉았다. 빠르게 지나가는 창밖의 풍경을 바라보며 비서실장은 노인의 마지막 말을 생각했다.

"시민과 자유는 동의어라네. 시민은 국가, 민족, 사회, 공동체의 품에 있는 동시에, 그것들에 앞서 있는 존재지. 내가 민박도 하나 하는데 자고 갈 텐가?"

도대체 어떤 존재일까. 인류의 종착점. 역사의 필연적 귀결. 절대정신의 자기 드러냄의 결과. 비서실장은 시민을 만날 생각에 들뜨기 시작했다.

여기다. 주머니에서 쪽지를 꺼냈다. 노인이 알려준 주소가 적혀 있다. 건물 출입문 옆에 붙은 주소를 번갈아 보았다. 고시원이다. 좁고 어두운 계단으로 올라갔다. 입구로 들어서서 고시원 총무라는 사람에게 방 호수를 물었다. 그가 알려주는 방향을 따라 걸었다. 조용하고 좁은 복도를 지나갈 때 독특한 냄새가 났다. 물비린내라고 생각했다. 방문이 열려 있었다. 조심스럽게 안을 들여다보았다. 위아래로 파란색 추리닝을 입은 젊은이가 묵묵히 짐을 정리하고 있었다.

"혹시… 시민이십니까?"

젊은이가 뒤를 돌아봤다. 그러고는 편안한 표정으로 답했다.

"당신이 오실 줄 알고 기다리고 있었습니다."

시민은 짐을 정리하고 있었다. 짐이라고 해봐야 여행용 가방 하나가 전부였다. 둘은 고시원을 나와서 순댓국집에 갔다. 공무원 시험을 준비한 지 5년째라고 했다. 이제 충분하다 싶었다고. 그만해도 아쉬움이 남지 않을 것 같았다고. 접시 가득 깍두기가 담겨 나왔다.

"그래도 답답한 고시원을 벗어나 마음대로 살게 되었으니, 자유로워지신 것 아닙니까?"

시민은 깍두기를 집으려던 젓가락을 탁자에 내려놓았다. '딱!' 하는 소리가 고막을 때렸다. 비서실장은 깜짝 놀랐다.

"제가 자유로워 보이십니까?"

시민이 편안한 목소리로 물었다.

"아니, 저는 그저 특별히 할 말도 없고, 분위기나 띄워보려고…."

"자유에는 두 가지가 있습니다. 먼저 한번 물어보겠습니다. 비서실장님은 아이를 자유롭게 키우시겠습니까, 아니면 강압적으로 키우시겠습니까?"

"뭔 질문이 그래…. 당연히 자유롭게 키워야지요. 저는 강압적인 방식이 한국 교육의 가장 큰 문제점이라고 생각해왔습니다. 아이들이 학원 가랴, 입시 경쟁하랴, 도대체 자유로울 수 있는 시간이 없는 겁니다. 아이들도 스스로 생각하고 선택할 수 있는 존재입니다. 저는 정말 잘못된 일만 아니라면 아이의 선택을 언제나 존중해줄 겁니다."

"자기 장래희망도 스스로 정하게 하실 건가요?"

"당연하죠. 사람은 자기가 하고 싶은 것을 해야 합니다."

시민이 질문을 이었다.

"그럼 한번 가정해보겠습니다. 비서실장님의 딸은 중학교 3학년입니다. 수학과 과학에 뛰어난 학생이었는데, 학교 선생님의 추천으로 별 생각 없이 과학고 입시를 치렀고, 들어가기 매우 어려운 명문 과학고에 합격했습니다. 합격통지서가 집으로 도착한 날, 딸아이가 엄마와 아빠를 불러놓고 이렇게 이야기합니다. '며칠간 정말 곰곰이 생각을 해보았는데, 나의 관심사는 과학과 수학이 아닌 것 같다. 초등학생 때부터 TV를 보면서 매일 생각했다. 내가 정말 관심이 가고 해보고 싶은 건 연예인의 메이크업이다. 메이크업 아티스트가 될 수 있는 전문학교에 진학하겠다. 어릴 때부터 나를 자유롭게 키우겠다고 말씀해왔으니, 이번에야말로 나의 자유를 보장해 달라.' 하나뿐인 딸아이가 이렇게 말한다면 비서실장님은 어떻게 하시겠습니까?"

상상만으로도 오금이 저린다. 순댓국이 코로 들어가는지 입으로 들어가는지도 모르겠다. 이리저리 머리를 굴렸다. 고뇌하는 비서실장을 바라보며 시민은 편안한 얼굴로 대신 답해주었다.

자유를 보장하라!

"이 질문에는 당연히 두 가지 답변이 있겠습니다. 첫째는 아이의 뜻대로 전문학교에 보낸다. 둘째는 아이의 뜻을 따르지 않고 과학고에 보낸다. 먼저 아이의 자유로운 선택을 인정해준 첫 번째 답변부터 보겠습니다. 이 견해를 지지하는 사람들은 아이가 원하는 삶을 스스로 선택하게 하는 것이 그들의 자유를 보장해주는 가장 좋은 길이라고 생각합니다. 직업에는 원래 귀천이 따로 없다는 것도 추가적인 근거가 되겠지요. 모든 학생이 동일하게 변호사, 의사, 교수를 꿈꾸는 사회적 분위기 자체가 무엇인가 비정상적인 겁니다. 이건 사실 학생들의 꿈이 아니라 어른들이 아이들의 머리에 주입해놓은 자기들 스스로의 욕망인 거죠. 우리가 지향해야 할 이상적인 사회는 모든 아이가 자신의 관심사를 스스로 자유롭게 선택하고 수정해나가며 성장하는 사회입니다. 이런 사회를 만들기 위해, 그리고 내 아이를 위해 아이의 선택과 자유를 최대한 보장해줘야 할 것입니다."

시민의 이야기가 끝나자마자 비서실장이 말했다.

"아닙니다. 그건 아이의 진정한 자유를 보장해주는 행동이 아닙니다."

"진정한 자유를 보장해주는 게 아니라고요?"

"네. 아이는 아직 스스로의 삶을 선택할 준비가 안 된 미숙한 상태가 아닙니까? 지금이야 TV에 나오는 연예인들의 삶이 멋져 보이고 그들의 외적인 모습을 동경하겠지만, 어른이 된 우리는 알고 있지 않습니까? 그런 마음도 어린 시절 한때라는 걸요. 나중에 더 크고 나서 아이가 자신의 선택을 후회하고, 부모가 자신을 바른 길로 인도해주지 않았다고 원망이라도 하면 그땐 어떻게 합니까? 아이는 지금 당장 눈앞에 보이는 어른들의 피상적인 삶 이외에 무엇이 더 있는지 알지 못합니다. 더 많이 살아보고 다른 세계가 있다는 것을 아는 부모가 아이의 삶에 적극적으로 개입해서 이끌어줘야 합니다. 지금 당장은 아이의 자유를 억압하는 것처럼 보일지 몰라도, 사실 더 높은 관점에서 보면 이것이야말로 아이의 먼 미래 전체의 자유를 보장해주는 길입니다. 먼저 과학고에 다녀본 후에도 연예인 메이크업을 배우고 싶으면, 그때 해도 늦지 않다고 말해줄 겁니다."

비서실장의 말을 끝까지 듣고 난 시민이 이렇게 물었다.

"아이가 이렇게 말하면서 슬퍼하면 어떻게 하실 겁니까? '그건 변명에 불과하다. 자유롭게 키우겠다고 어릴 적부터 내게 했던 약속을 어기는 것이다. 그래서 나는 불행하다.'라고 말하면서 슬퍼한다면?"

"그렇게 자기 혼자 마음대로 사는 것이 자유가 아닙니다. 진정한 자유는 자신의 능력을 제대로 펼칠 수 있는 환경이 조성된 후에야 얻을 수 있는 것입니다."

말을 마치고 시민을 바라보니, 시민은 편안한 얼굴이었다. 비서실장은 자기가 너무 흥분한 건 아닌지 민망해졌다. 시민이 천천히 되물었다.

"제가 아직도 자유로워 보이십니까?"

"네?"

"답답한 고시원을 나와서 마음대로 살게 되었으니, 자유로워진 게 아니냐고 물어보지 않으셨습니까?"

"……!"

자유란 타자에게 간섭받지 않고 자신이 원하는 대로 행동할 수 있음을 의미한다. 이것이 자유의 정의다. 그런데 이러한 자유의 정의는 실제로는 두 부분으로 나눠진다. 우선 앞부분, 자유는 타자에게 간섭받지 않는 상태를 말한다. 특정 국가나 권력에 얽매이지 않고 주체적으로 존재하는 상태가 그것이다. 일반적으로 이러한 자유를 '소극적 자유'라고 한다. 다음으로 뒷부분, 자유는 자신이 원하는 대로 행동할 수 있음을 말한다. 자신이 지향하고 선택하는 것을 주체적으로 이행할 수 있는 능력을 갖춘 상태가 그것이다. 이러한 자유를 '적극적 자유'라고 한다.

소극적 자유와 적극적 자유의 구분은 20세기 영국의 철학자이자 정치사상가였던 벌린에 의해 처음 제안되었다. 먹고사는 문제를 해결할 시간도 부족한 현대인에게 자유의 개념을 미세하게 구분하는 것이 하찮고 쓸데없는 일로 여겨질 수도 있다. 이런 건 학생 때나 시험 보려고 배우는 거지, 어른이 되면 몰라도 잘 살 수 있음을 너무나 잘 알고 있는 것이다. 문제는 소극적 자유와 적극적 자유의 개념이 국가체제나 경제체제의 쟁점과 연결되어 어른들이 먹고사는 문제에 깊게 관여한다는 데 있다.

소극적 자유 : 타자에게 간섭
                  받지 않는 상태
자유
적극적 자유 : 자신의 선택을
                  이행하는 능력

두 가지의 자유 개념이 국가체제와 연결되면 어떤 모습으로 드러나는지, 국가A와 국가B를 통해 알아보자.

국가A : 소극적 자유

우선 국가A는 소극적 자유를 지향한다. 이 국가는 어떤 국가인가? 이 국가는 시민들에게 간섭하지 않음으로써 시민들이 시장에서 자유롭게 원하는 바를 실행할 수 있도록 지켜본다. 큰 틀에서 시장을 보호하기 위해 국방과 치안을 유지하고 불법적인 일에는 제재를 가하지만, 그 외에는 최대한 개입하지 않으려 노력한다. 그래서 소극적 자유를 추구하는 국가A는 야경국가의 모습을 지향한다. 세금이 인하되고 복지는 축소된다. 시장의 자유가 추구되는 것이다.

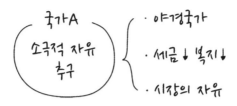

국가A는 시장 구성원들의 경쟁과 노력을 통해서 빠르게 성장할 수 있다는 긍정적인 측면을 갖는다. 하지만 동시에 부정적인 측면도 있다. 빠르게 부를 축적하는 개인이 있는 반면에 경쟁에서 도태되는 사람들, 혹은 공정한 경쟁의 기회 자체를 박탈당하는 사람들이 발생한다는 것이다. 게다가 부유층에게는 낮은 세율이 적용되어 양극화가 심화되고, 낮은 복지 지출로 빈곤층이 발생한다.

마르크스는 생산수단의 개인소유를 인정하는 자본주의 사회에서 진정한 자유는 없다고 단언한다. 공장, 토지, 거대 자본 등의 생산수단을 독점한 소수의 자본가들은 다수의 노동자들을 착취해서 부를 축적한다. 생산수단을 소유하지 못한 노동자는 실제로는 노예의 상태에 있는 것으로, 진정한 자유를 향유하지 못한다는 것이다.

타자로부터의 간섭이 없는 상태라는 소극적 자유의 개념만으로는 시민의 실질적인 자유를 보장할 수 없다. 현재 직업이 없는 사람은 어떠한 간섭도 없지만, 자유롭지 않다. 성과 때문에 야근을 해야 하는 회사원은 자신의 자유로운 선택이라고 말할 수 있겠지만, 사실 자신이 자유롭지 않다는 것을 안다.

그렇다면 국가에서 자유는 어떤 모습이어야 하는가?

국가B : 적극적 자유

이제 국가B가 요청된다. 이 국가는 적극적 자유를 추구하는 국가로, 시민 스스로가 자신의 선택을 실현할 수 있는 능력을 갖추도록 그들의 삶에 적극적으로 개입한다. 시민이 실업이나 빈곤, 질병의 상태에 처해 있다면 그는 자신의 선택을 실현할 수 없다. 그는 방치되어 있을 뿐, 자유롭지 못하다. 그래서 적극적 자유를 추구하는 국가B는 복지국가의 모습을 지향한다. 세금이 인상되고 복지가 확대된다. 정부의 개입이 추구되는 것이다.

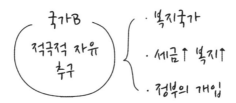

국가B는 시민들의 삶의 질이 향상되고 빈부격차가 완화된다는 긍정적인 측면을 갖는다. 하지만 동시에 부정적인 측면도 있다. 과도한 복지 정책과 이로 인한 증세는 노동자의 노동의욕과 자본가의 투자의욕을 저하시킨다. 게다가 국내 기업이 시장의 자유가 보장된 외국으로 이전할 수도 있고, 해외 자본이 국내 투자에 대해 매력을 잃고 떠날 수도 있다. 이는 경기침체와 일자리 감소로 이어질 우려가 있다.

다른 문제점도 있다. 소극적 자유와 적극적 자유를 처음으로 구분했던 벌린은 복지국가를 전면적으로 부정한 것은 아니었으나, 소극적 자유의 가치를 강조했다. 고전적인 자유주의자이며 반공주의자였던 그는 적극적 자유가 역사적으로 개인주의를 부정하고 전체주의로 쉽게 변질되어왔음을 우려했다.

적극적 자유는 처음 의도와는 다르게 끊임없이 강력한 정부를 요청하게 된다. 그리고 강력한 정부는 지속적으로 개인의 자유를 침해하려는 유혹에 빠진다. 적극적 자유를 추구하는 정부가 갖는 이점은 분명하다. 하지만 이 때문에 발생할 수 있는 개인주의 부정, 전체주의적 전제정부의 출현 가능성이 사람들로 하여금 적극적 자유를 거부하게 만든다.

정리해보자. 앞서 사례로 들었던 중3 딸아이의 진로 선택 문제는 소극적 자유와 적극적 자유의 개념이 정부의 방향성과 어떻게 연계되는지를 보여주는 적합한 비유다.

여기서의 딸은 시민을, 엄마와 아빠는 정부를 말한다. 엄마와 아빠는 딸의 선택을 존중해주는 소극적 자유를 추구하는 부모가 되거나, 딸의 미래와 자립을 고려해 적극적 자유를 추구하는 부모가 될 수 있었다. 정부 역시 두 가지 모습을 띨 수 있다. 시장이 자유를 보장하는 소극적 자유의 정부와, 정부의 개입을 추구하는 적극적 자유의 정부로 말이다.

자유를 보장하라!

시민

정부

　시민을 구성하는 두 주체인 자본가와 노동자는 그래서 지향하는 자유가 달라진다. 자본가인 시민이 추구하는 자유는 소극적 자유다. 작은 정부에 의한 세금 인하, 복지 축소가 이들에게 이익이기 때문이다. 반면 노동자인 시민이 추구하는 자유는 적극적 자유다. 큰 정부에 의한 세금 인상, 복지 확대가 이들의 이익을 보장해주기 때문이다.

　그런데 소극적 자유와 적극적 자유는 실제 현실에서 다른 단어로 대체되어 사용된다. 우선 소극적 자유는 '자유'라는 말과 동일하게 사용된다. 바꿔 말해서 오늘날 '자유'라는 어휘에는 소극적 자유가 항상 내포되어 있는 것이다. 그래서 자유가 들어간 단어들인 자유주의, 신자유주의, 시장의 자유 등에는 작은 정부에 의한 소극적 자유라는 의미가 포함되어 있다. 적극적 자유도 마찬가지다. 적극적 자유는 '평등' 혹은 '복지'라는 말로 대체되어 사용된다. 바꿔 말하면 오늘날 '평등' 혹은 '복지'라는 어휘에는 큰 정부에 의한 적극적 자유의 이념이 항상 내포되어 있다.

자유　　=　소극적 자유 （시장자유
　　　　　　　　　　　　자유주의

평등·복지 = 적극적 자유 （정부개입
　　　　　　　　　　　　복지사회

우리에게는 생산수단을 구매할 자유가 있다

구매의 자유

"천 원짜리 있으십니까? 오랜만에 왔더니 가격이 오른 걸 몰랐네요."

순댓국 값을 계산하겠다던 시민이 돌아보며 웃었다.

가게 밖으로 나섰다. 노량진은 언제나 도로는 차들로, 인도는 사람들로 가득했다.

"앞으로 뭘 하실 건가요?"

비서실장이 막혀 있는 도로를 바라보며 시민에게 물었다.

"이제 돈 좀 벌어봐야죠."

"뭐 하면서 벌 생각이십니까?"

"원래 제가 부동산에 관심이 좀 있어서요. 이제는 월세나 받으며 편안하게 살아볼까 합니다."

"모아놓은 돈이 있으십니까?"

시민이 답했다.

"지금은 없지요. 하지만 시험 준비하느라 그동안 안 벌어서 그렇지, 이제 다 정리했으니 돈은 생각보다 쉽게 모을 수 있습니다. 보통 사람들이 잘 모르고 돈 벌겠다 하면 무작정 취직부터 생각하는데, 그러면 절대 부유해질 수가 없어요. 자본주의 시스템을 이해해야 합니다. 시스템을 면밀하게 파악해서 체제의 특성을 정확하게 공략해야 성공할 수 있지요."

시민이 말하는 동안 그의 운동화에 자꾸 눈길이 갔다. 구겨 신은 뒤꿈치가 너덜너덜했다. 비서실장이 다시 도로로 시선을 옮기며 물었다.

"그런 건 도대체 어떻게 알게 됐습니까?"

"뭐랄까, 조금 타고난 면도 무시할 순 없는 것 같네요."

비서실장이 커피를 사겠다고 해서 둘은 커피전문점으로 자리를 옮겼다.

"코스타 리카 코랄 마운틴 아이스 블렌딩 라지 사이즈로 먹겠습니다."

비서실장이 계산을 하며 물었다.

"자본주의 시스템을 이용하면 성공할 수 있다고요?"

"비서실장님도 잘 생각하셔야 합니다. 언제까지 공무원 생활이나 하고 계실 겁니까? 세상에 한 번 태어났으면 사람이 진취적으로 도전도 해보고 자신의 한계를 뛰어넘기도 해보고 그래야지요. 관료제의 한낱 부속품이 되어서 상사 뒤치다꺼리나 하다가 마모되어 버려지실 겁니까?"

비서실장이 맞장구를 쳤다.

"사실 누구한테 말을 못해서 그렇지, 저도 내심 불만이었습니다. 제 상사가 대통령 아닙니까? 그런데 자기 일은 미루기 바쁘고, 저만 못 잡아먹어서 안달입니다. 이거 해라, 저거 해라, 누구 찾아와라. 저도 기회만 있었으면 대통령 면상에 사직서 집어 던지고 나왔을 겁니다."

"그런 간절함이 비서실장님을 저에게 인도한 것이지요. 특별히 비서실장님께만 자본주의 시스템의 본질을 알려드리겠습니다."

자본주의의 특징

근현대 역사에서 자본주의와 공산주의가 치열하게 대립했다는 것은 잘 알려진 사실이다. 그런데 생각해보면 이상하다. 도대체 이 두 체제는 왜 대립했던 것일까? 바꿔 이야기하면, 자본주의가 뭘 그렇게 잘못했기에 공산주의는 자본주의의 몰락을 예언하고 실행하려 노력했던 것일까? 사실 매우 단순한 한 가지 이유다. 바로 자본주의 체제의 가장 근본적인 특성이라고 할 수 있는 '생산수단의 개인소유' 때문이다. 공산주의는 생산수단의 개인소유를 반대한다. 실제로 자본주의와 공산주의는 생산수단에 대한 태도에 따라 구분된다. 이를 이해하기 위해 생산수단이 무엇이고 어떤 의미를 갖는지부터 알아보자. 생산수단의 의미를 이해한 후에는 이를 소유하는 것에 반대하는 공산주의의 특징을 알아볼 것이다.

단순하게 추상화해보자. 우리 눈앞에 공간이 펼쳐져 있다. 그리고 그 공간 위에는 다양한 존재자들이 놓여 있다. 책상, 의자, 자동차, 건물, 비행기 등의 존재하는 것들. 이러한 존재자를 부르는 명칭은 학문 분야에 따라 달라진다. 철학에서는 '존재자'라고 부른다. 과학에서는 '물질'이라 부르고, 예술에서는 '오브제', 유일신교에서는 '피조물'이라고 부른다. 그럼 경제에서는 뭐라고 부를까? '상품'이라고 부른다.

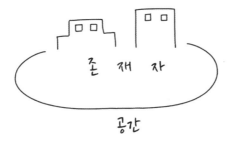

자본주의 세계에서 공간은 '시장'이라고 불린다. 시장 위에는 상품이 놓여 있다. 상품은 구매의 대상이 된다. 만약 누군가 당신에게 5천만 원을 주고 어떤 것이든 상관없으니 고르라고 한다면, 당신은 무엇을 선택하겠는가? 어떤 사람은 자동차를 구매할 것이고, 어떤 사람은 샤넬 백을 살지도 모른다. 1년짜리 해외여행 상품을 선택할 수도 있다. 전혀 다른 종류의 상품을 구매하는 사람도 있을 것이다. 건물이나 토지, 주식, 펀드 같은, 모두 상품이라 부르지만 느낌상 무엇인가 다르다는 걸 알 수 있다. 샤넬 백과 주식은 많이 달라 보인다.

어떤 차이가 있는가? 하나는 소비되고 다른 하나는 이윤을 재생산한다. 이를 각각 잉여생산물과 생산수단이라고 부르자. 용어는 생소할지 모르지만, 자본주의를 살아가는 현대인은 본능적으로 이 두 가지 개념의 의미를 이해하고 있다. 시장에서 우리는 언제라도 두 가지 종류의 상품을 장바구니에 담을 수 있다. 다만 핸드백이나 생필품, 자동차 등을 담았다면 이 상품들은 사용되어 사라질 것이다. 반면 건물이나 토지, 공장 등을 담았다면 이 상품들은 구매자에게 부를 재생산해줄 것이다.

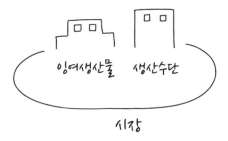

잉여생산물과 생산수단을 소유하는 것이 현실에서 어떤 차이를 발생시키는지 이해하기 위해서 A, B, C 세 사람의 사례를 들어보자. 이들이 구입한 상품의 차이가 결과적으로 자산의 차이를 발생시킬 것이다. 세 사람은 방금 각각 5천만 원씩을 받았다. 이 돈은 10년 후에 이자 없이 돌려줄 돈이다.

우선 C는 3천만 원으로 그동안 갖고 싶었던 자동차를 구입하고 나머지 2천만 원은 그냥 가지고 있다. B는 돈 전체를 예금통장에 넣었다. 이자는 연 2%다. A는 작은 원룸을 구매했다. 아니, 세상에 5천만 원에 살 수 있는 원룸이 어디 있느냐고 물을 수 있지만, 실제로 가능하다. A는 은행에서 주택을 담보로 대출을 받았다. 4천만 원을 금리 3%에 빌린 것이다. 그리고 세입자를 받았다. 세입자는 보증금 1천만 원에 월세로 50만 원을 내기로 했다. A는 자기 돈 5천만 원과 은행에서 빌린 돈 4천만 원, 보증금으로 받은 1천만 원으로 1억짜리 원룸을 구입한 것이다.

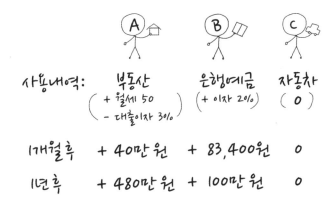

사용내역: 부동산   은행예금   자동차
            (+ 월세 50)   (+ 이자 2%)   (0)
            (- 대출이자 3%)

1개월 후   + 40만 원   + 83,400원   0

1년 후   + 480만 원   + 100만 원   0

　한 달이 지났다. C는 얼마를 갖고 있는가? 신형 자동차와 2천만 원 그대로다. B는 연 2%의 이자를 받으므로, 한 달이면 대략 83,400원가량을 얻는다. 이제 A 차례다. A는 조금 복잡하다. A는 월세로 50만 원을 받았는데, 모두 자기 돈이 되는 건 아니다. 은행에 이자를 줘야한다. 4천만 원을 연 3%의 이자로 빌렸으므로, 한 달에 10만 원을 은행에 낸다. 이자를 제외하면 40만 원이 남는다. 40만 원은 A의 소득이 된다.

1년 후에는 어떻게 되는가? C는 자동차와 2천만 원 그대로지만, B는 5,100만 원이 된다. A는 5,480만 원을 소유하고 있는 셈이 된다.

몇 가지 현실적인 조건을 추가해보자. 우선 매년 물가가 상승하므로 물가상승률을 3%로 잡아보자. 물가가 상승한다는 것은 동일하게 내 돈의 가치가 떨어진다는 것을 말한다. 따라서 이를 반영해보면, 실제로 1년 후에 자산의 가치는 A는 대략 5,315만 원이 되고 B는 4,947만 원이 되며 C는 1,940만 원이 된다.

물가상승률을 반영해보았으니, 이제 급여와 소비생활을 반영해보자. 이들이 매달 일해서 얻는 소득은 세금을 제외한 후에 남는 150만 원이다. 이 중에서 한 달에 120만 원을 사용해서 매월 30만 원을 저축할 수 있다고 가정하자.

물가상승률, 급여, 소비를 반영해서 5년 후, 10년 후의 모습을 보면 다음과 같다.

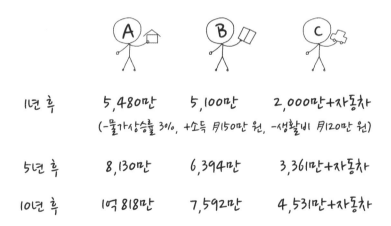

	A	B	C
1년 후	5,480만	5,100만	2,000만+자동차
	(-물가상승률 3%, +소득 月150만 원, -생활비 月120만 원)		
5년 후	8,130만	6,394만	3,361만+자동차
10년 후	1억 818만	7,592만	4,531만+자동차

마지막으로 추가해야 할 사항은 감가상각이다. 감가상각은 건물, 공장, 기계 등의 고정자산이 시간이 흐를수록 가치를 잃어버리는 것을 가격으로 계산함을 말한다. A의 건물과 C의 자동차는 고정자산으로, 시간이 갈수록 가치가 떨어진다. 우선 A의 건물이 낡아가는 것은 토지의 가격 상승으로 상쇄된다. 토지는 감가상각이 되지 않는다. 다음으로 C의 자동차는 5년 후 원래 가격의 절반으로, 10년 후에는 십분의 일로 가치가 낮아진다.

이를 모두 종합해서 최종적으로 계산해보면, 처음 5천만 원으로 시작된 셋의 자산은 10년 후 A는 1억800만 원, B는 7,600만 원, C는 4,900만 원 가까이 된다. 실제로는 더 큰 차이가 발생했을 수도 있다. 다음 사항은 제외하였다. A가 수익금을 재투자하고, B가 복리 이자를 받고, C가 자동차를 유지하는 데 비용이 발생하는 것은 고려하지 않았다.

10년 후, 처음 받은 5천만 원을 돌려줘야 한다면 어떻게 되는가? A는 그래도 5천만 원이 남겠지만, C는 한 푼도 남아 있지 않을 것이다.

누구의 삶이 가장 합리적인가? 당연히 A인가? 그런 건 아니다. 이 책은 재테크를 장려하는 책이 아니다. 단순히 결과적으로 더 많은 돈을 모았다고 해서 훌륭한 삶을 살았거나 합리적인 삶을 산 건 아니다. B와 C도 합리적인 판단을 한 것일 수 있다. B는 부동산 가격의 하락을 우려해서 리스크를 피하기 위해 안전한 자산을 추구한 것일 수도 있다. 만약 실제로 10년 내에 부동산 가격이 폭락했다면 A는 손해를 봤을 것이다. C의 선택도 마찬가지로 합리적인 선택일 수 있다. C가 자동차 여행을 즐기는 사람이었거나, 혹은 아이들이 있어서 자동차가 유용했다면 그가 얻은 편리성이나 삶에 대한 만족감은 A가 얻은 수익의 가치를 넘었을 것이다.

이 사례를 통해 우리가 주목하고자 하는 것은 누가 돈 관리를 잘했느냐가 아니라, A가 얻은 수익의 출처다. 도대체 10년 동안의 순수한 수익인 5천만 원은 어디서 발생한 것인가? 두 가지에서 발생했다. 첫 번째는 A 자신의 노동이고, 두 번째는 타인의 노동이다. 우선 A는 자신이 직접 노동함으로써 B 및 C와 동일하게 매월 30만 원을 저축할 수 있었다. 다음으로 그는 자신이 투자한 부동산을 통해 매월 40만 원의 이익을 발생시켰다. 그렇다면 그 40만 원은 도대체 어디서 오는 것인가? 그것은 당연히 세입자에게서 왔다. 이제 이 세입자를 X씨라고 하자.

X씨는 A, B, C 세 사람과 마찬가지로 매달 150만 원의 소득을 얻는다. 이 중에서 100만 원은 아껴 생활하고, 50만 원은 A에게 월세로 지불한다. 바꿔 말하면, X씨가 매달 주말을 제외하고 주5일을 일하는 노동자일 때, 그래서 대략 한 달에 21일을 일한다고 할 때, 그중 일주일은 A씨를 위해 일한 것이라고 할 수 있다. 우리는 임금의 의미를 생각해보아야 한다. 우리가 월급을 받는다는 것은 한 달간의 나의 시간과 노동을 가격으로 환산한 것이다. 한 달에 50만 원을 월세로 지불하는 것은 그만큼의 시간과 노동을 지불한 것이다.

그러면 나머지 2주일은 X씨 자신을 위해 노동한 것인가? 그렇지도 않을 것이다. 그중 일주일 이상은 회사 소유주를 위해 일한 것이다. 또 은행에서 학자금을 비롯한 대출을 받은 게 있다면, 그래서 이자를 납부해야 한다면, 그나마 남은 나머지 7일 중 하루 이틀은 은행을 위해 일한 것이 된다. 납세자라면 국가를 위해서도 며칠은 일해줘야 한다.

이 정도가 되면 공산주의 체제에서 왜 자본주의의 노동자들을 '착취'의 대상이라고 평가했는지 알 것도 같다. 자본주의 사회의 노동자는 자신을 위해 일할 수 없다. 노동자는 탈탈 털린다.

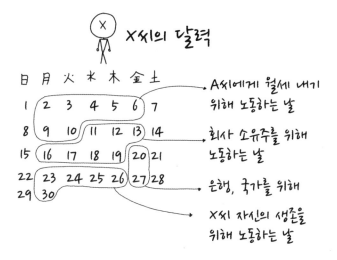

A씨와 X씨의 관계만 보면 이 둘의 격차가 그렇게 커 보이지는 않는다. 실제 현실은 더 광범위하고 극단적이다. 2014년 국토교통부 자료

에 의하면 한국의 임대사업자 중에서 주택을 가장 많이 소유하고 있는 사람은 혼자서 2,312채를 가지고 있다. 적게 잡아서 한 채당 대략 A씨만큼의 월세를 받고 있다면, 한 달 월세 수익만 11억5,600만 원이다. 2,312명 정도의 사람들이 자신의 노력과 시간의 30%를 단 한 사람의 이익을 위해 지불하고 있는 것이다.

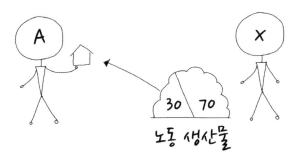

왜 이런 일이 발생하는가? 왜 누구는 광범위하게 타인을 착취할 수 있는 위치에 있고, 다른 누군가는 그 착취의 대상이 되는가? 그것은 A가 소유한 부동산, 즉 생산수단의 소유 여부 때문이다. 생산수단을 독점한 개인은 이를 이용해서 임금노동자를 고용하고, 노동자의 노동을 통해 생산 활동을 한다. 그리고 결과적으로 발생한 생산물 중에서 일부를 노동자의 임금으로 지불하고 나머지는 자신의 부로 축적한다.

생산수단을 소유한 자본가와 소유하지 못한 노동자의 관계가 일대일의 관계에서 일대다의 관계로 확장될수록 자본가의 이익은 급격히 증가한다.

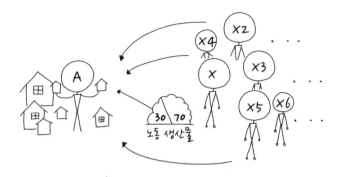

이제 자본주의가 무엇인지 이해할 수 있다. 자본주의란 생산수단의 개인소유를 인정하는 체제를 말한다. 생산수단의 개인소유가 자본주의의 근본적인 본질인 것이다. 자본주의가 자유주의를 이념으로 한다고 할 때, 이때의 자유는 실제로 생산수단을 소유할 수 있는 자유를 의미한다. 자본주의에서는 생산수단을 구매할 자유가 있다.

공산주의의 특징

공산주의는 이에 저항하며 등장했다. 공산주의는 생산수단의 개인소유를 거부한다. 타인을 착취하는 부도덕한 상품이라면 이를 개인이 장바구니에 담게 해서는 안 된다는 것이다. 대신 국가가 생산수단을 소유하고 관리해야 한다고 주장한다. 이렇게 생산수단을 소유한 자본가 없이 노동자에 의해서만 구성된 사회가 프롤레타리아 독재사회, 즉 공산주의 사회다.

이제 자본주의와 공산주의의 차이가 명확해졌다. 생산수단의 개인

소유에 대한 견해 차이가 이 두 체제를 구분하는 본질이다. 자본주의의 특징을 알아보았으니, 우리에게 익숙하지 않은 공산주의에 대해서 알아볼 차례다.

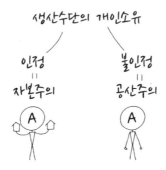

공산주의가 등장하기 전에도 자본가에 의한 노동자 착취 문제의 심각성을 우려하는 사람들은 많았다. 이들은 넓은 의미에서 사회주의자라고 불렸다. 사회주의는 체계적인 공산주의 이념이 도입되기 전부터 근대 유럽 전역에서 막연하게 사용되는 용어였다. 느슨한 의미로 '평등하게 분배하는 이상사회' 정도로 사용되었다. 초기 사회주의자들인 푸리에, 생시몽, 오웬 등이 여기에 속한다. 우리가 보기에는 도대체 초기 사회주의자들이 공산주의와 무엇이 다른지 이해하기 힘들지만, 마르크스는 이들의 한계를 정확하게 지적했다.

마르크스에 따르면 초기 사회주의자들도 자본가와 노동자의 대립에 대해서는 막연하게 알고 있었지만, 그들은 이러한 계급 갈등을 단지 우연적인 사건으로만 간주했다. 그래서 문제 해결에서도 근본적인 혁명에 다다르지 못하고, 피상적인 여러 창의적 방안만을 제시했을 뿐이었다. 반면 마르크스는 계급 갈등의 발생과 해결이 단지 우연적인 사건이 아니라고 생각했다. 그는 자본주의 탄생과 몰락 그리고 공산주의의 탄생을 역사의 필연이라고 생각했다. 마르크스의 이론이 그렇게도 강력하게 유럽과 아시아를 휩쓸었던 것은 그가 프롤레타리아 계급의 출현과 해방을 역사적 필연성으로 설명했기 때문이었다.

　그는 이러한 주장의 근거를 앞서 우리가 다뤘던 헤겔의 변증법에서 차용했다. 정상적인 것이 발생하면 필연적으로 그에 모순되는 반대가 발생하고, 이들 정과 반의 모순을 해결하기 위한 투쟁에서 새로운 합이 등장한다는 변증법을 통해, 프롤레타리아 계급의 필연적 출현을 보여준 것이다. 즉, 고대의 왕과 노예의 투쟁이 종합되어 중세의 영주를 탄생시킨다. 다시 중세의 영주와 농노의 투쟁이 종합되어 근대의 부르주아를 탄생시킨다. 마르크스에 따르면 혁명은 여기서 멈추지 않는다. 부르주아와 프롤레타리아의 투쟁으로 역사는 나아간다. 그리고 궁극적으로 프롤레타리아가 승리하는 사회가 도래하는 것이다.

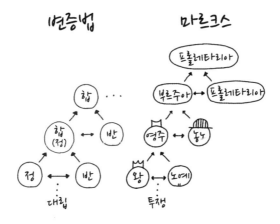

마르크스는 이렇게 도래할 공산주의 사회를 두 단계로 구분했다. 우선 자본주의가 내적인 모순에 따라 무너지면 노동자들에 의한 독재가 이루어지는 프롤레타리아 독재국가가 발생한다. 이것이 낮은 단계의 공산주의다. 다음으로 이렇게 탄생한 새로운 사회가 안정적으로 생산력을 갖춰 모든 국가는 사라지고, 능력에 따라 일하고 필요에 따라 분배하는 이상적인 사회가 도래한다. 이 사회가 최종적인 모습으로, 마르크스는 이를 높은 단계의 공산주의라고 불렀다.

마르크스에 의하면 이러한 최종적인 공산주의 사회를 실현하는 혁명의 주체는 착취의 당사자인 노동자 계급이었다. 노동자들이 연대해서 계급 해방을 위한 긍정적인 폭력으로 사회를 전복해야 한다는 것이었다.

하지만 노동자에 의한 혁명은 현실적으로 불가능하다며 그 한계를 지적하는 사람들도 있었다. 이들은 마르크스의 견해에 회의를 느꼈다. 노동자가 피해의 당사자인 건 사실이지만, 그들은 스스로 문제를 극복하기 위한 역량을 갖추지 못했다는 것이 그 근거였다. 자본주의의 모순을 끝내기 위해서는 노동자가 착취되고 있는 자신의 상황을 직시하고 강력한 의지로 자본가에게 맞서야 하는데, 노동자들은 그러지 않는다는 것이었다. 왜 그런지에 대한 답변은 미국의 사회학자인 베블런의 말을 참고할 필요가 있다. 19세기 말부터 20세기 초까지 활동했던 그는 자신의 저서 《유한계급론》에서 다음과 같이 말한다. "가난한 이들은 내일을 생각할 여유가 없기 때문에 보수적으로 변한다."

고급 교육의 기회에서 제외되고 사회와 정치적 사안에 대해 숙고할 시간을 박탈당한 노동자는 자본주의의 구조적인 문제를 보지 못하고, 다만 피상적인 현실 문제에 집착하게 된다는 것이다. 이러한 상황을 고려할 때, 자본주의의 문제점을 해결할 주체는 무능력한 노동자가 아니라, 교육받은 소수의 엘리트 집단일 수밖에 없다는 주장이 제기되었다. 이에 대해서는 〔정의〕 부분에서 자세히 다룰 것이다.

　어쨌거나 공산주의가 치열하게 극복하고자 했던 것은 노동자가 착취당하는 현실이었다. 그리고 이러한 착취의 근본 원인은 생산수단의 개인소유라고 보았다. 그래서 공산주의는 생산수단의 개인소유를 금지하고, 생산수단을 소수의 자본가로부터 회수하여 노동자들에게 돌려주려고 했다. 국유화를 통해 노동자의 정부가 일괄적으로 관리하기 시작한 것이다. 그리고 그 결과는 우리가 상식적으로 알고 있는 바와 같이 부정적이었다. 생산수단의 집중화는 독재정부를 낳았고, 독재정부에 의한 통제는 비효율과 정부실패의 끝을 보여주었다.

　오늘날 생산수단의 전면적 국유화를 주장하는 사람은 찾아보기 어렵다. 공산주의가 실패했다는 값진 경험을 토대로 우리는 큰 배움을 얻었다. 생산수단의 개인소유를 전면적으로 부정하는 것은 긍정적이지 않다. 하지만 동시에 우리는 현실에서 문제점을 본다. 생산수단의 개인소유를 전면적으로 인정할 때 발생하는 문제들 말이다. 시민은 적절하게 조율할 수 있을 만큼 성숙했다. 오늘날 생산수단의 개인소유를 어디까지 인정하고 제한할 것인지는 단순히 자본주의와 공산주의의 이념 싸움이 아니라, 합리적인 조율과 정도의 문제가 되었다.

우리는 자유를 세 가지 측면에서 알아보았다. 우선 자유와 시민의 관계에 대해서 확인했고, 다음으로 두 종류의 자유인 소극적 자유와 적극적 자유의 차이를 살펴보았다. 그리고 마지막으로 자본주의의 특징으로서 생산수단을 소유할 자유에 대해서 알아보았다.

〈 자유 〉

① 자유와 시민의 관계

② 두 종류의 자유 〈 소극적 자유
                  적극적 자유

③ 구매의 자유 = 생산수단을
               소유할 자유

첫 번째로 자유는 시민의 다른 이름이었다. 인류의 역사는 자유의 확장이라는 일관된 방향성을 갖고 있다. 단 한 명의 자유인이었던 왕에서부터 영주, 부르주아에 이르면서 자유인의 규모는 확대되어왔고, 결국 현대에 이르러 모든 사람이 정치적인 자유를 획득했다. 오늘날의 모든 자유인을 우리는 시민이라고 부른다. 시민은 우연히 탄생한 존재가 아니라, 역사의 필연적 귀결이다.

두 번째로 자유는 두 종류로 구분된다. 소극적 자유는 타자에게 간섭받지 않는 상태를 말한다. 제약과 구속이 없는 상태를 의미한다. 반면 적극적 자유는 자신이 원하는 대로 행동할 수 있는 능력을 말한다. 자신의 욕망과 선택을 실현할 수 있음을 의미한다.

이러한 자유에 대한 견해는 국가체제와 연계되어 상반된 사회의 모습을 낳는다. 우선 소극적 자유를 추구하는 국가는 그 의미 그대로 시민들이 간섭받지 않는 상태가 되도록 노력한다. 국가의 역할은 축소되고 야경국가의 형태를 띤다. 정부는 시장에 개입하지 않는다. 세금은 낮아지고 복지도 축소된다. 개인과 기업의 자유로운 시장 활동과 경쟁으로 경제가 발전할 가능성이 높아진다.

다음으로 적극적 자유를 추구하는 국가는 시민들이 스스로의 선택을 실현할 수 있는 환경을 조성해주고자 노력한다. 개인이 진정으로 자유롭게 살기 위해서는 경제활동을 할 수 있는 사회적 여건과 주거, 의료, 교육, 환경 등의 요소가 기본적으로 충족되어 있어야 한다고 본다. 국가는 이를 위해 시장에 강력하게 개입하여 세금을 높이고 복지를 확대한다. 강력한 분배 정책을 통해 빈부격차가 해소될 가능성이 높아진다.

세 번째 자유는 자본주의의 근본적 특징인 생산수단의 개인소유에 대한 자유였다. 생산수단은 생산물을 만들어내는 수단으로서 공장, 토지, 농장, 기업, 거대 자본 등을 말한다. 생산수단이 중요한 것은 생산수단을 소유한 개인은 타인의 노동력을 이용하여 부를 축적할 수 있기 때문이다.

생산수단의 중요성 때문에, 개인이 이를 소유하는 것을 인정할 것인지의 여부가 근현대 사회에서 세계적으로 논란이 되었다. 자본주의는 생산수단의 개인소유를 인정하는 경제체제다. 생산수단을 소유한 계급을 부르주아, 자본가라고 부르고, 이를 소유하지 못한 까닭에 자본가에게 자신의 노동력을 팔고 그 대가로 임금을 받는 계급을 프롤레타리아, 노동자라고 부른다.

공산주의는 자본가에 의한 노동자 착취가 모든 사회 문제의 근본 원인이라고 판단한다. 따라서 생산수단의 개인소유를 인정하지 않는다. 대신 생산수단은 국가가 소유하고, 국가는 생산수단을 통해 발생하는 부를 평등하게 분배한다.

자유는 이념적이고 정치적인 용어다. 우리가 생각하는 자유로움이라는 이상적이고 완벽한 그 무언가는 현실에 없다. 오늘날 일반적으로 자유라 할 때, 그 개념은 대부분 시장의 자유, 자본주의, 작은 정부, 세금 인하와 복지 축소 등의 소극적 자유를 암묵적으로 전제한다. 정부의 개입, 사회주의, 큰 정부, 세금 인상과 복지 확대 등 적극적 자유를 말하고자 할 때는 평등이나 복지라는 용어를 사용하는 것이 적절하다.

	세금/복지	정부형태	경제체제	자유의 입장	생산수단소유
A: 시장의 자유 :	↓	작은 정부	자본주의	소극적 자유	인정
B: 정부의 개입 :	↑	큰 정부	사회주의	적극적 자유	제한

직업

직업은 단 네 가지뿐이다
직업의 종류

"그 생산수단인가 뭔가를 구입하면 다른 사람들을 이용해서 돈을 벌 수 있다는 거군요."

"그렇습니다. 타인의 시간과 노력으로 나의 부를 축적할 수 있는 거죠. 이게 자본주의 시스템의 본질입니다."

비서실장은 그럴싸하다고 느꼈다. 시민이 말을 이었다.

"생산수단을 반드시 소유해야 하는 이유는 부의 축적 말고도 한 가지가 더 있습니다."

"더 있다고요?"

"네. 그건 바로 나의 삶 때문입니다."

"삶 때문에요?"

"지금 이 카페를 둘러보세요. 이 프랜차이즈 카페의 실제 주인은 어디에 있습니까?"

주위를 둘러보았다. 카페 안에는 커피를 마시는 사람들과 종업원들과 지점장 정도 되어 보이는 말쑥한 남자가 있었다.

"집에 있지 않을까요?"

"그게 핵심입니다. 생산수단에 고용된 노동자는 자신의 삶을 노동하는 데 사용하지만, 생산수단을 소유한 자본가는 노동에서 자유로워집니다. 자신의 삶을 찾게 되는 거죠."

비서실장이 반문했다.

"노동에서도 삶의 가치를 찾을 수 있는 거 아닙니까?"

"그럼 평생 노동만 하다 죽든가."

"초면에 무슨 말을 그렇게…."

"노동의 신성함에 대한 강조는 사회 구성원들이 평등한 관계를 유지할 때만 의미가 있습니다. 생산수단을 소유한 자본가와 그렇지 못한 노동자가 있고, 이로 인해 불평등한 사회적 관계가 형성되어 있으며, 그래서 노동의 대가로 최소한의 삶만을 겨우 유지하는 사람들이 존재하고 있다면, 그 사회에서 노동의 신성함을 이야기하는 것만큼 비열한 행위는 없습니다."

시민이 말을 이었다.

"한 명의 개인은 선택하게 됩니다. 두 가지 삶만이 가능하죠. 나를 바꾸는 삶, 세계를 바꾸는 삶. 첫 번째 사람은 나를 바꿉니다. '생산수단의 개인소유라는 것이 그렇게 중요해? 그렇다면 그걸 내가 가져야지'라고 생각하는 사람이 있습니다. 자본주의 시스템을 인정하고 나를 그 시스템에 맞추는 사람입니다. 두 번째 사람은 세계를 바꾸려 노력합니다. '생산수단의 개인소유가 그렇게 중요해? 그렇다면 누구도 그걸 독점해서는 안 되지'라고 생각하는 사람이 있습니다. 자본주의 시스템에 문제가 있으니, 그 시스템을 바꿔야 한다고 생각하는 사람입니다."

비서실장이 물었다.

"그럼 앞으로 어떤 삶을 선택하실 겁니까?"

"공무원이 되어서 세상을 바꿔보겠다는 큰 꿈이 있었습니다."

"공무원이 세상을 바꾼다고요?"

"하지만 제 운명이 아니었던 것 같습니다. 이제는 나를 바꿔볼 겁니다. 이 사회에 적응해볼 겁니다. 비서실장님은 저만 믿으시면 됩니다."

서울 외곽에 지하 원룸을 구했다. 합숙을 시작한 지 사흘째가 되었다. 얼굴 높이에 있는 작은 창문을 열어두면 지나가는 사람들의 다리가 보였는데, 흙먼지 때문에 항상 닫아두어야 했다. 그래서 불을 끄고 있으면 시간도 함께 멈추었다.

"이제 월세를 받으러 갑니까?"

"모든 일은 서두르면 망치는 법. 신중하게 생산수단부터 구입해야죠."

고요하게 가부좌를 틀고 앉은 시민이 눈을 감은 채 대답했다.

"그런데 생산수단을 구입하려면 돈이 있어야 하는데, 그럼 어디 취업부터 해서 돈을 모아야 하는 게 아닐까요?"

비서실장의 말이 끝나자마자 시민이 눈을 부릅떴다. 심장이 오그라들었다. 시민이 말했다.

"일단 덮어놓고 아무거나 시작하면 안 됩니다. 먼저 직업의 종류에 대해서 이해하고 자기한테 맞는 것이 무엇인지 합리적으로 선택해야 합니다."

"직업의 종류라면, 의사, 교사, 소방관, 자영업, 뭐 이런 걸 이야기하는 건가요?"

"그렇게 겉으로 보이는 모습으로 구분하는 것 말고, 직업의 본질적인 속성을 기준으로 분류해봐야 합니다. 우리가 이야기했던 생산수단이 그 기준이 됩니다."

고용노동부의 자료에 의하면 2013년을 기준으로 한국의 직업은 대략 13,000개 정도가 된다. 이렇게 무수히 많은 직업은 생산수단을 기준으로 분류하면 둘로 나눠진다. 생산수단을 소유한 사람들의 직업과, 생산수단을 소유하지 못한 사람들의 직업이 그것이다. 즉, 생산수단을 소유함으로써 타인의 노동력을 이용해서 부를 축적하는 직업이 있고, 생산수단을 소유하지 못함으로써 자신의 노동력을 팔아 먹고 사는 직업이 있다. 우리는 이들을 부르주아와 프롤레타리아, 같은 말로 자본가와 노동자로 구분한다는 것을 앞서 알아보았다.

그렇다면 현대사회에서 자본가와 노동자의 직업은 어떻게 구체화될까? 각각 두 종류의 직업군으로 다시 세분화된다.

우선 우리에게 친숙한 노동자부터 알아보자. 노동자는 임금노동자와 비임금노동자로 구분된다. 임금노동자는 자본가에게 고용되어서 자신의 노동력을 제공하고 그 대가로 임금을 받는 사람을 말한다. 쉽게 말해서 근로자, 회사원, 정규직, 비정규직, 일용직, 아르바이트생 등으로 불리는 사람들이다. 반면 비임금노동자는 자본가에게 고용되지 않고 자신의 소득수단으로 소득을 얻는 사람들을 말한다. 자유업, 프리랜서 등으로 불리며 법률가, 의사, 회계사, 교수 등 보통 전문직으로 구분되는 직업군이다.

자본가도 노동자와 마찬가지로 두 종류의 직업군으로 나뉜다. 사업가와 투자가가 그것이다. 사업가는 생산수단을 기반으로 지속적인 이윤을 추구하는 생산수단의 경영자를 말한다. 일반적으로 사장, 대표이사로 불리는 사람들이다. 투자가는 생산수단에 자본을 대어 이익을 추구하는 개인이나 기업을 말한다. 이들은 기업의 주식이나 채권, 부동산, 화폐, 자원 등에 투자하여 이익을 창출한다.

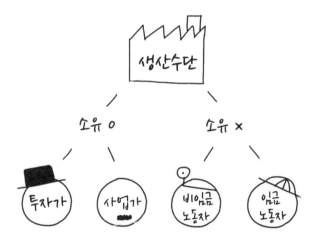

당신은 지금까지 어떤 직업군에 속해서 살아왔는가? 그리고 지금은 어떤 직업군이 좋아 보이는가? 이 직업군들은 독립되어 대등하게 존재하지 않는다. 이들은 생산수단을 중심으로 차등적인 관계를 맺고 있다. 이에 대해 알아보고 어떤 직업이 마음에 드는지 다시 한 번 선택해보자.

이제 계급 갈등의 양상은 달라졌다
직업군의 관계

앞서 논의했던 노동자와 자본가의 관계를 돌이켜보자. 이들의 관계는 생산수단을 중심으로 형성되어 있다. 자본가는 생산수단을 소유함으로써 이를 소유하지 못한 노동자의 노동력을 이용하고 그 대가로 임금을 지불한다. 예를 들어 노동자 X씨와 자본가 Y씨는 다음과 같은 관계를 맺는다. 우선 노동자 X씨가 자신의 시간과 노력을 투자해서 100단위의 가치를 생산해내면, 자본가 Y씨는 그중 30단위를 떼어 노동자 X씨에게 임금으로 지불하고 나머지를 자신이 소유한다. 노동자 X씨는 임금을 받고 기뻐하지만, 생각해보면 무엇인가 이상하다. 왜냐하면 실제로 100단위의 가치를 생산하기 위해 자신의 시간과 노력을 소모한 사람은 노동자 X씨이기 때문이다. 자본가 Y씨는 자신의 시간과 노력을 소모하지 않고도 70단위의 가치를 소유할 수 있다. 이유는 무엇이었나? 생산수단을 독점했기 때문이다.

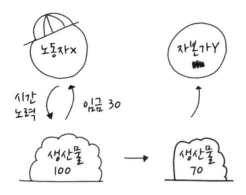

　생산수단을 기준으로 하면 직업군의 관계가 단순해진다. 자본가와 노동자가 구분되는 것이다. 그런데 자본주의 사회가 발전할수록 생산수단의 규모가 커졌고, 자본가 혼자서는 현실적으로 생산수단을 독점하기 어려운 환경이 조성되었다. 그러면서 탄생한 것이 주식회사다. 주식회사의 탄생은 고전적인 관계로서의 자본가와 노동자의 대립을 와해하고, 단순했던 직업군들 간의 관계를 복잡하게 드러낸다. 이에 대해 이해하기 위해서 우선 주식회사에 대해 알아보려고 한다.

주식회사의 탄생

주식회사는 사업에 관심이 있는 사람이라면 누구나 쉽게 생각해낼 수 있는 시스템이다. 예를 들어보자. 당신이 자본가 Y씨라고 해보자. 당신은 고향에 물려받은 값싼 토지가 조금 있었다. 팔아봐야 돈도 얼마 되지 않아 신경 쓰지 않고 살았는데, 어느 날 정부에서 느닷없이 그 부근이 유전지대라는 발표를 했다. 집 앞으로 사람들이 몰려들었다. 땅을 팔라는 사람들이다. 땅을 팔 것인가? 그러면 쉽게 돈을 벌 수 있겠지만, 더 큰 돈을 벌 수는 없을 것이다. 당신은 그들의 유혹을 뿌리치고 직접 석유를 시추하기로 했다. 전 재산을 탈탈 털어서 기업 'Y오일'을 설립하고 인터넷에서 중고로 소형 석유 채굴기를 장만했다. 노동자 X1, X2, X3를 고용했다. 일단 빈털터리가 되었지만, 3개월은 회사를 운영할 수 있을 것 같다. 3개월 안에 석유만 나오면 된다. 그리고 얼마 지나지 않아 놀랍게도 석유가 나왔다. 눈물이 날 것 같다. 석유를 담는 통인 배럴도 여러 개 샀다. 한 배럴에 대략 석유 120리터가 들어가는데, 정부에 문의하니 요즘에는 꽉 채우면 배럴당 8만 원 정도를 쳐준다고 한다. 행복한 하루하루를 보냈다. 욕심내지 않고 평생 이 정도로만 먹고 살면 충분하겠다는 생각이 들었다.

그런데 문제가 생겼다. 투자할까 망설이던 이웃 땅 주인들이 Y씨의 수익이 괜찮다는 걸 알고서는 너도나도 자신들의 땅에 석유 채굴기를 들여놓은 것이다. 어떤 집은 새로 나온 대형 채굴기까지 가져다 놓았다. 땅속에 든 석유 양은 한정되어 있을 텐데, 너무한다 싶었다. 이제 당신은 어떻게 할 것인가? 여기서 사업을 정리할 것인가? 그러기에는 인생에 한 번 올까 말까 한 기회를 놓치는 것 같다. 은행에서 돈을 당겼다. 그동안 벌어놓은 돈을 몽땅 투자해서 대형 채굴기 수십 대를 들여놓고 노동자 백여 명을 더 채용했다. 너도나도 석유 채굴에 뛰어들어서 이제는 배럴당 6만 원을 받기도 어려워졌다. 수익이 악화되어 자본력이 부족한 회사들은 도산하기 시작했다. Y씨의 회사는 배럴당 수익은 낮았지만, 워낙 뽑아내는 석유 양이 많아서 간신히 회사를 운영할 수 있었다. 그러던 어느 날 막연히 예상했던 종말이 갑작스레 찾아왔다. 석유 매장량의 한계가 보이기 시작한 것이다. 생각보다 매장량이 많지는 않았나 보다. 시설에 투자한 비용도 못 찾게 생겼다. 이제는 끝인가 싶었다. 그러다 우연하게 정부의 발표를 보게 되었다. 달에 다이아몬드가 매장되어 있다는 발표였다. 새로운 시장이 눈앞에 열리는 듯했다.

 이제 당신은 어떻게 할 것인가? 달에 가서 다이아몬드를 채굴하는 건 은행에서 대출을 받는 정도로는 할 수 없는 일이다. 막대한 자금이 필요하다. 문득 아이디어가 생각났다. 다른 사람들의 돈을 사업에 끌어들이면 되는 일 아닌가? 당신은 투자설명회를 열기로 했다. 사람들을 광장에 불러 모았다. 광장의 중앙에는 단상이 놓여 있었다. 천천히 단상에 올라가서 이렇게 말했다.
 "우리 Y오일은 새로운 성장 동력을 찾기 위해 노력해왔습니다. 그리고 혁신적인 신기술을 기반으로 달에서 다이아몬드를 채굴하기로 결정했습니다. 그동안의 석유 채굴 노하우를 바탕으로 장기적인 고수익 모델을 만들어내겠습니다."
 그래서 우리더러 뭘 어쩌라는 거냐는 질문들이 쏟아져 나왔다. 자본가 Y씨는 준비했던 커다란 도화지를 꺼냈다. 그리고 사람들에게 이렇게 말했다.

"이 도화지는 잠시 후에 설립될 우리 모두의 기업입니다."

그러고는 그 자리에서 도화지를 만 개의 조각으로 잘랐다. Y씨는 한 조각을 높이 들어 올리고 말했다.

"이 조각 한 개는 회사의 권리와 의무를 담고 있습니다. 우선 권리는 앞으로 발생할 회사 수익에 대한 권리입니다. 달에서 채굴된 다이아몬드가 시장에서 판매된 후 회사의 순수익이 발생하면 그 수익은 만 개로 나누어져서 이 조각을 가진 사람들에게 돌아갈 것입니다. 다음으로 의무는 혹시나 발생할지도 모르는 위험에 대한 의무입니다. 만약 달에서 채굴에 실패해서 회사가 큰 피해를 입고 채무를 진다고 하더라도 이 조각을 가진 사람은 그 채무에 대해서는 어떠한 책임도 없습니다. 다만 이 조각을 구입한 비용을 돌려받지 못할 뿐입니다. 이 조각은 한 장에 백만 원입니다. 이 조각을 가진 분을 이제부터 회사의 주인이라는 뜻에서 '주주(株主)'라고 부르겠습니다."

사람들은 잠시 머릿속으로 계산기를 두드려봤다. 수익이 발생하면 나눠 갖지만, 회사가 망할 경우에도 내가 구입한 도화지 조각의 비용 외에는 어떠한 책임도 지지 않는다. 그리고 나도 이 거대한 회사의 소유주 중 한 명이 된다. 생각이 여기까지 미친 수많은 사람이 조각을 구입하기 위해 단상으로 달려들었다. 하루 만에 100억 원의 자본금이 생겼다.

3년간의 기술 개발 끝에 채굴선을 달로 쏘아 보내는 날짜가 확정되었다. 정확하게 1년 후. 1년 후면 도화지 조각을 쥐고 있는 사람들은 부자가 될 거라는 소문이 돌았다. 뒤늦게 도화지를 나눠 가진 사건이 있었다는 걸 알게 된 사람들은 몇 배나 비싼 돈을 주고서라도 도화지 조각을 구입하려 애썼다. 도화지 조각의 가격은 10배가 뛰어서 1,000만 원에 거래되었다. 거래가 너무 자주 발생하자 도화지 조각의 거래를 중계해주는 거래소도 생겼다. 거래소 직원들은 매일 거래되는 가격의 평균을 그래프로 표시했다. 채굴선을 쏘아 올리는 날이 가까워질수록 가격은 점진적으로 상승했다. 그러나 기술 개발이 지연되는 등의 문제가 발생하면 가격은 폭락했다. 하지만 일반적으로는 1,000만 원 부근에서 거래되었다. 사람들은 Y오일의 가치를 쉽게 평가할 수 있었다. 조각 전체가 1만 장이고 한 장이 1천만 원에 거래되므로, 이를 곱하면 Y오일의 가치가 나온다. 이를 시가총액이라고 한다. Y오일의 시가총액은 1천억 원이다.

오늘날의 주식시장은 매우 복잡한 양상으로 드러나지만, 실제로 그 발생 이유는 매우 상식적이다. 기업이 지속적인 이윤 창출을 위해 거대화되면서 주식회사의 형태가 요청된 것이다. 주식회사는 주주의 출자로 이루어진 기업을 말한다. 그리고 주주는 권리로서 수익에 대한 배당을 받고, 유한책임만을 진다.

주식회사에 대한 이해는 노동자와 자본가의 관계가 오늘날에 이르러 어떻게 변화되었는지를 파악하는 데 중요한 역할을 한다. 우리는 앞서 자본가와 노동자의 고전적인 관계를 알아보았다. 노동자는 자신의 시간과 노력을 투여해서 가치를 발생시키지만, 그 가치를 독점하는 것은 자본가였다. 노동자는 노동의 대가로 임금을 받을 뿐이었다. 이러한 관계는 계급 갈등이라는 고전적인 사회모형의 핵심이 되었다.

　주식회사는 자본주의의 양상을 변화시켰다. 자본주의는 이제 '주주 자본주의'가 되었다. 주주 자본주의에서는 노동자와 자본가의 관계가 단순히 이분법적 도식으로 구분되지 않는다. 자본가는 더 세분화되어서 사업가와 투자가로 구분된다. 새로운 착취의 관계가 형성된 것이다. 노동자가 발생시키는 가치는 사업가가 가져가고, 사업가가 소유하는 가치의 일부는 투자가가 가져간다.

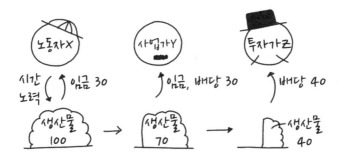

　Y는 아직도 회사의 창립자이며 경영자인 것이 확실하지만, 이제는 자기가 아닌 다른 사람들을 위해서도 일해야 한다. 그 사람들은 주식을 갖고 있는 투자자들이다. 주주 자본주의는 주주의 이윤을 극대화하는 것을 회사 경영의 중심에 두는 시스템을 말한다. 주주는 노동자로부터 자본가를 거쳐 투자가로 이어지는 먹이사슬 관계의 최종포식자가 된다.

주주 자본주의와 이해관계자 자본주의

주주 자본주의는 자본가 계급을 둘로 나눴다. 사업가는 투자가를 위해 일하는 존재가 되었다. 그런데 이것 말고도 주주 자본주의가 바꿔놓은 직업군 간의 관계가 하나 더 있다. 그것은 노동자의 지위다. 노동자는 이제 노동자에만 머물지 않는다. 노동자는 자신의 선택에 따라서 투자가가 될 수도 있다. 주식회사가 생기기 이전의 생산수단들은 노동자가 소유하기에는 벽이 너무도 높았다. 하지만 이제는 거의 모든 생산수단이 잘게 쪼개어져 누구나 그 일부를 구입할 수 있다. 노동자는 사업가를 위해서 일하고 사업가는 투자가를 위해 일하지만, 투자가들 중에는 노동자가 있는 것이다. 주주 자본주의에 이르러 자본가와 노동자의 계급 대립이라는 이분법은 와해되었다.

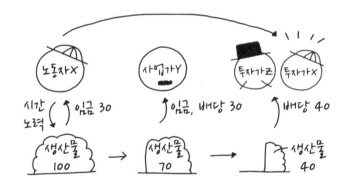

자본주의 갈등의 내용은 변화했다. 과거에는 생산수단 소유 여부에 대한 질적 측면의 갈등이었다면, 오늘날에는 얼마나 많이 가졌는

지에 대한 양적 측면의 갈등이 되었다. 이제 이론적으로는 계급 갈등을 말하기 어려워졌다.

물론 우리는 안다. 이론적으로 그러할지 몰라도, 현실적으로는 계급이라는 표현이 유의미하다는 것을 말이다. 예를 들어 2014년 하반기를 기준으로 삼성전자의 주식 소유 현황을 보면, 이건희 회장의 주식은 50만 주 정도로 삼성전자 전체의 3.5%가 안 된다. 우리도 동일하게 삼성전자의 주식을 보유할 수 있고 주주로서의 권리를 행사할 수 있다. 개념상으로는 동일한 주주다. 하지만 양적인 측면에서는 차이가 커진다. 삼성전자의 시가총액을 대략 180조 원으로 잡으면, 3.5%를 보유했다는 것은 6조3천억 원의 주식을 가지고 있다는 것이다.

아무리 주주 자본주의에 이르러 이론상으로 노동자와 자본가의 계급 대립이 와해되었다고는 해도, 실질적인 격차는 줄어들었다고 보기 어렵다. 오히려 생산수단의 거대화로 인해 그 격차는 더 심화되었다고 할 수 있다.

이러한 이유로 주주 자본주의를 비판하는 사람들이 있다. 기업이 주주의 이익만을 우선적으로 고려한다면, 다수의 사람들이 이익을 얻는 것이 아니라 소수의 독점적인 투자자들만이 이익을 보장받는 것이라는 주장이다. 결국 기업은 독점적인 주주의 이권만을 배타적으로 고려하는 가운데, 해당 기업과 연결된 사회 공동체의 이익을 저하시킬 것이다. 그래서 이를 비판하는 사람들은 주주의 이익이 아니라 기업과 연계되어 있는 이해관계자들 전체, 즉 노동자, 소비자, 지역사회, 거래

기업 등을 고려하는 자본주의적 태도가 필요하다고 주장한다. 이를 '이해관계자 자본주의'라고 한다.

주주 자본주의와 이해관계자 자본주의는 '기업이 존재하는 목적이 무엇인가?'라는 물음에 대한 답변이라고 할 수 있다. 당신은 어떻게 생각하는가? 왜 기업이라는 것이 존재하는 걸까?

주주 자본주의는 기업의 존재 목적은 주주의 이익이며, 이것이 그 무엇보다 앞서야 한다고 주장한다. 영국과 미국의 자본주의가 이러한 형태를 띠고 있다. 미국의 경영진이 가장 신경 쓰는 것은 상품을 얼마나 생산하고 판매했느냐가 아니다. 주식의 시세 차익과 배당을 통해 주주의 이익을 확보하는 것이 가장 중요한 지표가 된다.

20세기에 미국에서 활동했던 대표적인 신자유주의 경제학자 밀턴 프리드먼은 이렇게 말한다. "기업에 주주의 수익률 이외에 사회적 책임을 요구하는 것은 자유 사회의 기초를 완전히 훼손하는 것이다." 기업의 책임이란 영리를 추구하는 것이며, 주주의 이익을 극대화하는 것이 유일하고 본질적인 기업의 목적이라는 것이다.

반면 이해관계자 자본주의는 기업과 연계된 사회적 이해관계자 전체를 고려하는 것이 기업의 목적이라고 주장한다. 독일과 일본의 자본주의가 이러한 형태를 띠고 있다. 이해관계자 자본주의의 방향성을 가진 기업이 가장 신경 쓰는 것은 주주의 이익이 아니라 모든 관계자와의 공존이다. 노조를 비롯하여 지역사회의 일반 주민들까지도 제한된 범위 내에서 기업 경영에 목소리를 낼 수 있다.

A 주주   : 주주의 이익
  자본주의

B 이해관계자   : 사회 공동체의 이익
  자본주의

　물론 오늘날의 기업들은 극단적으로 한 가지 형태를 띠는 것이 아니라 혼합된 모습을 보인다. 즉, 하나의 기업은 주주의 이익을 우선적으로 고려하는 동시에 사회적 책임에 대해 신경을 쓴다. 노조 활동을 인정하고, 지역과 환경에 투자하며, 기부와 봉사 등 사회적 활동을 통해 기업의 이미지를 개선하려고 노력한다.

　문제는 방향성에 있다. 현재의 복합적인 기업 활동을 기준으로 기업의 방향성이 주주의 이익을 향하는지, 아니면 이해관계자들의 이익을 향하는지의 여부가 중요하다. 방향성이 중요한 것은 그것이 현실의 쟁점에 대한 선택을 가능하게 하기 때문이다. 예를 들어보자.

　한국사회에서 첨예하게 대립하는 견해 중 하나가 노동시장에 대한 입장이다. 이는 '노동시장의 유연성'을 주장하는 견해와 '고용의 안정성'을 주장하는 견해로 나눠진다. 우선 노동시장의 유연성에 대한 견해부터 알아보자. 노동시장의 유연화를 주장하는 사람들은 한국사회의 노동시장이 매우 경직되어 있다고 판단한다. 즉, 해고와 고용이 어려운 상황에 있다고 본다. 그리고 이러한 문제가 발생하는 근본 원인으로 정부의 과도한 규제를 든다. 정부가 강력한 노조 활동을 인정하고 노동자 해고에 제한을 두는 까닭에 기업이 경영에 어려움을 느낀다는 것이다. 기업이 비효율적인 잉여 노동자를 쉽게 해고하지 못하면 빠르게 변화하는 경제 환경에 대처하기 어려워지고, 이로 인해 신규 채용을 꺼리게 된다고 말한다. 이를 해결하기 위해서는 노동시장의 유연성이 필요하다고 주장한다. 노동자를 쉽게 해고할 수 있고, 꼭 정규직이 아니더라도 다양한 형태로 노동자를 쉽게 고용할 수 있어야 기업이 채용을 늘려 일자리가 확대될 것이기 때문이다. 이를 통해 기업의 경쟁력이 강화되고 사회적으로는 고용이 창출된다는 것이 이들의 주장이다.

이에 반대해서 고용의 안정성을 주장하는 견해가 있다. 고용 안정을 보장해야 한다고 주장하는 사람들은 현재 한국사회에서 노동자의 삶의 질이 매우 열악함을 지적한다. 낮은 수준의 최저임금과 양질의 일자리 부족으로 현실적인 빈곤에 놓인 개인이 절대다수라는 것이다. 이러한 노동자의 고용 불안 문제는 장기적인 측면에서 국가 경제와 기업의 생존에 악영향을 미칠 수 있다. 우선 노동자의 고용 불안정에 따른 소득 저하는 사회 전체의 소비를 위축시켜 내수경기를 침체시킬 우려가 있다. 또한 노동자의 생산력도 낮아진다. 직장 내에서 자신의 업무가 상실될 수 있다는 불안감은 지속적인 이직에 대한 욕구를 만들고, 이에 따라 직무에 대한 성과를 낮출 것이기 때문이다. 이를 해결하기 위해서는 고용 안정성이 사회적으로 보장되어야 한다고 주장한 것이다. 안정된 일자리가 보장되어야만 국민의 생활이 안정되고, 이로 인해 경제와 사회도 안정될 수 있다는 것이 이들의 주장이다.

이렇게 대립하는 주장에는 기업의 목적에 대한 상반된 견해가 내재해 있다. 즉, 기업의 목적을 기업의 이익과 주주의 이익이라고 전제하는 사람은 기업이 최대한의 이익을 창출하기 위해서 노동시장의 유연화가 필요하다고 판단한다. 반대로 기업의 목적을 노동자와 지역사회까지 아우르는 이해관계자 전체의 이익이라고 전제하는 사람은 고용의 안정성이 보장되어야 한다고 판단한다.

한국사회가 지속적으로 규제를 완화하고 노동시장을 유연화하는 방향으로 나아가는 것은 한국의 방향성이 시장의 자유, 자유주의, 주주 자본주의에 맞춰져 있기 때문이다. 왜 이러한 방향성이 발생했는가에 대한 명확한 분석은 없다. 한국의 지정학적 특성, 역사적 환경, 이념 대립의 경험, 경제 성장의 경험 등 다양한 요인들이 복잡하게 어우러져 최종적으로 일관된 담론을 형성했을 것이다.

현실의 구체적인 쟁점들은 하나하나가 치열하게 논쟁되고 있으며 복잡하기 때문에, 개인이 이를 이해하고 자기 나름의 해결 방안을 도출하기까지 시간과 노력을 투자해야 한다. 그래서 시간을 쪼개 써야 하는 바쁜 현대인들은 복잡하고 다채로운 사회적 쟁점에 자연스럽게 무관심해질 수밖에 없다. 이러한 이유로 보통의 현대인들과 사회 문제를 해결하고자 노력하는 사람들 사이에 투쟁이 벌어진다. 바쁜 현대인들은 안 그래도 정신 사나워 죽겠으니 사회는 소란스럽지 않으면 좋겠다고 생각하고, 사회 문제를 해결하고자 노력하는 사람들은 현대인의 무관심을 깨우기 위해서라면 소리를 내는 것도 마다하지 않는다.

그래서 사회적 쟁점은 산으로 간다. 구체적인 실제 쟁점이 무엇인지에 대한 논의는 이루어지지 않고 시위의 태도, 말하는 방식, 과격성, 이로 인한 불편 등이 이슈화된다.

시민에게는 의무가 있다. 나의 이익을 추구하는 동시에 계급의 이익을 대변하고 사회의 이익을 고려해야 할 책임 말이다. 물론 모든 구체적인 사회적 쟁점에 관심을 기울이는 것은 불가능하고, 그럴 필요도 없다. 다만 세계에 대한 거시적인 관점을 토대로 개별 사안을 단순하게 분류할 수는 있어야 한다. 시장의 자유와 정부의 개입으로, 자본가의 이익과 노동자의 이익으로, 자유주의와 사회주의의 이념으로, 주주 자본주의와 이해관계자 자본주의로. 시민들 스스로가 개별 쟁점의 방향성을 이해하고 분류할 수 있을 때, 사회적 담론들은 합리적이고 건강하게 논의되어갈 것이다.

세계에 대한 단순한 구분. 이것이 시민이 갖춰야 할 최소한의 교양이다.

좋아하는 일, 잘하는 일 따위는 없다
어떤 직업을 선택할 것인가

자본가와 노동자의 근원적 대립은 사라졌다. 우리는 어떤 직업이든 선택할 수 있다. 임금노동자, 비임금노동자, 사업가, 투자가. 무엇을 선택할 것인가? 중복 선택도 가능하다. 임금노동자는 동시에 투자가일 수 있고, 비임금노동자 역시 동시에 사업가나 투자가일 수 있다. 물론 사업가가 투자가일 수도 있다. 각각의 직업군이 갖는 특성에 대해서 알아보기 위해 우선 한 가지 직업군만을 선택할 수 있다고 해보자. 당신은 어떤 직업을 선택하겠는가?

"저도 어릴 적에는 항상 이게 고민이었습니다. 어떤 직업을 선택할지 말이죠."

추억에 잠긴 듯한 표정으로 비서실장이 계속 말을 이었다.

"좋아하는 일을 할 것인가, 잘하는 일을 할 것인가, 정말 오래 고민했었습니다."

편안한 표정으로 시민이 물었다.

"그래서 좋아하는 일을 선택하셨습니까, 잘하는 일을 선택하셨습니까?"

"음… 생각해보니 그저 주어진 환경에서 뭐든 열심히 했던 것 같네요."

시민이 무표정한 얼굴로 말했다.

"직업의 본질을 이해하지 못하면 그런 어리석은 질문을 하게 되는 겁니다. 좋아하는 일이라거나 잘하는 일이라거나, 산업화사회에 이르러서 그런 건 없습니다."

비서실장이 반문했다.

"아니, 왜 없나요? 누구나 자기가 할 수 있는 일의 범위 안에서 가장 마음에 드는 직업을 선택하는 거 아닌가요?"

"운동화 공장의 생산라인에서 근무하는 사람은 좋아하는 일을 선택한 겁니까, 아니면 잘하는 일을 선택한 겁니까?"

"음…"

시민이 말을 이었다.

"백화점 TV 전시 매장의 직원은 어떻습니까? 대기업 인사과에 발령 받은 사람은 또 어떻습니까? 이것이 자신이 좋아하는 일이거나, 잘하는 일이기 때문에 선택한 거라고 할 수 있을까요? 물론 특정 사람들 중에는 자신이 좋아하거나 잘하는 일을 선택할 수 있었던 운 좋은 사람들도 있을 겁니다. 하지만 산업화 이후 사회의 일반적인 직업은 그런 종류의 것이 아닙니다. 오늘날 사람들은 자신의 직업과 노동에서 보람과 성취를 느끼기 어렵습니다. 그것은 개인의 문제가 아니라 구조의 문제입니다. 현대사회에서 우리가 직업을 통해 기대할 수 있는 보상은 오직 임금뿐입니다. 이제부터 실제로 우리가 직업을 선택할 때 고려하는 것들에 대해서 설명해드리겠습니다. 우리는 실제로 세 가지를 고려합니다. 보람, 수익률, 리스크. 하나씩 살펴보시죠."

성취와 보람

결론부터 말하면 오늘날 직업에서 성취와 보람을 찾는 것은 어렵다. 근대 산업혁명 이후 인류가 생산물을 생산하는 방식이 달라졌기 때문이다. 산업화는 단적으로 말하면 공장의 탄생이라고 할 수 있는데, 여기서 공장은 두 가지를 특징으로 한다. 분업과 기계화다. 이 둘은 인간과 생산물의 관계를 변화시켰다. 밀접하게 연결되어 있던 인간과 생산물의 관계는 산업화가 심화됨에 따라 점차 멀어졌다. 이에 따라 생산물로부터 얻을 수 있었던 노동에 대한 성취와 보람도 함께 멀어진다. 예를 들어보자.

여기 X씨가 있다. X씨는 중세에 신발을 만드는 장인이었다. 고객이 찾아와서 신발을 주문하면 X씨는 신발을 만들기 시작한다. 소의 가죽을 벗기고 잘 말린 다음, 모양을 따라 잘라낸다. 신발의 형태를 잡고 바느질을 해서 고정한 후에 약품 처리를 거치면 신발이 완성된다. 고객이 대가를 지불하고 신발을 가져간다. 신발은 누가 만들었는기? 당연히 X씨가 만들었다. X씨는 두 가지에서 기쁨을 느낀다. 첫째는 판매에 따른 보상이다. 자신이 시간과 노력을 쏟은 만큼 정당한 대가가 지불되므로 여기서 느끼는 만족감이 크다. 둘째는 이로 인해 느끼는 성취와 보람이다. 완성된 신발은 온전히 X씨의 정성으로 탄생했다. 신발은 X씨의 노력에 대한 증거이자 결과물이다. 생산물과 X씨의 관계는 매우 밀접하다.

많은 시간이 흘렀다. 근대 산업화 이후에 X씨는 다시 태어났다. 이번에도 신발을 만드는 사람이 되었다. 나이키 공장에 취업했고 생산라인 중에서 중간 조립 부분에 배치받았다. 기계가 안창에 풀칠을 해서 깔창을 붙이면, X씨가 넘겨받아서 손으로 눌러 창 바닥을 고르게 하는 작업을 맡았다. X씨는 하루 종일 이 일을 반복한다. 중세 때에 비하면 운동화는 놀라운 효율성으로 대량생산되고 있다. X씨의 손을 거쳐 간 운동화는 수를 세기 어려울 정도다. 어느 날 X씨가 쇼핑 중에 나이키 매장에 들렀다. X씨는 다양하고 화려한 운동화들을 보면서 이것들이 내가 만든 운동화라고 말할 수 있을까? 그렇지 않다. 생산물인 운동화는 생산의 주체인 X씨를 밀어낸다. 운동화는 X씨를 소외한다. 이것이 마르크스가 말했던 노동의 소외 현상이다. 근대 산업화 사회에서는 기쁨 하나가 사라진다. 그것은 성취와 보람이라는, 노동을 통해 얻는 기쁨이다. 생산물이 나를 소외하는 환경에서 성취와 보람을 느낄 대상은 존재하지 않는다.

그래서 X씨는 직업에서 성취와 보람 대신 급여로 만족을 얻는다. 이제 무슨 일을 하는지는 상관이 없다. 직업 선택에서 높은 급여가 최우선의 고려 대상이 된다. 하지만 여기서 두 번째 소외가 나타난다. X씨는 급여에서도 소외된다. 중세의 X씨는 자신이 투여한 노동과 시간에 정확하게 상응하는 대가를 받았다. 그러나 근대의 X씨는 그렇지 않다. 근대의 X씨는 자신의 노동과 시간을 투여한 생산물을 우선 자본가에게 빼앗긴다. 생산된 나이키 운동화 전체는 나이키 소유자의 것이다. 나이키 소유자는 시장으로부터 운동화 전체에 대응하는 대가를 받는다. 그리고 그 일부를 X씨에게 임금의 형태로 지불한다. X씨는 생산의 대가에서도 소외되는 것이다.

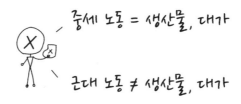

이러한 상황은 일반적으로 '노동에 의한 인간 소외'로 알려져 있다. 노동의 결과물인 생산물과 대가가 노동자를 소외하는 상황을 말한다. 노동 소외 과정에서 노동자의 인간적 가치는 상실되고, 노동자는 무기력과 좌절 상태에 처한다. 여기서의 노동은 육체노동을 비롯해서 사무노동까지를 포함한다. 노동에 의한 인간 소외가 발생하는 원인은 생산 환경의 거대화와 기계화에 있다.

결론적으로, 자본가가 생산수단을 독점하고 노동자는 거대한 생산수단의 부품으로 전락하는 산업화 이후의 자본주의 사회에서, 노동자가 일에서 성취와 보람을 느낀다는 건 불가능한 일이 되었다. 그래서 노동자는 임금에서 노동의 보람을 찾고자 하지만, 그것마저도 나의 노동에 대한 온전한 대가라기보다는 나의 노력과 시간 투여의 일부분만을 대신 받는 것이다. 임금에서도 노동자는 소외된다.

그렇다면 오늘날 자신의 직업에서 성취와 보람을 느끼는 사람은 전무한 것일까? 그렇지는 않다. 자신의 시간과 노력을 투자해서 발생한 생산물의 대가를 자신이 온전히 소유하거나, 생산수단을 소유해서 그것의 거시적인 방향성을 결정할 수 있는 사람들은 성취와 보람을 느낄 수 있다. 전자는 비임금노동자가 해당될 것이고, 후자는 사업가가 해당될 것이다.

성취, 보람

투자가	△
사업가	○
비임금노동자	○
임금노동자	✕

우선 전문직 종사자 등과 같은 비임금노동자는 자신이 하는 일의 전체 과정을 조망할 수 있고, 자신이 투여한 시간과 노력에 따라 대가를 받는다. 따라서 임금노동자에 비해 직업에 대한 만족도가 높다. 또한 수익에서도 자신의 노동과 시간 투여가 그 대가와 일치하므로 임금노동자에 비해 만족도가 높아진다. 다만 타인의 노동력을 이용하는 사

업가나 투자가에 비해서는 상대적으로 수익이 크지 않다.

다음으로 사업가 역시 비임금노동자와 동일하게 자신의 일에서 성취나 보람을 느낄 가능성이 높다. 왜냐하면 생산수단 전체의 방향성을 결정할 권한이 주어져 있기 때문이다. 또한 기업 전체의 생산물의 가치로부터 소외되어 있지 않을 뿐만 아니라, 타인의 노동력을 이용하므로 수익과 보상이 크다.

즉, 사업가, 비임금노동자는 임금노동자에 비해 상대적으로 노동으로부터 소외되지 않기 때문에 직업에서 성취와 보람을 얻을 수 있다.

수익률

임금노동자는 그래서 다른 직업군에 비해 높은 수익을 얻을 수 있어야 한다. 왜냐하면 직업에서 얻을 수 있는 성취와 보람을 포기했기 때문이다. 그러나 현실은 그렇지 않다. 수익에서도 다른 직업군에 비해 임금노동자가 가장 적은 보상을 얻는다.

이것은 앞서 다뤘던 생산수단의 소유 여부 때문이다. 왜 이런 일이 발생하는지 생산수단을 중심으로 한 직업군의 관계를 통해 확인해보자..

생산수단 소유자는 노동자들을 고용해서 가치를 발생시킨 후에 자신이 가져간다. 그리고 그중 일부를 임금의 형태로 노동자에게 돌려준다. 노동자 X씨가 하루에 10단위의 가치를 생산하고 전체 노동자가 10명이라면, 해당 기업이 생산하는 가치의 총 단위는 100단위일 것이다.

여기서 생산수단의 소유자인 자본가 Y가 50단위를 가져간다면, 나머지 50단위는 10개로 쪼개져서 노동자들에게 5단위씩 돌아간다. 노동자 X씨의 입장에서 보면, 자신의 시간과 노력을 투자해서 10단위를 발생시킨 후 그 대가로 5단위만을 받는 것이다. 즉, 사업가 Y는 50단위를, 임금노동자 X는 5단위를 소유하게 된다.

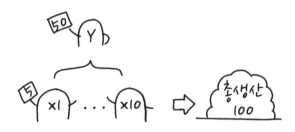

그런데 투자가 Z의 등장으로 인해, 단순했던 노동자와 자본가의 관계는 복잡해진다. Z씨는 Y씨의 기업과 비슷한 10개의 기업에 투자하고 있는 투자가다. Z씨가 투자하고 있는 10개의 기업이 창출하는 이익의 총 단위는 500이 된다. 여기서 투자가인 Z가 250단위를 가져간다면, 나머지 250단위는 10개로 쪼개져서 사업가들에게 25단위씩 돌아가게 된다. 결론적으로, 투자가 Z는 250단위를, 사업가 Y는 25단위를 소유하게 된다.

임금노동자가 창출하는 전체 가치는 사업가와 투자가의 수익으로 전환된다. 임금노동자는 사업가나 투자가에 비해서 낮은 수익을 얻을 수밖에 없다.

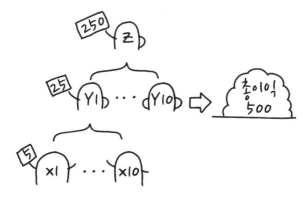

여기서 짚고 넘어가야 할 개념이 있다. 절대적 수치만 보면 Z씨가 250단위, Y씨가 25단위, X씨가 5단위로 그 수익면에서 Z씨가 단연 압도적이다. 그렇다면 Z씨가 가장 합리적인 사람일까? 꼭 그렇다고 단정하기는 어렵다. 왜냐하면 그가 이러한 수익을 얻기 위해서 기존에 투자한 자본이나 가치의 크기를 여기서는 확인할 수 없기 때문이다. 만약 Z씨가 250단위의 수익을 얻었지만, 실제로는 그가 투자한 자본이 이보다 컸다면 수익의 절대적 크기와 무관하게 그는 손실을 본 것일 수도 있다. 그래서 절대적인 수익의 크기만 볼 것이 아니라, 투자 대비 수익의 크기인 '수익률'에 대해서 이해해야 한다.

수익률은 '투자수익률'을 줄여 말한 것으로, 투자한 자본금에 대한 기대이익의 비율을 의미한다. 예를 들어 Z씨가 연간 250단위의 수익을 얻기 위해 기존에 투자했던 자본금이 2,500단위라고 한다면 그의 수익률은 연 10%가 된다. Z씨의 성과를 평가하는 데 기준이 되는 것은 결과물인 '250단위'가 아니다. 투자금 대비 수익률인 '10%'다.

여기서 잠시 수익률에 대해 이야기하려 한다. 수익률을 이해하는 것은 중요하다. 왜냐하면 자본주의 사회에서 자본투자의 적합성을 평가하는 1차적인 척도가 수익률이기 때문이다. 이러한 척도에 익숙해지는 것은 자본주의를 이해하며 살아가기 위해서 도움이 된다. 자본주의 사회에서 부가 창출되는 방식은 기본적으로 자본의 자기 증식이고, 이를 위해서는 자본의 투자가 필수적이다. 부동산, 주식, 화폐, 자원 등을 가릴 것 없이, 모든 자본의 투자는 수익률로 평가된다.

이를 이해하기 위해 Y씨를 중심으로 이야기를 해보려고 한다.

사업가 Y씨는 친구 사업가들이 있다. 그들은 각각 Y2씨와 Y3씨다. 이들은 모두 25단위의 수익을 얻고 있다. 계산의 편의를 위해 이를 비용을 제외한 연간 순수익 1억 원으로 바꿔보자. 이들이 이런 수익을 얻을 수 있는 것은 각각 생산수단을 구입했기 때문이다. 즉, 자기 자본을 투자한 것이다. Y는 소규모의 운동화 공장을 구입했고, Y2는 카페를 구입했으며, Y3는 3층짜리 다가구 주택을 구입했다. 이들 중 가장 성공적인 투자를 한 사람은 누구인가? 한국은 역시 부동산이므로 Y3의 투자가 가장 성공적인가? 그렇게 판단할 수는 없다. 공장, 카페, 건물이라는 표면적 내용으로는 누가 잘 투자했고 누가 잘 투자하지 못했는지 판단할 수 없다. 이들의 성공 여부를 판단하기 위해서는 투자한 자금의 크기를 알아야 한다.

실제로 운동화 공장에는 4억, 카페에는 6억, 건물에는 8억이 들어갔다고 가정해보자. 그럼 각각의 수익률은 어떻게 되나? 연간 수익률은 투자금 대비 수익이므로, 운동화 공장을 구입한 Y는 연 25%의 수익을 얻는다. 카페를 구입한 Y2는 대략 연 17%의 수익을, 건물을 구입한 Y3은 연 12.5%의 수익을 얻는다.

이제 누가 가장 성공적인 투자를 했는지 알 수 있다. 매월 같은 수익을 발생시키지만, 운동화 공장을 구입한 Y가 가장 투자금이 적었기 때문에 성공적인 투자라고 할 수 있다.

$$수익률 = \frac{수익}{투자금} \times 100$$

사실 현실에서는 Y, Y2, Y3 모두 성공적인 수익률을 얻었다고 할 수 있다. 현재 한국에서는 10%의 수익률이 넘는 투자 대상을 찾기가 쉽지 않기 때문이다. 사회 전반의 투자수익률은 일반적으로 인플레이션과 관련이 있다. 그리고 인플레이션은 시장의 성장이나 통화량의 팽창과 연결되어 있다. 이에 대해서는 이 책의 [미래] 부분에서 자세히 다룰 것이다.

여기서는 결과만을 고려하자. 수익률은 금리와 연동되어서 움직이는 것처럼 보인다. 즉, 투자수익률이 높은 시기에는 은행 금리도 높게 형성된다. 반대로 투자수익률이 낮은 시기에는 은행 금리도 낮게 형성된다.

그리고 대부분의 투자 대상들은 언제나 은행 금리를 기준으로 이보다 높은 수익률을 보장할 때만 실제 거래가 이루어진다. 하지만 그렇다고 해서 은행 금리와 확연한 차이를 보이는 것은 또 아니다. 은행 금리를 약간 상회할 뿐이다.

투자수익률

은행 금리 < 부동산, 주식, 사업 .....

생각해보면 그럴 수밖에 없다. 예를 들어보자. 은행 금리가 2%인데 부동산 수익률이 20%라면, 모든 사람은 은행에서 돈을 찾거나 빌려서 부동산을 구입하려고 경쟁할 것이다. 고수익을 보장하는 부동산부터 시장에서 빠르게 사라지게 된다. 그리고 점차 낮은 수익률을 보장하는 부동산까지 팔리는데, 정해진 기준은 없지만 은행 금리보다 높은 어딘가에서 멈춘다. 예를 들면 수익률 5%나 6%에서 멈추는 식이다. 은행 금리인 2%까지 수익률이 내려오지 않는다. 왜냐하면 환금성과 리스크 때문이다. 환금성은 자산의 가치를 현금화할 가능성을 말한다. 부동산은 환금성이 낮다. 그래서 은행 예금과 비슷한 수익을 발생시킨다면 사람들은 부동산에 투자하지 않을 것이다. 주식도 마찬가지다. 주식은 환금성은 좋으나, 리스크가 크다. 그래서 사람들은 은행 금리보다 더 큰 수익을 보장하지 않는다면 투자를 꺼릴 것이다. 즉, 환금성이나 리스크를 감수할 만큼의 높은 수익이 보장될 때에야 비로소 투자가 이루어진다.

자본주의 시장에서 모든 자본은 수익률이 높은 생산수단으로 모인다. 사업가에게나 투자가에게나, 수익률은 투자 대상을 선정하는 가장 우선적인 기준이 된다. 그런데 이러한 수익률을 극대화할 수 있는 방법이 있다. 그것은 '레버리지(leverage)'라고 알려진 방법이다. 지렛대(lever)를 이용하면 무거운 물건도 적은 힘으로 들어 올릴 수 있는 것처럼 레버리지는 사업이나 투자의 수익을 확대하는 경향이 있다.

　레버리지는 쉽게 말해서 빚을 이용하는 방법이다. 은행이나 타인의 돈을 이용해서 사업과 투자를 하는 것으로, 투자를 하는 대부분의 사람들이 이 방법을 사용한다. 예를 들어보자. Y씨는 부동산에 투자하려고 한다. 이 부동산은 1억 원짜리 매물로 연 10%의 수익률을 보장한다. 그리고 Y씨의 전 재산은 1억 원이다. 이 부동산을 구입하는 방법은 두 가지다. 첫 번째는 자기 돈 1억 원을 온전히 투자해서 구입하는 방법이다. 두 번째는 부동산을 담보로 은행에서 5,000만 원을 대출받아 구입하는 방법이다. 금리는 연 2%다. 어떤 방법이 더 좋은 방법인가?

　우선 첫 번째 방법의 수익률 계산은 쉽다. 1억 원을 온전히 투자했으므로 수익률은 연 10%다. 매년 1,000만 원의 수익이 남는다. 두 번째 방법은 계산하기가 좀 까다롭다. 우선 부동산 수익이 연 1,000만 원인 것은 동일하다. 그런데 이 수익은 모두 내 것이 아니다. 은행에서 대출받은 5,000만 원에 대한 이자를 내야 한다. 연 금리 2%이므로 1년에 100만 원이다. 즉, 나에게는 매년 900만 원이 남는다. 수익률은 얼마인가? 실제로는 5,000만 원만 투자한 것이므로, 투자금 대비 수익은 18%가 된다. 만약 아직 투자하지 않은 5,000만 원으로 같은 수익률을 보장하는 부동산을 하나 더 구입한다면, Y씨는 1억을 투자해서 매년 1,800만 원을 남기는 것이다. 결론적으로 은행의 빚을 이용하면 같은 돈을 투자해도 다른 수익률이 발생한다.

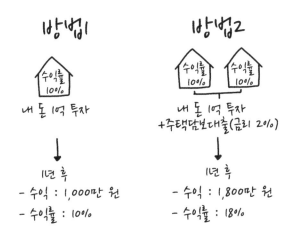

수익률과 레버리지에 대한 이해는 사업가와 투자가에게 가장 기본적이고 필수적인 사항이다. 이를 이해하지 못하고 투자를 진행할 수는 없다.

이제 수익률과 레버리지가 어떻게 자산을 변화시키는지를 구체적으로 알아보려고 한다. 여기 재산에 차이가 있는 A, B, C 세 명이 있다. A의 재산은 1억 원이고, B는 재산이 없다. 그리고 C는 1억 원의 빚이 있다. 이들은 매월 50만 원을 저축할 수 있다.

우선 A는 수익률이 10%인 투자 상품에 투자하려 한다. 그런데 가지고 있는 1억 원만 투자하는 것이 아니라, 레버리지를 위해 은행에서 연 5%의 이자로 1억 원을 추가 대출받아서 투자한다. B는 아무것도 하지 않는다. C는 현재 대출받은 1억 원의 빚을 갚아나갈 예정이다. 이자는 연 5%다.

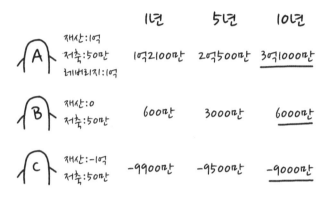

물가상승률을 고려하지 않고 단순히 금리와 50만 원의 저축액만을 고려한다면, 1년 후에는 어떤 결과가 발생할까? A의 재산은 1억2100만 원이 된다. 여기에는 원래 재산인 1억 원과 레버리지로 인한 15%의 수익 그리고 연간 600만 원의 저축액이 포함되어 있다. 그리고 10년 후 A는 3억1천만 원을 소유하게 된다. 다음으로 B는 계산이 간단하다. 1년 후에는 저축액 600만 원이 생기고, 10년 후에는 6천만 원을 소유하게 된다. C의 경우에는 빚이 줄어들어서, 1년 후에는 총 9,900만 원의 빚이 남는다. 1년간의 저축액 600만 원 중 이자로 500만 원을 은행에 납부하므로 100만 원 정도만 원금을 상환한 것이다. 이 상황이 유지된다면 10년 후에는 총 9,000만 원의 빚을 보유한 상태가 된다.

사실 A, B, C의 재산이나 소득의 격차는 현실에 비해 매우 적다고 할 수 있다. 문제는 실제 현실이다. 실제 한국의 현실에서 재산을 소유하고 있고 레버리지를 이용하는 투자가는 적지 않다. 현재 빚이 있거나 혹은 레버리지를 이용하지 못하는 노동자들이 이들의 소득을 따라잡기란 현실적으로 불가능하다.

수익률과 레버리지에 대해서 이해해야 한다. 이를 이용해 내가 실제로 투자를 진행하기 위해서뿐만이 아니다. 더 중요하게는 자본주의 이념의 한계를 직시하기 위해서다. 어떤 과정에서 빈부의 격차가 심화되는지, 어떤 원리로 자본이 스스로를 증식하는지 이해할 수 있어야 한다. 그래야 개인의 부가 노력을 통해 축적되는 것이라는 자본주의 이념이 왜 허구적인지를 이해할 수 있다.

정리해보자. 앞서 노동자는 사업가나 투자가에 비해서 직업에서 성취와 보람을 얻을 수 없음을 알아보았다. 노동자는 대신 임금으로 보상받는다. 문제는 노동자의 임금이 사업가나 투자가의 이익에 비해 매우 적다는 것이다. 사업가와 투자가가 높은 수익률의 투자 상품을 구입하고, 레버리지를 이용해서 수익률을 극대화하기 때문이다. 이에 따라 자본가와 노동자 간의 부의 격차는 점차 심화된다.

	성취, 보람	수익
투자가	△	○
사업가	○	○
비임금노동자	○	△
임금노동자	X	X

그럼 지금까지의 논의들을 바탕으로 판단해보자. 어떤 직업군을 선택하는 것이 가장 합리적인가? 확실한 것은 적어도 임금노동자는 아니다. 그들은 자신의 일에서 성취와 보람을 얻기 어렵고 수익도 낮다. 그렇다면 왜 그토록 많은 사람이 임금노동자가 되기 위해 애쓰고 경쟁하는 것일까? 다만 성취나 수익의 실체에 대해서 이해하지 못하기 때문일까? 그럴 수도 있고, 아닐 수도 있다. 임금노동자를 선택하는 것도 어떤 면에서는 합리적이다. 최근 변화하고 있는 경제 환경과 리스크를 고려했을 때, 임금노동자라는 직업군이 가진 이점이 분명하기 때문이다.

리스크

리스크는 '위험'으로 번역되기도 하지만, 이보다는 '불확실성'으로 번역하는 것이 수익률과의 관계를 이해하는 데 도움이 된다. 그리고 이러한 불확실성은 시장에서 정교하게 가격으로 환산되어 있다. 즉, 리스크가 높으면 그만큼 수익률도 높아진다. 반대로 리스크가 낮으면 수익률도 낮아진다. 왜 그럴까? 어떤 필연적인 이유가 있는 걸까? 그런 건 아니다. 세상에는 수익률이 높지만 리스크는 낮은 투자 대상들도 존재한다. 문제는 그런 대상에 대한 수요는 매우 크므로 시장에서 빠르게 사라진다는 데 있다. 그래서 세상에는 세 가지만 남게 된다. 수익률은 높으나 불확실성이 커서 손대기 어려운 투자 대상, 불확실성이 낮아서 안정적이지만 수익률도 함께 낮아서 무엇인가 아쉬운 투자 대상, 그리고 마지막으로 수익률이 낮을 뿐만 아니라 불확실성까지 커서 아무도 관심을 갖지 않는 투자 대상.

수익률↑, 리스크↓ : 시장에 없음

수익률↑, 리스크↑ : 실제 투자 대상①

수익률↓, 리스크↓ : 실제 투자 대상②

수익률↓, 리스크↑ : 관심 없음

현실적으로 우리는 두 가지를 놓고 고민한다. 주식, 펀드, 채권, 부동산, 은행예금 등에 대한 투자를 고려할 때, 우리는 ①과 ② 중에 하나의 경향성을 선택하게 된다. 당신은 투자에서 어떤 성향에 가까운가?

① 리스크를 감수하고 높은 수익을 추구한다.

② 수익은 낮지만 리스크가 낮은 확실한 이익을 선택한다.

이러한 경향성이 반드시 투자 상품을 선정하는 데만 필요한 것은 아니다. 일상적인 삶 속에서도 개인은 무수히 많은 선택의 순간에 하나의 경향성을 따라 선택한다. 직업 선택에서도 마찬가지다. 직업을 선택할 때도 어떤 사람은 불안정하지만 수익이 큰 직업을 선택하려 하고, 다른 사람은 수익은 적지만 안정적인 직업을 선택하려 한다. 당신은 삶의 선택에서 그리고 직업의 선택에서 어떤 방향성을 기준으로 판단해왔는가?

우리가 앞서 나눴던 직업군을 수익률과 리스크의 관계에 따라 배열하면, 일반적으로 수익률과 리스크가 높은 ①에 해당하는 직업군은 투자가나 사업가가 될 것이다. 반대로 수익률과 리스크가 낮은 ②에 해당하는 직업군은 비임금노동자나 임금노동자가 될 것이다.

투자가나 사업가가 ①에 가까운 것은 자기 자본에 대한 직접적인 투자가 있고, 그만큼 더 큰 이익을 취할 수 있기 때문이다. 그리고 투자한 기업이나 창업한 기업의 수익이 저하되고 문제가 발생할 시에는 투자한 자금의 손실이 생기고 그에 대한 법적, 도의적 책임이 따른다.

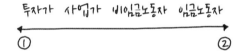

비임금노동자나 임금노동자가 ②에 가까운 것은 자기 자본에 대한 직접적인 투자가 자본가에 비해 거의 없고, 그만큼 적은 이익을 취하기 때문이다. 노동자는 자본을 투자하는 대신 시간과 노력에 대한 기회비용만을 부담하는 까닭에, 기업에 문제가 발생했을 때에도 자기 자본에 대한 손실이 없고 법적, 도의적 책임을 지지 않는다.

①과 ② 중에서 어떤 직업군이 더 이상적이라고 생각하는가? 그리고 실제로 당신은 어떤 선택을 해왔는가? 어떤 직업군을 선택할 것인지에 대한 판단은 두 가지 원인에서 기인한다. 개인의 성향 그리고 경제적 환경이 그것이다.

우선 개인의 성향에 따라 선택하는 직업군이 달라질 수 있다는 주장이 있다. 즉, 자본가의 성향을 가진 사람이 있고 노동자의 성향을 가진 사람이 있다는 것이다. 19세기 말 오스트리아에서 태어나 미국에서 활동한 경제학자 조지프 슘페터는 기업가가 갖춰야 할 덕목으로 '기업가 정신'을 제시한다. 그것은 사업에서 발생할 수 있는 위험을 부담하고 환경을 극복하려는 의지를 말하는데, 기업가에게 요구되는 필수 덕목이라고 하겠다. 슘페터가 제시하는 위험을 감수하는 기업가의 모습은 우리가 상식적으로 기대하는 투자가와 사업가의 모습에 정확하게 부합한다. 일반적으로 우리는 투자가와 사업가가 선천적으로 리스크를 감수하려는 성향이 강한 사람들이라고 믿는다. 그리고 보통의 노동자는 반대로 안정성을 추구하는 성향을 가진 사람들이라고 믿는다.

이러한 생각은 맞을 수도 있고 틀릴 수도 있다. 개인의 성향이 실제로 선천적 본성에서 기인하는 것인지에 대해서는 논란이 있다. 즉, 어떤 사람은 위험이나 불확실성을 감수하려는 의지가 기업가로서의 자본가의 선천적 특성이라고 믿는다. 반면 다른 사람들은 이에 반대한다. 이들에 따르면 충분한 자본력을 갖춘 자본가는 리스크를 감수할 심리적 여유를 확보할 수 있기 때문에 겉으로는 노동자에 비해 리스크를 감수하는 경향이 강한 것처럼 보인다는 것이다. 말하자면 자본가라는 지위 혹은 노동자라는 환경이 개인의 리스크 감수 성향을 후천적으로 규정한다는 것이다.

다음으로 어떤 직업군을 선택할 것인가에 대한 판단은 그 사회의 경제적 환경에 따라 변화하기도 한다. 두 가지 경제 상황을 생각해볼 수 있다. 인플레이션으로 시장이 확대되는 상황과 디플레이션으로 시장이 축소되는 상황. 먼저 통화가 팽창하고 수요가 확대되는 상황을 생각해보자. 이러한 환경에서는 기업의 이익이 증가할 가능성이 높아진다. 따라서 사업가와 투자가가 가장 큰 이익을 얻는다. 합리적인 개인이라면 사업가나 투자가가 될 것이다. 반대로 통화가 축소하고 수요가 위축되는 상황을 생각해볼 수 있다. 이러한 환경에서는 기업의 이익이 감소할 가능성이 높아진다. 사업가나 투자가의 이익은 감소하고 불확실성은 극대화된다. 그렇다면 이때 합리적인 개인은 어떤 직업군을 선택하게 되는가? 이전까지는 합리적인지 의심스러웠던 임금노동자가 불확실한 사회 환경에서는 가장 합리적인 선택이 된다.

정리해보자. 직업 선택에서 고려해야 하는 세 가지 측면에 대해서 알아보았다. 보람, 수익, 리스크가 그것이다. 우선 성취와 보람 면에서는 사업가와 투자가가 이를 향유할 수 있고 노동자가 배제됨을 보았다. 노동자는 그 대신 임금으로 보상을 받는다.

하지만 보상으로서의 수익에서도 노동자는 소외된다. 사업가와 투자가는 노동자의 노동력을 이용할 수 있는 생산수단을 소유하고, 레버리지를 통해 수익률을 극대화하기 때문이었다.

결과적으로 직업으로서 임금노동자를 선택하는 것은 가장 비합리적인 판단이었음이 드러난다. 그들은 성취감에서 배제되고 수익도 낮다. 하지만 이들의 선택을 단순히 어리석은 선택이라고 말할 수는 없었다. 왜냐하면 성장하지 않는 사회에서는 기업의 불확실성이 증가하고 자본가의 손실이 예상되기 때문이다. 이러한 상황에서는 상대적으로 적지만 안정적인 수익을 보장받을 수 있는 임금노동자를 선택하는 것이 이익을 극대화하는 가장 합리적인 선택일 수 있다.

그래서 최근의 노동시장 유연화가 문제가 된다. 임금노동자가 그나마 다른 직업군에 비해서 만족스러울 수 있는 것은 오직 리스크의 회피 때문이다. 성취와 보람 그리고 수익으로부터 배제되는 대신 안정을 선택해왔던 것이다. 그런데 이마저도 박탈될 상황에 놓이게 된 것이 노동시장의 유연화라고 할 수 있다.

비정규직 확대의 본질은 투자가와 사업가가 져야 할 리스크를 다수의 노동자에게 전가한다는 것이다. 물론 세계적인 불황과 저성장이 기업의 불확실성을 증가시켰고, 이에 따라 자본가는 기업의 유지를 위해 증가한 리스크를 분산시켜야만 하는 상황을 맞았다. 하지만 이러한 환경적 요인에서 어쩔 수 없이 노동자에게 리스크를 분산시켜야 한다면, 리스크가 전가되는 만큼 노동자의 임금도 증가해야 한다.

그런 까닭에 비정규직의 확대에 대한 논의는 문제가 있다. 노동자의 임금을 낮추는 동시에 리스크까지 높이는 제도는 불공정하다. 따라서 노동자가 비정규직의 확대에 저항하는 것은 시장 원리에서 매우 상식적이고 합리적인 일이 된다. 만약 특정 정부가 노동자의 임금 인상 없이 규제 완화를 통한 노동시장의 유연화만을 추구한다면, 그 정부는 공정하지 않고 정의롭지 않은 정부라고 말할 수 있을 것이다. 노동시장의 유연성은 그에 대응하는 고용 안정성 정책과 함께 논의되어야 한다. 이에 대한 가능성은 잠시 후 [교육] 부분에서 다시 다룰 것이다.

사회는 두 가지 방향성을 갖는다. 시장의 자유와 정부의 개입. 특히 시장의 자유에서 자유가 의미하는 것은 생산수단을 개인이 소유할 자유였다. 생산수단을 개인이 소유하는 것이 가능한 자본주의 사회에서, 직업에 대한 구분은 생산수단이 기준이 된다.

전통적인 의미에서의 계급은 생산수단을 가진 자는 자본가, 생산수단을 가지지 못해서 자신의 노동력을 팔아 먹고사는 자는 노동자로 구분되었다. 오늘날에 이르러 자본가와 노동자의 계급은 세분화된다. 자본가는 투자가와 사업가로 구분되고, 노동자는 비임금노동자와 임금노동자로 구분된다.

이러한 직업군의 변화가 가능해진 것은, 시장이 거대화되면서 주식회사가 탄생하고 이에 따라 자본주의의 모습이 주주 자본주의로 변화했기 때문이다. 주주 자본주의 이후 자본가와 노동자의 관계는 달라졌다. 이제 노동자는 기업의 주식을 매입함으로써 투자가가 될 수도 있다. 그리고 투자가의 이익을 강조하는 주주 자본주의는 계급적 이해를 대변한다기보다는, 리스크를 감수하고 투자한 모든 주주의 이익을 고려함으로써 이론적인 측면에서 계급적 대립을 완화했다.

하지만 이러한 계급 대립의 완화는 이론적으로만 가능할 뿐이고, 현실적으로는 질적인 대립에서 양적인 격차로 환원된 것이라는 지적도 있다.

우리는 네 가지의 직업군 중에서 어떤 직업을 선택하는 것이 가장 합리적인지 알아보았다. 직업을 선택하는 데 고려되는 사항은 보람, 수익률, 리스크다.

우선 성취와 보람 그리고 높은 수익률을 얻을 수 있는 직업군은 생산수단의 소유와 직접적으로 연결되어 있는 투자가와 사업가였다. 이들은 기업에 대해 전체적으로 전망을 할 수 있는 위치에 있음으로써 일의 성취와 보람을 얻을 수 있었다. 그리고 생산수단을 직접 소유함으로써 타인의 시간과 노력을 이용해서 이익을 창출할 수 있었다. 이에 더해서 레버리지를 적극적으로 활용함으로써 높은 수익률을 얻었다.

반면 임금노동자는 산업시설의 거대화와 분업화로 자신의 생산물로부터 소외된다는 한계를 가졌다. 그리고 자신이 발생시킨 모든 가치는 자본가가 가져가고 그 대신 임금을 받음으로써, 투자한 노력과 시간 대비 적은 이익을 얻을 수밖에 없었다. 다만 임금노동자는 다른 직업군에 비해서 리스크의 부담이 상대적으로 덜했다. 그것은 자신의 자본이 투자되지 않았고, 계약 관계를 통해서 기업의 상태와는 무관하게 균일한 임금을 받을 수 있기 때문이었다.

시민이 권리와 의무로서 직업을 선택하고 유지한다는 것은 단순히 개인의 취향 문제가 아니다. 생산수단의 개인소유를 인정하는 자본주의 사회에서 직업을 선택한다는 것은 자신의 삶의 방식을 결정한다는 것을 의미한다. 그리고 동시에 계급적 관계망 안에 놓이게 된다는 것을 의미한다. 내가 선택한 직업 안에서 발생하는 인간적인 문제를 비롯한 다양한 갈등은 우연적이라기보다는 직업군의 관계 양상이 만들어낸 결과물이다.

직업 역시 우리가 논의하고 있는 시장의 자유와 정부의 개입이라는 방향성과 연관되어 있다. 사회의 방향성에 따라서 직업군들의 이익이 상대적으로 변화하는 것이다.

시장의 자유가 보장되는 국가에서는 생산수단의 개인소유가 장려되고 여기서 발생하는 이익에 대한 세금이 상대적으로 낮으므로, 사업가나 투자가가 되는 것이 유리하다.

반대로 정부의 개입이 강조되는 국가에서는 생산수단의 개인소유가 제한되고 이에 따라 생산수단에서 발생하는 이익에 대한 세금이 상대적으로 높다. 그리고 증세를 통한 저소득자와 노동자의 복지가 확대되므로, 임금노동자나 비임금노동자가 되는 것이 유리하다.

	세금/복지	정부형태	이념	자유의 입장	생산수단소유	이익의 주체
A: 시장의 자유 :	↓	작은 정부	자유주의	소극적 자유	장려	자본가 (투자가, 사업가)
B: 정부의 개입 :	↑	큰정부	사회주의	적극적 자유	제한	노동자 (임금노동자, 비임금노동자)

교육

우리는 내용이 아니라 형식으로 교육된다
무엇을 가르칠 것인가

봉지를 씌운 접시 위로 따뜻한 떡볶이가 담겼다. 아이들이 손을 내밀어 접시를 받았다. 당산동에 있는 초등학교 앞에 이동식 포장마차를 열었다. 앞치마를 두른 비서실장이 나무주걱으로 떡볶이를 휘저었다. 김이 올라온다. 하교 시간이라 학교 앞은 소란스럽다. 시민은 쏟아져 내려오는 아이들을 멍하니 바라보고 있었다. 비서실장이 입을 열었다.

"제대로 하고 있는 건가 싶습니다."

시민이 대답했다.

"수익률과 리스크 분석이 이미 끝났습니다. 이길 수밖에 없는 게임이지요. 게다가 비서실장님의 마이너스 통장에서 인출한 돈으로 투자했으니 레버리지 효과도 뚜렷하고요. 장기 플랜의 관점에서 차질 없이 진행되고 있습니다."

"왜 하필이면 제 마이너스 통장인가요?"

"사람이 너무 자기 이익만을 생각하면 안 됩니다. 세상에는 돈으로 이루어지지 않는 것도 있는 거지요. 꿈을 크게 가져야 합니다."

비서실장이 얼굴을 돌려 시민을 쳐다봤다. 시민의 얼굴은 평온해 보였다. 비서실장은 다시 떡볶이를 휘저었다. 그리고 말을 이었다.

"그런데 말씀대로라면, 학교 교육이 가장 문제인 거 아닙니까? 당장 먹고살기도 힘든 시기 아닙니까. 국영수를 가르칠 게 아니라 현실적인 걸 가르쳐야 해요. 우리가 지금까지 이야기한 것들, 생산수단을 소유한다는 것이 어떤 의미가 있는지, 자신은 결국 어떤 직업군에 속하게 될지를 학생들에게 미리 가르쳐줘야 하는 건 아닐까요?"

시민이 평온한 얼굴로 되물었다.

"그런 걸 가르쳐주면 어떤 것이 바뀔 거라고 생각하십니까?"

"학생들이 자신의 미래를 정확히 선택할 수 있을 것이고, 그러면 사회가 더 괜찮게 변하지 않을까요?"

"비서실장님은 가르치는 내용이 바뀌면 개인의 의식도 바뀌고, 결국 사회도 바뀔 거라고 생각하시는 건가요?"

"물론 그렇지요. 사람의 교육만큼 중요한 게 어디 있습니까? 교육이 근본이지요."

"그렇다면 이렇게 되는 건가요? 우리가 당장 도덕 수업 시간을 늘리면 학생들이 도덕적으로 변하고, 우리가 당장 실용적인 수업 시간을 늘리면 학생들의 취업 문제가 해결되는 건가요?"

생각해보니 꼭 그런 건 아닌 것도 같다. 시민이 말을 이었다.

"사람은 내용이 아니라 형식을 통해 교육됩니다. 물론 학생들은 학교 선생님의 말이나 교과서의 글에서 배움을 얻기도 합니다. 하지만 이런 것들은 쉽게 잊힙니다. 그런데 결코 잊히지 않고 체화되는 것들이 있죠. 그것은 학교 시스템이라는 형식이 우리에게 가르치는 것들입니다. 학교의 형식은 우리를 가르치지 않으면서 가르치지요. 그리고 우리는 그 속에서 배우지 않으면서 배웁니다. 이 말이 무슨 의미인지 하나씩 함께 알아봅시다."

교육은 구분된다. '교육의 내용'과 '교육의 형식'으로. 그중에서 일반적으로 교육의 형식은 교육의 내용보다 중요하게 다뤄지지 않는다. 하지만 실제로 개인은 교육의 형식을 통해 배움을 체화한다. 이에 대해서 알아보자. 그리고 이어서 이러한 교육의 형식을 구성하는 토대가 경제체제의 구조임을 알아볼 것이다.

1. 교육 〈 교육의 내용
      ‒ ′ ′ ′ ′
      교육의 형식 ← 우리가 논의할 내용

2. '교육의 형식'을 구성하는
      '경제체제의 구조'

무엇인가를 배우고 학습한다는 것은 두 가지 방식을 따른다. 우선 직접적으로 해당 내용을 숙지함으로써 배우는 방법이 있다. 다음으로 누군가 가르쳐준 것은 아니지만, 상황과 환경 속에서 자연스럽게 지식이나 태도를 체득하는 방법이 있다. 예를 들어보자.

당신은 강력한 전제군주다. 모든 사람이 당신이 정해놓은 규칙을 준수하며 질서 있게 생활한다. 그런데 규율을 준수하지 않는 사람들이 생겼다. 당신이 보기에 이들은 사회의 혼란을 가중시키고 질서를 무너뜨린다. 이들은 현재 감옥에 수감되어 있다. 이들이 출소해서 사회로 돌아가기까지는 3년. 당신은 이 기간 동안 수감자들을 교육해야 한다. 어떻게 할 것인가?

교육 목표는 단순하다. 다음 내용을 이들의 머릿속에 주입하는 것이다.

'사회 질서를 준수하는 착한 사람이 될 것'

두 가지 방법이 있다. 첫 번째는 이 내용을 직접 가르치는 방법이다. 매일 한 시간씩 교육 시간을 잡아서 반복 학습을 시킨다. 사회 질서란 무엇이고, 그것을 준수하는 것이 얼마나 좋은 일인지를 설명해준다. 그리고 학습 정도를 확인하기 위해서 적당한 기간마다 평가를 진행해 상과 벌을 준다. 즉, 내용을 체계적으로 학습시킨다.

두 번째는 수감자들의 환경을 바꾸는 방법이다. 이웃 마을에 공리주의 철학자인 제레미 벤담이 설계한 감옥이 있다. 그 감옥에 하청을 주기로 했다. 감옥 이름은 그 유명한 '파놉티콘'이다. 파놉티콘은 전체를 뜻하는 '판(pan)'과 본다는 의미의 '옵티콘(opticon)'을 합성한 단어로, 18세기 말에 제안된 감옥이다.

파놉티콘

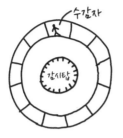
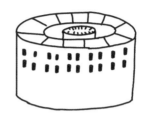

전체 형태는 원형이다. 중앙에는 감시탑이 있는데, 조명을 어둡게 해서 탑 안에 있는 감시자는 외부에서 보이지 않는다. 수감자들은 감시탑으로부터 일정한 거리를 둔 가장자리에 원형으로 배치되어 있다. 이들의 방은 밝은 조명을 항상 켜두고 있어서 누구에게나 잘 보이게 되어 있다.

그런데 수감자들은 모르고 있는 사실이 있다. 감시탑에는 감시자가 들어 있지 않다. 다만 수감자들은 어두운 탑 안에서 24시간 쉬지 않고 자신을 감시하는 존재를 상상한다. 이곳에서 3년의 시간을 보내면 이들은 어떻게 변할까? 처음에는 겉으로 규율을 준수하는 척할 것이다. 시간에 맞춰 생활하는 척하고, 청소하는 척하고, 기도하는 척하며 말이다. 하지만 계속되는 감시는 이들로 하여금 규율을 준수하는 척을 반복하게 만들고, 결국 그들이 규율에 적응하게 만든다. 3년 후, 이들은 사회에 나와서도 시간에 맞춰 생활하고, 청소하고, 기도하는 '사회 질서를 준수하는 사람'이 되어 있을 것이다. 무엇이 이들의 머릿속에 규율과 규칙을 주입한 것인가? 그것은 직접적인 교육 내용이 아니라 수감자들의 환경이라는 형식이다. 아무도 규율의 내용을 교육하지 않아도, 규율은 형식 속에서 자연스럽게 교육된다.

벤담이 처음 파놉티콘을 제안했던 것은 단지 효율성 때문이었다. 그에 따르면 파놉티콘은 감옥뿐만이 아니라 학교, 병원, 공장, 병영에 이르기까지 다양한 시설에 적용할 수 있는 효율적인 시스템이다. 소수의 감시자만으로 다수의 사람들을 통제할 수 있으므로 비용 절감이 가능하다고 생각했다.

벤담이 살던 시기에 파놉티콘은 현실화되지 않았다. 이를 재조명한 것은 20세기 프랑스에서 활동했던 철학자 미셸 푸코였다. 푸코는 벤담의 파놉티콘을 재해석했다. 푸코에 따르면 파놉티콘은 단지 효율적인 감시도구를 넘어서 근대사회에서 규율 권력이 어떻게 작동하는지를 보여주는 상징이 된다. 과거 고대나 중세의 전근대사회에서는 권력자가 사람들에게 자신의 규율을 주입하는 방법으로 폭력을 사용했다. 강압적인 방식으로 백성과 노예가 규칙을 준수하도록 강제한 것이다. 하지만 근대사회가 되면 규율 권력은 세련되게 작동한다. 규율은 폭력이 아니라 감시의 시선과 이를 통한 자발적인 내재화로 작동한다. 우리는 서로를 감시함으로써 규율과 규칙을 자발적으로 준수하는 것이다. 파놉티콘은 근대사회의 규율 권력이 어떻게 개인에게 내재화되는지를 정확하게 보여준다.

우리는 파놉티콘의 사례에서 환경이라는 형식이 어떻게 개인을 학습시키는지에 대한 힌트를 얻으려고 한다. 암기나 평가를 통해서 우리가 내용적으로 배우는 지식은 매우 제한적이다. 차라리 암기나 평가라는 형식이 우리를 가르친다.

그렇다면 오늘날 학교라는 형식에서 우리가 실제로 교육받는 것은 무엇인가? 그것은 '진리에 대한 이념'과 '경쟁의 정당성에 대한 믿음'이다. 우리는 이 두 가지를 체화한 채로 학교를 졸업한 후 사회에 나온다.

〈 형식을 통한 교육 〉

- 진리에 대한 이념
- 경쟁의 정당성에 대한 믿음

고정불변의 진리는 있다, 없다
우리가 교육받는 것 1
진리에 대한 이념

진리에 대한 두 가지 관점이 있다. 첫 번째 관점은 고정불변의 진리가 우리 외부 어딘가에 실재한다는 관점이다. 두 번째 관점은 고정불변의 진리란 없으며, 진리라는 것은 인간 개인이 자신의 내면에서 구성하는 것이라는 관점이다. 진리는 내 외부에 실재하는 것일까, 아니면 내가 스스로 구성하는 것일까? 어찌 보면 사는 데 하나도 쓸모없어 보이는 이런 생각이 교육의 형태와 방향을 결정하는 근본 토대가 된다.

진리가 외부에 실재한다는 입장을 '객관주의 인식론'이라 한다. 이 관점을 토대로 하면 교육은 개인에게 진리를 주입하는 방법을 취한다. 인류의 지식과 지혜라는 진리가 실재하고 있으니, 교사는 학생들의 머릿속에 이것을 넣어주어야 하는 것이다. 그래서 교사는 교육에서 주도적인 역할을 담당한다. 학생은 진리를 받아들이는 수동적인 역할에 한정된다. 이러한 교육 방식은 효율적이다. 인류의 지혜는 방대하고, 개인의 삶은 매우 짧다. 게다가 집중적인 교육을 받을 수 있는 시기는 짧은 삶 중 일부에 불과하다. 따라서 이러한 시기의 학생에게 최대한 많은 정보를 전달하기 위해서는 교육이 강의의 형식을 취해야 한다. 그리고 학생에 대한 평가는 지식을 정확히 습득했는지를 검증하는 방식으로 진행된다.

반대로 진리가 개인의 내부에서 구성된다는 입장을 '주관주의 인식론'이라고 한다. 이 관점을 토대로 하면 교육은 진리를 가르치기 위해 환경을 조성해주어야 한다. 진리를 만들어내는 것은 학생 스스로다. 따라서 교사는 학생이 진리에 도달할 수 있도록 환경을 마련하고 도움을 주는 조력자로서의 역할에 한정된다. 학생은 주체적으로 학습해나간다. 이러한 교육 방식은 다양성을 길러낸다. 진리가 개개인에 의해서 구성되는 만큼 모든 개별자는 나름대로의 진리를 보유한 존재로 대우받는다. 이제 중요한 것은 교사와 학생 그리고 학생과 학생 사이의 관계와 대화다. 교육은 토론 형식을 취한다. 그리고 학생에 대한 평가는 자신이 구성한 진리를 스스로 표현하는 방식으로 진행된다.

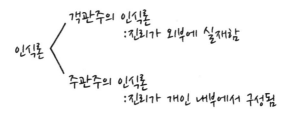

인식론

객관주의 인식론
: 진리가 외부에 실재함

주관주의 인식론
: 진리가 개인 내부에서 구성됨

수업 방식과 교실 구조

두 종류의 고등학교가 있다. A고교는 객관주의 인식론의 관점을 지닌 창립자가, B고교는 주관주의 인식론의 관점을 지닌 창립자가 설립했다. 나에게는 애지중지 키운 외동딸이 하나 있다. 이제 고등학교에 보내야 한다. 어느 학교에 입학시킬 것인가? 학교를 견학해본 후 결정하기로 했다.

〈 수업 방식과 교실 구조 〉

A : 강의식 수업, 전통적 교실 배치

B : 토론식 수업, 원탁형 교실 배치

　A고교 교장이 마중을 나왔다. 학교는 깨끗하고 조용했다. 교정은 질서 있게 정리되어 있었다. 복도에 걸린 화려한 대학 진학률이 눈길을 끌었다. 체계적이고 효율적인 관리가 강점인 학교다. 수업은 일반적인 형태의 강의식 수업으로 진행된다. 교사들은 전국에서 내로라하는 명강사들이 초빙되었다. 수업을 위해 교실 구조는 전통적인 배치를 하고 있다. 교실의 앞쪽에 교사를 위한 단상과 칠판이 있고, 학생들의 책걸상은 단상 쪽을 향하도록 일정한 간격을 두고 배치되어 있다. 이러한 수업 방식과 교실 구조가 전제하는 것은 객관주의적 진리관이다. 진

리는 교과서에 있고, 교과서의 내용은 상징체계를 통해 교사의 입에서 학생들의 머리로 들어간다.

B고교로 향했다. 역시 교장이 마중을 나왔다. 학교는 활기차고 떠들썩했다. 학생들은 자유롭게 교정 이곳저곳에 흩어져서 활동하고 있었다. 교장은 B고교가 학생들의 다양성을 존중하고 창의성을 개발하는 학교임을 강조했다. 대학 진학률을 물었더니 다양성과 창의성을 개발하는 학교임을 강조했다. 수업은 강의식 수업을 최소화하고 토론식 수업을 중심으로 진행된다. 학생들은 스스로 학업 계획을 작성하고 다양한 목표를 설정한 후 스스로 해결한다. 교사들은 학생들이 도움을 요청할 때에만 학생들과 대화하고 토론함으로써 스스로 해결 방안에 도달하도록 안내한다. 이러한 수업을 위해 교실은 열려 있고, 책걸상은 원탁형으로 이곳저곳에 배치되어 있다. 이러한 수업 방식과 교실 구조가 전제하는 것은 주관주의적 진리관이다. 진리는 학생 스스로 구성하는 것이다. 교사와 책과 교실은 학습의 주체인 학생이 스스로 이해하고 깨칠 수 있는 환경만을 제공한다.

평가 방식

A고교와 B고교는 수업 방식과 교실 구조뿐만 아니라 평가 방식에서도 차이가 있다. A고교의 평가지는 객관식 답안을 위한 OMR카드다. 반면 B고교의 평가지는 서술식 평가를 위한 원고지다.

평가 방식은 무엇을 얼마나 배웠는지를 확인하는 도구일 뿐, 객관식이든 서술식이든 뭐가 그렇게 중요하냐고 반문할 수 있다. 하지만 실제로 평가의 내용이 아니라 평가의 방식 자체가 오랜 기간 동안 학생들을 가르친다. 특히 객관식이라는 평가의 방식에 익숙해진 학생들은 자연스럽게 진리가 실재한다는 믿음을 갖게 된다. 이에 대해서 생각해보자.

< 평가 방식 >

A : 객관식

B : 서술식

객관식 평가는 몇 가지의 보기 중에서 정답을 찾아내는 형식이다. 이러한 형식이 우리에게 가르치는 것은 무엇인가? 보기 중에 정답이 있을 것이라는 막연한 환상을 심어준다. 그리고 반복적으로 이루어지는 '맞다, 틀리다'의 채점 과정, 이에 따른 교사와 부모의 감정적인 반응은 학생으로 하여금 정답에 대한 환상을 강화하게 한다. 세상에는 맞는 것이 있고, 틀린 것이 있다. 결국 12년 동안 객관식 평가에 노출된 개인은, 진리는 실재하는 것이며 세상은 옳음과 그름으로 판단할 수 있는 공간이라는 세계관을 뿌리 깊게 내재화한다. 이러한 효과는 정답을 잘 맞혀서 성적이 좋은 학생이나, 반대로 정답을 맞히지 못해서 성적이 나쁜 학생이나 구분하지 않고 작동한다.

다음으로 서술식 시험을 생각해보자. 질문에 대해 자신의 견해를 하나의 글로 서술하는 형식이다. 단순히 정답을 맞혔는지가 아니라, 평가자를 설득하고 납득시키는 과정이 포함되어야 한다. 이러한 형식이 우리에게 가르치는 것은 무엇인가? 진리로서의 정답은 존재하지 않는다는 생각을 심어준다. 세계에 고정되고 불변하는 진리란 존재하지 않는다. 사회에서 발생하는 대립과 갈등은 '맞거나, 틀리거나'의 문제도, 선과 악의 문제도 아니다. 사회 문제의 본질은 이익의 대립에서 발생한다. 이때 중요한 것은 서로가 얻고자 하는 이익과 감수할 수 있는 손해를 조율하는 과정이다.

이들은 각각 어떤 어른이 되는가? 강의식 교육과 전통적 교실 구조 그리고 객관적 평가가 진행되는 A학교에서 성장한 학생들은 일반적으로 진리가 실재한다는 절대주의적 진리관을 가진 어른이 된다. 이들은 삶을 살아가는 과정에서 막연히 이런 생각을 한다. '모르는 것에 대해서는 입을 열면 안 된다. 왜냐하면 틀리면 안 되기 때문이다. 누군가 나에 비해서 더 확실하고 사회적으로 승인된 진리를 알고 있는 존재가 있을 것이다.' 그래서 이들은 개인적인 문제에 봉착하거나 사회적인 문제가 발생했을 때, 전문가를 찾는다. 정답을 아는 사람이 있을 테니까.

이러한 사고방식을 가진 어른들 간에 이익이 충돌하면, 이들은 옳고 그름을 기준으로 논쟁한다. 그리고 보통은 자신이 틀렸다고 전제하지 않으므로, 우선은 상대방이 틀렸다고 생각한다. 이들의 사고방식은 자신의 세계를 선으로, 타자의 세계를 악으로 상정하는 세계관으로 발전한다. 나는 합리적이고 열린 사고를 가졌으므로 타자의 말에 귀 기울이지만, 다른 정당, 다른 종교, 다른 이념, 다른 체제, 다른 가치관은 사실 틀렸다고 이미 상정하고 있다. 이러한 태도는 타협과 양보를 원천적으로 봉쇄한다.

다만 이러한 교육을 통해 성장한 어른들은 효율적이고 집중적인 교육 방식으로 훈련된 까닭에 학습 능력이 우수하고, 사회의 관료적 시스템이 주는 스트레스를 감당할 수 있는 인내력을 갖춘다. 험난한 사회에 적응할 수 있는 능력을 갖추는 것이다.

토론식 교육과 원탁형 교실 구조 그리고 서술식 평가가 진행되는 B학교에서 성장한 학생들은 일반적으로 진리가 실재하지 않는다는 상대주의적 진리관을 가진 어른이 된다. 개인적인 문제나 사회적인 문제가 발생했을 때, 이들은 반대되는 견해나 비판에 과민하게 반응하지 않고 우선은 타인의 견해에 귀 기울이려 한다. 이것이 가능한 것은 상대방이 나름대로의 진리를 소유한 대화의 상대일 것임을 전제하기 때문이다. 모든 개인적, 사회적 문제는 누가 맞고 틀리고의 문제가 아니다.

이러한 사고방식을 가진 어른들 간에 이익이 충돌하면, 이들은 우선 상대방을 쉽게 악으로 규정하려는 극단적인 태도를 지양한다. 그리고 문제 해결을 위한 길고 지루한 조율과 설득의 과정에 돌입한다. 대화가 발생시키는 피로감을 인내하는 것이다.

다만 이러한 교육을 통해 성장한 어른들은 제도화되고 획일화된 평가 기준에서 좋은 성과를 드러내기 어렵고, 사회의 관료적 시스템에 적응하지 못할 가능성이 높다. 표준화와 효율성을 강조하는 현대사회에 적합한 노동자로 성장하지 못할 수도 있는 것이다.

　우리가 교육의 형식에 집중하는 것은 한국사회의 현실 문제를 이해하기 위해서다. 어떤 교육 과정을 거쳐서 성장한 어떤 어른들이 모여 있는지를 이해한다면, 한국사회에서 발생하는 갈등의 양상을 가늠해 볼 수 있을 것이기 때문이다.

　한국은 오랜 기간 동안 객관주의 인식론에 기반한 교육체계를 유지해왔다. 강의식 교육과 전통적인 교실 구조 그리고 객관식 평가는 우리에게 매우 익숙한 교육 형식이다. 빠른 경제성장과 산업화가 요구되던 시기에 이러한 교육관은 매우 효율적으로 기능했다. 문제는 이로 인해서 한국인이 표준화의 과정을 거쳤다는 데 있다. 우리는 진리가 실재한다는 절대주의 세계관에 익숙하다. 반대로 고정된 진리가 존재하지 않는다는 상대주의와 여기서 파생되는 다양성에 대한 담론들에 불편해한다.

　우리가 자유주의와 사회주의, 보수와 진보, 세금과 복지의 문제를 합의와 절충의 문제가 아니라 옳고 그름의 문제, 선과 악의 이념 대립으로 다루려고 하는 것은 우연이 아니다. 교육의 형식보다 교육의 내용에 집중해오는 동안 한국인은 진리가 실재한다는 이념을 내재화하게 되었다.

경쟁은 정당하다, 정당하지 않다

우리가 교육받는 것 2
경쟁의 정당성에 대한 믿음

앞서 교육 방식과 평가 방식이라는 교육의 형식이 우리에게 진리가 있다는 믿음을 심어줄 수 있음을 보았다. 다음으로는 '경쟁'이라는 교육의 형식에 대해 알아보려고 한다. 학교에서 시행되는 주기적인 평가와 정부 차원에서 시행되는 대입시험은 학생들에게 경쟁이 정당하다는 환상을 심어준다. 그것은 평가에서 우수한 성적을 받은 학생들에게만 국한된 이야기가 아니다. 평가에서 낙오한 학생이나 대입시험에서 탈락한 학생들 역시 마찬가지다. 학생들은 자신의 평가 결과와 무관하게 교육의 형식을 통해 경쟁이 정당하다는 믿음을 갖게 된다.

물론 경쟁 자체가 나쁜 것은 아니다. 경쟁은 긍정적인 측면이 크다. 개인적 차원에서는 자신의 능력을 계발하고 극대화할 의욕을 제공한다. 또한 개인에게 성취감과 보람을 느끼게 한다. 사회적 차원에서도 경쟁의 이점이 있다. 사회 구성원들의 경쟁은 사회 전체의 효율성을 높이고, 부의 차등적 분배에 정당한 기준을 제시한다.

문제는 학교에서 이루어지는 지속적인 평가가 학생들에게 개개인 간의 경쟁이라면 언제나 정당하다는 환상을 심어준다는 점에 있다. 즉, 실제로는 사회의 부조리로 발생한 문제임에도 불구하고, 경쟁이라는 형식은 이러한 문제의 책임을 사회에서 개인으로 전환한다.

예를 들어보자. 현재 중고등학생을 기준으로, 한 개 학년의 전체 인원은 대략 65만 명 정도다. 수능에 응시하는 학생들도 보통 65만 명 정도인데, 이 중 대략 77%는 재학생이고 23%는 재수생이다. 즉, 한 학년의 23%는 수능을 응시하지 않고 고졸 이하로 남는다.

65만 명의 수능 응시자 중에서 최상위 대학인 서울대, 연세대, 고려대에 진학하는 학생은 대략 1만 명으로, 상위 1.5%에 해당한다. 그리고 일반적으로 '인 서울(in seoul)'이라고 불리는 서울 소재의 4년제 대학에 진학하기 위해서는 상위 8% 안에 들어야 한다.

문제는 수험생들에게 인 서울이 심리적 마지노선으로 굳어졌다는 데 있다. 학교뿐 아니라 사회에서 평가의 일차적 기준은 대학이고, 특히 그 기준은 인 서울에 있다. 사회는 대학을 인 서울과 지방대로 나눈다. 이 언어 안에는 인 서울이라면 평범하게 공부한 사람이고, 그 밖은 공부를 못한 사람이라는 인식이 반영되어 있다.

하지만 인구 구성을 보았을 때, 인 서울에 해당하는 사람들은 상위 8%로 매우 높은 성적을 얻은 소수다. 한 개 반이 33명이라면 반에서 2, 3등을 해야 한다. 만약 굳이 수능으로 학생들의 성취도를 평가할 것이라면, 평균의 기준은 상위 8%가 아니라 중간인 50%가 되어야 할 것이다.

그리고 중간에 위치한 학생은 내신이나 수능에서 평균 5등급을 받는 학생이다. 현재 한국의 교육 평가는 등급제로, 총 아홉 개의 등급으로 구분된다. 이때 구분의 기준은 학생 수다. 최고 등급인 1등급과 최저 등급인 9등급은 각각 전체 학생 대비 4%의 학생들이고, 중간인 5등급은 가장 많은 인원으로, 전체의 대략 20%에 해당한다.

즉, 수능과 내신에서 평균 5등급을 받았다면 전체 인원 중에서 중간에 위치한 것이고, 이것은 이 학생이 해당 평가에서 매우 평균적이고 평범한 점수를 받았음을 의미한다. 이 학생은 칭찬받아야 한다. 하지만 실제 학교 현장에서는 5등급을 받은 학생이 부끄러움과 죄책감을 느끼도록 만드는 환경이 조성되어 있다.

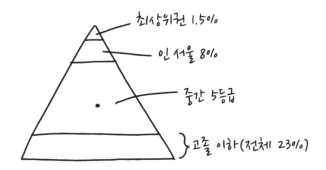

궁금한 것은 왜 이러한 인식이 발생했을까 하는 것이다. 상식적으로 보았을 때, 50%에 해당하는 학생이 평범함의 기준이 되어야 함에도 불구하고, 왜 과도하게 높은 상위 8%가 그 역할을 대신하고 있는가 말이다. 물론 이렇게 말할 수도 있다. 실제 원인이 따로 있는 것이 아니라, 학구열이 높은 민족성 때문에 우연적으로 형성된 사회적 인식이라고 말이다. 맞는 말일 수 있다. 학교 교육의 시스템 안에서는 그 원인을 찾을 수 없기 때문에 충분히 이런 결론에 이를 수 있다. 그래서 외부 환경을 봐야 한다. 사회와 경제적 배경을 고려해서 그 원인을 이해해야 한다.

결론부터 말하면 소득 때문이다. 한국 성인 남녀의 소득이 일반적으로 알려진 것보다 실제로 매우 낮기 때문에 교육에서 이러한 인식이 확립된 것이다.

OECD 보고서의 활용지표가 되는 월드 톱 인컴 데이터베이스(World Top Income Database)에 따르면, 한국인의 소득 상위 10%에 해당하는 사람의 연간 수입은 3,940만 원으로, 월 평균 330만 원 정도다. 전체 소득자를 100명이라고 하고 이들을 일렬로 세웠을 때, 위에서부터 10번째에 해당하는 사람의 소득이다. 막연히 상상했던 것보다 너무 낮은 것은 아닌가? 우리의 일반적인 통념보다 한참이나 낮게 나온 것은 이 기준이 20세 이상의 전체 성인 남녀인 4,000만 명을 대상으로 한 조사이기 때문이다. 취업자만을 대상으로 한 조사가 아니다. 참고로 말하면, 이러한 전체 성인 남녀 상위 1%에 해당하는 40만 명의 소득은 연 평균 1억1천만 원 정도이고, 0.01%에 해당하는 4만 명의 평균 소득은 연간 12억5천만 원 정도다.

　그렇다면 중간인 50%에 위치한 사람의 소득은 얼마일까? 같은 산정 기준으로 파악한 동국대 김낙년 교수의 자료에 의하면, 2010년 기준 개인소득자의 중위 소득은 1,074만 원이었다. 한 달에 90만 원이 채 안 된다.

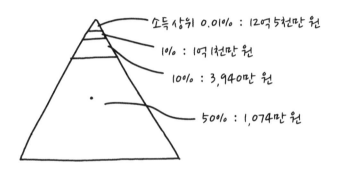

소득상위 0.01% : 12억5천만 원
1% : 1억1천만 원
10% : 3,940만 원
50% : 1,074만 원

　이 두 가지 지표가 의미하는 것은 무엇인가? 취업자뿐만 아니라 성인 남녀 전체를 토대로 고려한다면 우리가 통념적으로 알고 있는 것과 달리 한국인의 일반적인 소득이 매우 낮게 형성되어 있다는 것이다. 이 중에서 우리는 두 가지 지표에 집중하고자 한다. 상위 10%의 소득인 월 330만 원과, 50%의 소득인 90만 원.

　이제 이해할 수 있을 것 같다. 왜 교육 현장의 암묵적인 인식이 중간인 5등급의 학생을 초점으로 맞춰진 것이 아니라, 상위 8%의 학생을 기준으로 결정되어 있는지를 말이다.

생각보다 집단의 지성은 엄밀하다. 어쩌면 우리 집단은 현실의 경제 상황을 본능적으로 이해하고 있는지 모른다. 대략 국민의 10%에 해당하는 사람들만이 그나마 안정적인 경제생활을 영위할 수 있고, 나머지 사람들은 정도의 차이는 있겠지만 만성적인 경제적 부담에 시달리게 된다는 현실을 말이다. 상위 10%에 들어야 먹고살 수 있다는 현실에 대한 뼈저린 이해가, 교육에서 상위 8%에 들어가야만 한다는 사회적 인식을 필연적으로 발생시킨 것인지 모른다. 피부로 느껴지는 경제적 현실이 교육에서의 평가에 어느 정도 투영되었다고 생각하는 것은 타당해 보인다.

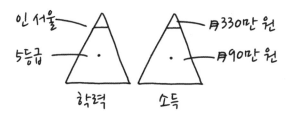

문제는 평균에 해당하는 사람들에 대한 오늘날의 사회적 인식을 우리가 부당하다고 느끼지 않는다는 데 있다. 성적이 5등급인 학생은 자신이 공부를 못한다고 부끄러워하고, 월 90만 원의 중위소득을 얻는 성인은 자신의 무능을 부끄러워한다. 평균적인 성적으로 정당한 대우를 받고, 평균적인 소득으로도 인간적인 삶을 영위할 수 있는 경제적 환경이 조성된 사회가 정상임에도 불구하고, 그렇지 않은 사회에 책임을 묻지 않는다.

왜냐하면 경쟁이라는 형식을 거쳤기 때문이다. 우리는 공정한 경쟁이라면 그 결과는 정당하다고 믿는다. 경쟁 자체는 정당한데, 자신이 무능해서 경쟁에서 실패했다고 믿는 것이다. 이러한 믿음은 사회적 위선이다.

하지만 안타깝게도 경쟁의 정당성에 대한 믿음을 개인이 극복하기란 쉽지 않다. 왜냐하면 오랜 시간 동안의 의무교육 과정에서 우리는 필연적으로 경쟁의 정당성을 내재화할 수밖에 없었기 때문이다. 교과 내용에 경쟁의 정당성이 나온다는 것이 아니다. 시험과 평가라는 학교 교육의 형식이 아이들을 가르친다. 시험이라는 객관화된 경쟁 방식을 거친 후에 이에 따라 부모님과 선생님에게 차등적인 대우를 반복적으로 받은 학생들은 시험이 공정한 것이라는 환상을 갖는다. 시험에서 좋은 평가를 받은 학생이든 나쁜 평가를 받은 학생이든, 객관적 평가를 통한 차별은 온전히 개인의 책임이라는 믿음이 뿌리를 내린다. 그리고 성인으로 성장해서 만나는 모든 평가와 시험에서도 부정과 편법만 이루어지지 않는다면 정당하다고 생각하게 된다.

그러나 그렇지 않다. 공무원 시험 경쟁률이 1,000대 1에 육박하고 매년 공기업과 대기업의 취업 경쟁률이 빠르게 증가하는 상황에서, 공정하게 시험이 치러졌다는 이유만으로 그 결과를 정당하다고 믿는 것은 합리적이지 않다. 그러한 경쟁률을 발생시킨 사회구조에 주목해야 한다. 평가 결과에 따른 우선적인 책임은 사회에 있다. 중간 성적에 속한 학생들이 칭찬받고, 중간 정도 노력하는 사람이 취업할 수 있고, 중위 소득에 속하는 사람이 먹고살 수 있는 사회가 정상적인 사회다. 이러한 사회에서 이루어진 경쟁이라고 할 때에만, 우리는 그 결과의 책임을 비로소 개인에게 물을 수 있다.

정리해보자. 우리는 교육의 형식이 학생에게 미치는 영향에 대해서 이야기하고 있다. 하지만 오늘날 교육에 대한 담론에서 중심이 되는 주제는 교육의 형식이 아니라 내용에 대한 것이다. 어떤 내용을 가르치고, 어떤 교과를 강화할 것인지, 선택과목의 수를 어떻게 할 것인지 등 가르치는 내용에 대한 고민에 집중되어 있다. 더 근본적으로 논의되어야 하는 것은 교육의 형식인데도 말이다.

학생들은, 아무도 말해주지 않지만 교육의 형식을 통해 학습한다. 특히 진리에 대한 이념과 경쟁의 정당성에 대한 믿음이 발생하는 원인에 주목해야 한다. 그 원인은 우선 강의식 수업과 교실 구조 그리고 객관식이라는 평가 형식이었다. 학생들은 스스로 인식하지 못할지라도 절대적이고 고정된 진리가 어딘가 존재할 것이라는 막연한 환상을 갖게 된다. 이것은 성인이 되었을 때 사회 문제를 옳고 그름, 선과 악의 문제로 접근하게 하는 경향성을 높인다. 다음으로 지속적인 교내 평가와 대입시험을 거치면서 학생들은 경쟁과 그에 따른 결과가 정당하다고 믿게 된다. 문제는 경쟁의 형식이 사회의 책임을 개인의 책임으로 손쉽게 전환한다는 점이다. 어떠한 평가가 되었건 그에 따른 결과가 중간에 위치한 사람이 중간으로서 대우를 받을 수 없는 평가라면, 그 경쟁은 정의롭지 않다.

일자리를 늘릴 것인가, 소득격차를 줄일 것인가
교육 문제의 근본으로서의 경제체제

시민이 말했다.

"두 종류의 사람이 있습니다. 어떤 사람들은 사회 문제를 해결하기 위해서는 문제와 관련된 사람들의 의식이 바뀌어야 한다고 생각합니다. 사람들의 좋은 생각이 좋은 결과를 가져올 거라는 견해지요. 이런 견해는 매우 상식적입니다. 반면 다른 사람들은 사회 문제를 해결하기 위해서는 제도가 바뀌어야 한다고 생각합니다. 사회의 변화는 사회구조의 변화를 통해서만 가능하다는 견해지요. 예를 들어보겠습니다. 저기 초등학교 정문 앞에 도로가 보이시지요?"

"네. 보입니다."

"학교 앞에는 자동차 제한속도가 있습니다. 그런데 사람들이 이를 지키지 않지요. 어떻게 하면 모든 사람이 제한속도를 지키게 할 수 있을까요? 두 가지 방법이 가능합니다. 첫 번째, 사람들의 의식을 바꾸는 것이지요. 미디어를 통해 지속적으로 캠페인을 벌이는 겁니다. 제한속도를 지키는 것은 우리 아이들의 미래를 지키는 것이라고요. 두 번째, 제한속도를 지킬 수밖에 없도록 구조를 바꾸는 것이지요. 과속방지턱을 여러 개 만드는 겁니다. 그러면 사람들은 캠페인이 없어도 알아서 속도를 줄입니다. 아무리 과속해 달라고 캠페인을 해도 알아서 속도를 줄일 거예요."

"그럼 두 가지 방법을 함께 시행하면 좋겠네요."

"맞는 말씀입니다. 의식과 제도가 함께 바뀌는 것이 가장 이상적일 겁니다. 하지만 차이는 있습니다. 둘 다 필요한 방법이지만, 상대적으로 더 강력하고 직접적인 문제 해결 방식이 있는 거죠. 그것은 제도를 바꾸는 것입니다. 그리고 저는 제도가 의식보다 근원적이라고 생각합니다. 제도가 바뀌면 의식도 바뀝니다."

시민이 말을 이었다.

"교육 문제도 마찬가지입니다. 학교 교육의 문제를 해결하는 방법은 두 가지입니다. 교육과 관련된 사람들의 의식을 바꾸는 방법과 교육의 구조를 바꾸는 방법이죠. 그런데 의식을 바꾸는 방법으로는 효과를 기대하기 어렵습니다. 아무리 교육 문제의 관련자인 학생과 선생님과 학부모를 대상으로 과도한 경쟁을 하지 마라, 사교육을 하지 마라, 선행학습을 하지 마라 등등의 캠페인을 벌인다 하더라도 이것은 실현되지 않을 겁니다. 왜냐하면 교육 문제의 근본은 구조에 있기 때문입니다. 그리고 여기서의 구조란 경제체제를 말합니다. 경제체제가 교육의 형태와 문제를 규정합니다."

앞서 살펴본 것처럼 교육에서 경쟁이 심화되는 문제는 경제 문제와 직결되어 있다. 단적으로 말해서 교육의 모습을 규정하는 건 경제체제다. 그리고 특히 두 가지 경제적 요인이 결정적인 역할을 한다. 그것은 일자리의 양과 소득격차다.

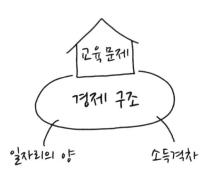

덴마크의 교육 상황을 참고해보자. 북유럽 국가들의 교육 환경이 좋다는 것은 익히 알려진 사실이다. 특히 핀란드의 교육은 한동안 한국 사회에서 크게 이슈가 되었다. 그것은 OECD가 실시하는 국제학업성취도평가인 PISA 때문이다. PISA는 60여 개국을 대상으로 3년마다 실시되는데, 만 15세 학생들의 수학, 과학, 읽기 소양을 평가한다. 여기에서 한국과 핀란드는 매번 상위에 오르지만, 교육의 환경과 방향성에서 큰 차이를 보인다. 그래서 교육열이 높은 한국의 학부모들 사이에서 핀란드식 교육법을 배우고 차용하고자 하는 분위기가 형성된 적이 있었다.

우리가 알아보고자 하는 국가는 PISA 테스트에서 언제나 하위권에 머무르는 덴마크다. 덴마크는 PISA 테스트 결과와는 반대로 OECD 학생 행복도 조사에서는 매번 상위권을 기록한다. 특히 2013년 조사에서는 덴마크가 학생들이 행복한 나라 1위로 조사되었다. 반면 같은 조사에서 핀란드는 60위, 한국은 64위였다. 전체 조사 국가는 64개국이었다.

학생들에게 도대체 뭘 어떻게 가르치기에 성적은 바닥이고 행복도는 높은 것일까? 덴마크에서 태어난 D의 인생을 따라가 보자.

D는 코펜하겐에서 태어났다. 7살이 되었다. 이제 학업의 방향을 선택해야 한다. 세 가지를 선택할 수 있다. 공립기초학교, 자유학교, 일반사립학교가 있다. 공립기초학교는 공교육 기관이다. 80% 정도의 학생들이 선택한다. 자유학교는 대안교육으로, 20%의 학생들이 선택한다. 일반사립학교는 소수의 중상류층 가정의 학생들이 진학한다. D는 공립기초학교를 선택해서 1학년부터 9학년까지 다녀야 한다. 인문학, 자연과학, 실용예술에 대한 기초교육이 진행된다.

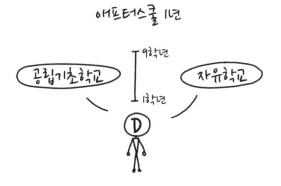

애프터스쿨 1년

공립기초학교는 한국의 초중등학교에 해당한다. 이 기간 중에 시험은 단 1회, 졸업시험만 치른다. 졸업시험은 시험이긴 해도 탈락은 없다. 의무교육을 잘 이수했는지를 확인하는 정도로 시행된다. 대략적으로 '잘했음', '더 잘했음' 정도의 성적이 알려질 뿐, 순위는 공개되지 않는다. D는 9년 동안 잘 놀았다. 졸업까지 시험도 없겠다. 덴마크 학생들은 주야장천 진짜 논다.

16세가 되었다. 고등학교에 진학해야 한다. 덴마크는 독특한 학교가 있는데, 애프터스쿨과 시민대학이 그것이다. 둘 다 독립적인 학교다. 1년 과정의 애프터스쿨은 기초학교에서 고등학교로 넘어가는 사이에, 단기 과정의 시민대학은 고등학교에서 대학교로 넘어가는 사이에 입학할 수 있다. 학생들은 개인의 선택에 따라 애프터스쿨과 시민대학을 1년 정도 선택할 수 있다. 덴마크 학생 전체의 40%가 애프터스쿨을 거쳐 간다. 가서 뭘 하느냐 하면, 논다. 쉬어가는 게 목적이다. 고등학교 진학 전 1년 동안 여유 있는 시간 속에서 자아를 찾거나, 진로를 탐색하거나, 친구들과 어울리거나, 연애를 하거나, 휴식을 취하러 온다. 애프터스쿨은 250개의 특성화된 학교들이 있기 때문에 자신이 원하는 것을 하러 가면 된다. 음악, 미술, 체육, 목공, 건축, 축구, 연극 등 원하는 것을 해보며 적성과 진로를 경험해볼 수 있다. D는 애프터스쿨을 선택했다. 해안가에 있는 학교로, 학생들은 바다에서 수영을 하거나 배를 타거나 스포츠를 즐겼다. D는 2시까지의 정규 수업이 끝나면 4시까지 요트를 타고, 6시부터는 책을 읽거나 자유 시간을 보냈다. 이에 대한 비용 대부분은 국가가 보조한다.

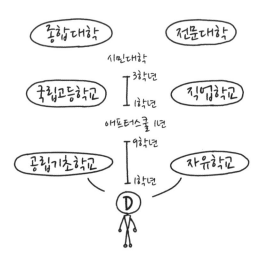

17세가 되었다. 고등학교 교육은 두 가지로 구분된다. 국립고등학교와 직업학교를 선택할 수 있다. 국립고등학교는 인문계로, 대략 65%의 학생들이 진학한다. 직업학교는 인문 교육과 직업 교육을 병행하는데, 대략 35%의 학생들이 진학한다. 국립고등학교에서는 3년간 인문학, 사회학, 자연과학을 배운다. 그리고 마지막에 졸업시험을 치른다. 직업학교에서는 2년에서 3년간 농업, 사회보건, 직업교육연수 등의 분야를 배운다. 실제 직업 현장에서 전문적 경험을 쌓은 후 보통은 바로 취업을 한다. D는 국립고등학교를 선택했다. 이제 고등학생이 되었으니 본격적으로 공부 좀 시작해봐야 하겠지만, 한국 고등학생들이 보기에 D는 논다. D의 일과는 다음과 같다. 학교는 아침 8시에 시작된다. 오전 수업을 마치고 40분간 점심을 먹는다. 오후에 잠깐 수업을 하면 학교가 끝난다. 월수금은 오후 3시 30분에, 화목은 오후 2시에 끝난다. 방과 후 수업에서 운동이나 미술, 음악 등의 취미 활동을 한다. 학교 밖에서 따로 공부하는 일은 없다. 친구들과 어울리거나, 책을 읽거나, 원하는 일을 한다.

20세가 되었다. D씨는 대학에 진학하기 전 6개월 동안 시민대학에 다니기로 했다. 이곳에서는 애프터스쿨과 마찬가지로 학생들이 스스로 자아를 찾고, 적성과 진로를 탐색하는 여유를 제공한다.

이러한 시민대학과 애프터스쿨이라는 독특한 제도가 자리 잡을 수 있었던 것은 덴마크 교육의 아버지 그룬트비의 영향 때문이다. 19세기에 활동했던 그는 당시의 왕정시대에 국정교과서로 학생들을 교육하는 것에 반기를 들고, 시민이 스스로 교육의 주체가 되는 시민학교를 설립했다. 시민대학과 애프터스쿨은 그의 정신을 계승하고 있다. 실제로 덴마크에서는 누구나 쉽게 자신들의 이념에 따라 학교를 설립하고 국가로부터 지원을 받을 수 있다.

21세가 된 D씨는 대학에 진학하기로 했다. 고등학교를 졸업하며 치렀던 졸업시험 성적과 학업 성적 그리고 자신의 경험 등을 토대로 대학에 진학한다. 의학이나 심리학 등 인기 학과가 있지만, 경쟁은 치열하지 않다. 덴마크 학생들은 보통 자신의 적성에 따라 대학에 진학한다. 등록금은 전액 무료다. 그런데도 전체 학생의 40% 정도만 대학에 진학한다. 대학은 4년 과정의 종합대학과 2년 과정의 전문대학으로 나뉜다.

물론 덴마크의 교육이 이상적인 것만은 아니다. 덴마크에도 학교에 적응하지 못하는 학생이 존재하고, 교사의 자질 문제가 사회적 이슈가 되기도 한다. 그리고 세계적인 저성장으로 경쟁이 심화되고 있는 상황에서 학생들에게 충분한 교육이 이뤄지고 있는지에 대한 회의가 발생하고 있다. 앞서 살펴본 국제학업성취도평가에서 낮은 점수를 받은 이후에는 덴마크 내에서도 학생들에게 주기적인 시험을 시행하고 학교 간의 평가를 진행하자는 주장이 제기되고 있다.

우리가 덴마크를 참고해보는 것은 그들의 교육을 부러워하고 우리 교육의 문제점을 부각하기 위해서가 아니다. 교육 문제의 본질이 사실은 경제체제의 문제임을 확인하기 위해서다.

이해할 수 없는 것은 두 가지다. 첫째는 '왜 덴마크의 학생들은 치열하게 경쟁하지 않는가?'이고, 둘째는 '왜 무료인데도 대학에 진학하지 않는가?'다. 다양한 원인을 생각해볼 수 있다. 그룬트비 등의 역사적 인물의 역할, 사회적 분위기, 정치적 청렴도, 세계 행복지수 1위 등등. 이렇게 다양한 원인 중 경쟁에 직접적으로 영향을 미치는 요인은 경제다. 특히 일자리의 양과 소득격차가 경쟁의 직접적인 원인이 된다. 하나씩 알아보자.

우선 일자리의 양이 경쟁에 영향을 미친다. 경쟁은 기본적으로 희소성 때문에 발생한다. 희소성이란 인간의 필요에 비해 재화나 가치가 양적으로 부족한 상태를 말한다. 앞서 한국사회의 일자리 상황을 알아보았던 것처럼 상위 10%에 해당하는 사람만이 안정적인 경제생활을 영위하는 상황이라면 좋은 일자리를 얻기 위한 경쟁은 심화될 수밖에 없다. 덴마크의 경우에는 고용률이 75%를 넘는다. 고용률은 15세 이상의 생산가능인구 중에서 취업자가 차지하는 비율을 말하는데, 실질적인 일자리 창출 능력을 확인하는 데 사용되는 지표다. 유럽연합 평균이 65%인 것에 비하면 10%나 높은 수치다. 또한, 실업률도 5~6% 정도로, 유럽연합 평균이 10%인 것에 비하면 안정적인 수준을 유지하고 있다. 덴마크 학생들이 치열하게 경쟁하거나 대학에 진학하려 애쓰지 않는 것은 기본적으로 사회에 일자리가 보장되어 있기 때문이다. 기본적인 일자리 보장은 입시 경쟁을 완화하고, 이로 인해 학생들의 학업 부담을 줄여준다.

다음으로 소득격차가 경쟁을 심화한다. 모든 나라에서 소득격차는 자연적으로 발생한다. 의사나 변호사 등 전문직의 소득은 일반적으로 임금노동자의 소득보다 높을 수밖에 없다. 소득격차는 필연적으로 발생하는 현상이고, 사회의 효율적 기능을 위해서는 필요하기도 하다. 문제는 자연적으로 발생하는 소득격차를 어느 정도까지 인정하고 조율할 것인지를 사회적으로 협의해야 한다는 데 있다.

덴마크의 개인 소득세율이 55%에 이르고 이를 통해 강력한 복지 정책이 시행되고 있다는 것은 이미 잘 알려진 사실이다. 높은 세금은 고소득자의 실질 소득을 낮추고, 강력한 복지는 저소득자의 실질 소득을 높여 임금격차를 완화한다. 세무사와 목수의 소득 차이가 크지 않고, 대기업 회사원과 기술직 노동자의 소득 차이가 크지 않다면, 모든 사람이 세무사나 대기업 회사원이 되고자 노력하지 않을 것이다. 실제로 공부가 적성이 아니라 독특한 적성이 있는 학생들까지도 모두 대학에 가기 위한 경쟁에 참여할 필요가 없는 것이다. 소득격차 완화는 직업 간의 귀천의식을 사라지게 하고, 대입 진학의 필요성을 감소시킨다.

교육의 본질은 자기 수양과 학문에의 정진이라고 생각할 수도 있다. 하지만 현실에서 교육은 직업 획득의 문제, 개인의 경제생활 영위 능력과 밀접하게 연결되어 있는 것이 사실이다. 특히 일자리의 양과 소득격차의 수준은 그 사회의 교육의 분위기를 결정한다. 일자리가 적고 소득격차가 커서 소수의 사람들만이 양질의 일자리를 차지할 수 있는 사회라면 학생들과 취업자들이 심각한 경쟁 환경에 던져지는 것은 필연적인 결과다.

그렇다면 문제 해결은 간단해 보인다. 한국 교육의 문제를 해결하기 위해서는 양질의 일자리를 늘리고, 소득격차를 줄이면 되는 게 아닌가? 그러면 좋겠지만 복잡한 문제가 하나 있다. 그것은 일자리 창출과 소득격차 완화를 위한 해결 방법이 일반적으로 알려진 것처럼 대립하는 측면이 있다는 것이다. 왜냐하면 일자리 창출을 위해서는 시장의 자유가 효과적이고, 소득격차 완화를 위해서는 정부의 개입이 필요하기 때문이다.

우선 일자리를 양적으로 증가시키려면 어떻게 해야 할까? 다양한 방법이 가능하겠지만, 가장 일반적인 방안은 시장의 성장을 촉진하는 것이다. 기업이 사업을 확장하고 인력을 고용할 수 있도록 규제를 완화하고 세금을 낮추는 방안이 여기에 해당한다. 즉, 시장의 자유가 요구된다. 그러나 이 방법은 이미 우리가 이해하고 있듯이 복지가 축소되어 빈부격차를 확대시킬 것이고, 이에 따라 소득격차가 악화될 것이다.

다음으로 소득격차를 줄이려면 어떻게 해야 할까? 가장 직접적인 방안은 정부 역할의 강화다. 규제를 통해 최저임금을 인상하고, 고용 안정성과 관련된 복지 정책을 전폭적으로 시행하는 것이다. 이에 필요한 재원을 마련하기 위해서는 소수의 최고 소득자와 기업의 세금을 인상하는 제도가 필연적으로 뒤따라야 한다. 즉, 정부의 개입이 요구된다. 그러나 이 방법은 세금 인상으로 인한 노동의욕 상실, 기업의 투자의욕 약화를 일으킬 수 있다. 그리고 이로 인해 사회 전체의 일자리는 줄어들 것이다.

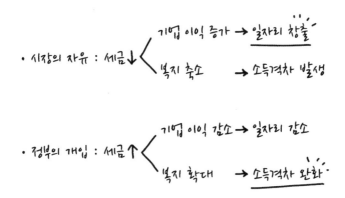

물론 이 두 가지가 완벽하게 모순되기만 하는 것은 아니다. '유연안 정성'이라는 개념이 있다. 노동시장의 '유연성(flexibility)'과 고용의 '안 정성(security)'을 조합해서 만든 '플렉시큐리티(flexicurity)'라는 개념이 다. 덴마크를 비롯해서 노르웨이, 스웨덴, 핀란드 등 북유럽 국가들이 시행하고 있는 제도다. 이 개념은 시장 자유와 정부 개입의 두 가지 특 성을 적절하게 조합하고 있다.

우선 시장의 자유를 추구하는 측면이 있다. 기업이 노동자를 쉽게 해고하고 고용할 수 있는 여건을 마련해주는 것이다. 실제로 덴마크 는 강력한 노조가 존재함에도 불구하고 노동자가 쉽게 해고될 수 있 다. 그래서 전체 노동자의 평균 근속 기간은 8년여 정도에 불과하다. 평생직장이라는 개념이 없는 것이다. 하지만 오히려 쉬운 해고가 고 용을 창출하는 효과를 발생시킨다. 기업은 쉽게 구조조정을 할 수 있 으므로 시장의 변화에 빠르게 대응할 수 있는 만큼 채용에서도 적극 적이게 된다. 실제로 덴마크의 고용률은 75%로, 유럽 평균인 65%를 상회한다.

하지만 이러한 노동시장의 유연성이 가능한 것은 노동자들이 희생 을 감수하기 때문이 아니다. 국가가 강력한 고용 안정성을 보장해주기 때문이다. 정부의 강력한 개입으로 높은 세율과 포괄적인 복지가 이 루어지는 까닭에 개인은 실직 상황에서도 위축되지 않는다. 덴마크는 해고된 노동자에게 최장 4년 동안 이전 급여의 90%를 지급한다. 단, 실직 기간 동안의 직업교육이 필수 의무이며, 정부가 제공하는 일자리를 특별한 이유 없이 지속적으로 거부할 경우 실업급여는 중단된다. 이러한 환경에서 노동자는 해고에 강력하게 저항할 필요를 느끼지 않고, 경제적 어려움에 처하지 않는다.

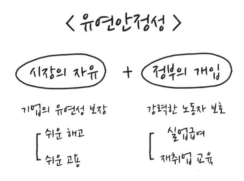

〈 유연안정성 〉

시장의 자유 + 정부의 개입

기업의 유연성 보장   강력한 노동자 보호

　쉬운 해고   실업급여
　쉬운 고용   재취업 교육

　한국사회에서 유연안정성이 정착되지 못하는 것은 기업과 노동자의 고집 때문이거나 단순히 정부의 무능 때문이 아니다. 현실의 상황을 고려하지 않고 외국의 제도를 그대로 도입한다고 문제가 단번에 해결되는 것도 아니다. 한국도 정도의 차이가 있을 뿐, 비슷한 제도를 점진적으로 시행해가고 있다. 모든 사회는 출발 시점이 달라서 그렇지, 전진과 퇴보를 반복하며 조금씩 성숙해가고 있으며, 한국도 예외는 아니다. 그리고 이러한 점진적 성숙의 필수 조건이 되는 건 시민의 합리성이다. 어려운 상황 속에서 시민이 시장의 자유와 정부의 개입을 적절하게 선택하고 조정해나갈 때, 이러한 합리적 선택들이 축적되어서 괜찮은 미래를 위한 토대가 형성될 것이다.

정리해보자. 교육은 경제가 결정한다. 경제적 상황과 환경. 구체적으로는 일자리와 소득격차의 정도가 어떠한가에 따라 교육의 모습이 결정된다. 문제는 일자리와 소득격차의 문제를 해결하기 위한 방안이 대립하는 국가 방향성과 연계되어 있다는 것이다. 시장의 자유를 추구하면 상대적으로 일자리의 양이 늘어나는 효과를 기대할 수 있을지 모른다. 하지만 그만큼 소득격차는 심화될 수 있다. 이러한 경제 환경에서 학생들은 과도한 경쟁에 노출된다. 반대로 정부의 개입을 추구하면 상대적으로 소득격차의 완화를 기대할 수 있을지 모른다. 하지만 그만큼 투자가 줄어들고 일자리가 줄어들 수 있다. 이러한 경제 환경에서 학생들은 마찬가지로 제한된 일자리를 차지하기 위한 과도한 경쟁에 내몰린다.

그래서 한국의 학생들은 어려운 상황에 처해 있다. 저성장 시대의 도래와 빈부격차의 심화는 일자리의 수를 줄이고, 소득격차를 심화하고 있는 것이다.

2014년 통계청 자료에 의하면 한국의 경제활동인구 중 취업자는 2,588만 명이다. 그리고 이 중에서 200만 명 정도가 대기업에 취업한다. 전체 취업자의 7.7% 정도에 해당한다. 그럼에도 불구하고 대다수 한국인들은 7.7%밖에 되지 않는 대기업 취업자가 되기 위해 노력한다. 그것은 그들이 욕심쟁이이거나 허세가 많거나 문제적인 사고방식을 가지고 있어서가 아니다. 실제로 양질의 일자리가 그만큼 적기 때문이다. 한국의 학생들은 극심한 경쟁에 노출될 수밖에 없다. 7.7%의 안정적인 일자리를 차지할 가능성을 높이기 위해 상위 8%의 서울권 대학교에 진학해야 하기 때문이다.

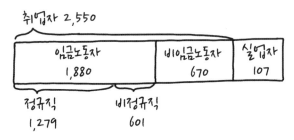

〈 경제활동인구 2,657만 명 〉

취업자 2,550

| 임금노동자 1,880 | 비임금노동자 670 | 실업자 107 |

정규직 1,279   비정규직 601

-통계청, 근로 형태별 근로자 수 구성 (2015)

경제적 환경이 좋아져야 한다. 92.3%의 일자리가 더 괜찮아져야 한다. 전반적인 임금이 높아지고 소득격차가 줄어들고 일자리 수 자체가 더 늘어나야 한다. 그래야 아이들은 고소득과 안정적인 일자리를 위한 경쟁을 줄이고 비로소 자신의 취향과 꿈에 대해 생각할 수 있을 것이다. 과도한 경쟁과 사교육 심화, 입시 중심의 공교육 등 교육 문제는 그때야 비로소 해소될 것이다. 아이들의 미래를 위해서 시장 자유와 정부 개입의 합리적인 선택과 조율이 필요한 시점이다.

교육에 대한 접근은 두 가지다. 무엇을 어떻게 가르칠 것인가에 대한 내용적 접근과, 교육 환경의 구조로 인해 자연스럽게 이루어지는 형식적 접근이 그것이다. 이 중 우리가 중요하게 논한 것은 교육의 형식이었다. 교육의 형식에 대한 논의가 중요한 것은 학생들의 성취도와 무관하게 전면적이고 무제한적으로 작동하기 때문이다.

　진리에 대한 두 가지 관점인 객관주의 인식론과 주관주의 인식론 중에서 우리에게 익숙한 관점은 객관주의 인식론이었다. 이에 기반한 교육 방식에서는 강의식 교육, 전통적 교실 구조, 객관식 평가가 이루어졌다. 이는 효율적이고 성과 높은 교육 결과를 보여준다는 긍정적인 면을 갖는다. 다만 학생들에게 진리가 실재한다는 믿음과, 경쟁이 정당하다는 신념을 심어줄 수 있음을 보았다.

　우선 객관주의 인식론에 기반한 교육 안에서 학생들은 진리가 있다는 믿음을 갖게 된다. 이러한 환경에 지속적으로 노출된 학생들은 참과 거짓, 옳고 그름, 선과 악으로 세계를 인식하는 성인으로 성장한다. 그래서 정치, 경제와 관련된 사회 문제를 접할 때에도 그것을 합의와 절충, 대화의 문제로 접근하기보다는 선과 악의 문제로 양분해서 파악하려 한다.

다음으로 지속적인 학내 평가와 대입시험이라는 형식은 학생들에게 경쟁이 정당하다는 신념을 심어주게 된다. 객관적 평가 방식을 통해 진행하는 모든 경쟁이 정당하다고 믿는다. 그래서 대입, 취업에서의 경쟁의 결과도 개인의 책임이라 여긴다. 하지만 사회에 양질의 일자리 자체가 부족하고 빈부격차로 소수에게만 혜택이 돌아가는 구조적 환경이 조성되어 있다면 그 어떤 경쟁도 정당하다고 볼 수 없다.

그래서 다음으로 우리가 알아본 것은 교육의 형태를 결정하는 근본 원인으로서의 경제체제였다. 교육 문제는 교육과 관련된 사람들의 의식을 바꾸는 것으로 해결되지 않는다. 교육은 경제적 환경이 변화할 때 비로소 변한다. 구체적으로는 일자리의 양과 소득격차가 문제된다. 충분한 일자리가 확보되고, 직업 간 소득격차가 줄어들어서 중간 정도의 노력을 하는 보통의 사람이 인간다운 생활을 영위할 수 있을 때, 교육에서 발생하는 문제가 해결될 수 있다.

다만 이를 위해서 우리가 선택할 수 있는 것은 대립하는 두 가지 경제체제의 방향성이었다. 우선 일자리의 양을 늘리기 위해서는 세금을 낮추는 시장의 자유가 필요하다. 사업을 영위하기 수월하고 충분한 이익이 보장될 때 기업은 시장에 투자할 것이고 일자리를 창출할 것이기 때문이다. 하지만 세금 인하와 이로 인한 복지 축소는 소득격차에 따른 빈부격차를 발생시킬 수 있다.

다음으로 소득격차를 줄이기 위해서는 고소득자와 기업의 세금을 높이고 고용과 관련된 복지를 확대하는 정부의 개입이 필요하다. 규제를 통해 안정적인 일자리를 보장해야 한다. 그러나 이것은 기업이 투자의욕을 상실하게 만들 가능성이 있다. 이는 일자리의 양을 줄이는 문제를 발생시킬 우려가 있다.

하지만 시장의 자유와 정부의 개입이 반드시 대립하는 것만은 아니었다. 노동시장의 유연성과 고용의 안정성은 사회적 합의 안에서 절충될 수 있음을 유연안정성 개념을 통해 알아보았다.

	세금/복지	정부형태	자유의 입장	생산수단소유	이익	교육 문제 해결
A: 시장의 자유 :	↓	작은 정부	소극적 자유	장려	자본가	일자리 창출
B: 정부의 개입 :	↑	큰 정부	적극적 자유	제한	노동자	소득격차 완화

정의

다른 것은 다르게 vs 같은 것은 같게
정의에 대한 두 가지 관점

"자꾸 저 곤란하게 계속 장사하시면 어떻게 합니까."

호리호리한 체구의 구청 건설과 직원이 방문한 것이 벌써 세 번째다. 민원이 들어와서 자신도 어쩔 수 없다고 연신 굽실거렸다. 그럴 때마다 정의가 무엇인가에 대한 시민의 강의가 시작되었다. '생계를 위한 사업에 대해서 국가가 지원을 해주지는 못할망정 영업을 방해하는 것은 옳지 않다', '끼니를 거르고 있는 초등학생들을 위해, 미국 FDA와 세계보건기구에서 일일섭취량에 제한을 두지 않는 모노 소듐 글루타메이트를 사용하고 있다' 등이 그것이었다.

시민의 말을 듣고 있던 건설과 직원이 물었다.

"모노 소듐 글루타메이트가 뭔가요?"

"MSG요."

"내일 아침에 강제 철거 들어갑니다."

건설과 직원이 돌아간 다음 시민이 말했다.

"걱정하지 마세요. 제가 사람 보는 눈이 있는데, 저 사람 말은 저렇게 해도 마음이 여려서 철거고 자시고 못합니다."

다음 날 아침 초등학교 앞에 있던 포장마차는 앞으로 고꾸라져 있고, 떡볶이 판이며 그릇들이 땅바닥에 뒹굴고 있었다. MSG 봉지는 뜯어져서 반쯤 쏟아져 있었다. 시민과 비서실장은 그 자리에 그대로 섰다. 양손에는 오늘 사용하려고 구입한 재료들이 봉다리 봉다리 들려 있었다. 시민이 손에 든 짐을 넘겼다. 그러고는 태연하게 말했다.

"그래도 그 사람이 나쁜 사람은 아니야. 원래 포장마차는 압수해 가야 하는 건데, 자기도 미안하니까 대신 앞으로 넘어뜨리고만 갔네요. 합성조미료에 대한 사회적 인식이 아직도 이래서야 원."

비서실장은 시민의 얼굴을 봤다. 체념에 익숙해 보이는 그의 모습에 마음이 무거웠다.

비서실장은 손에 든 짐들을 한쪽에 잘 내려놓았다. 그리고 포장마차를 다시 일으키기 시작했다. 시민이 물었다.

"뭐 하십니까?"

"뭐 하냐니요? 다시 시작해야죠."

비서실장이 끙끙대며 포장마차를 세우려 했다. 포장마차는 생각보다 무거웠다. 시민은 그 모습을 가만히 보고만 있었다. 그러고는 입을 열었다.

"그냥 갑시다."

"우리가 쏟은 노력이 얼마인데, 포기할 순 없습니다."

시민은 여전히 멀찌감치 서 있기만 했다. 마침 그 앞을 지나가던 젊은이에게 비서실장이 부탁했다.

"저기요. 미안한데, 이거 들어 올리는 것 좀 도와줄래요?"

젊은이는 걸음을 멈추지도 않고 지나가며 가볍게 내뱉었다.

"싫은데요."

비서실장이 들어 올리던 포장마차를 내려놓았다. 젊은이의 뒷모습을 바라봤다. 아무렇지도 않게 걸어가고 있었다. 가는 뒤통수에 대고 소리를 질렀다.

"아니, 사람이 어려움에 처했으면 도와주는 게 도리 아닌가? 무슨 큰일을 도와 달라는 것도 아니고, 쓰러진 포장마차 들어 올리는 것 좀 잠깐 도와 달라는 건데. 요즘 젊은이들 자기만 안다는 건 내가 익히 알고 있었지만, 저 정도일 줄은 몰랐네."

젊은이가 걸음을 멈췄다. 바지 주머니에 양손을 찔러 넣고는 뒤돌아보며 말했다.

"뭐라고?"

시민이 말했다.

"그만하고, 그냥 갑시다."

비서실장이 팔을 걷어붙이고 젊은이에게 성큼성큼 걸어갔다.

"뭐, 인마? 젊은 놈이 어른한테 무슨 말버릇이야?"

젊은이가 우습다는 듯한 표정을 지었다. 그러고는 말했다.

"어려움에 처했으니까 도와 달라고? 불법적으로 돈 벌다가 걸리고 나니까 불쌍한 척하는 주제에. 당신들 이거 허가받고 세금 내고 장사하는 거야? 다른 사람들은 세금, 월세, 꼬박꼬박 내면서 장사하는데. 당신들은 자기 돈 중한 줄만 알았지, 정직하게 열심히 살아가는 사람들 생각이나 해봤어?"

비서실장은 뭐라고 대꾸할 말을 찾지 못했지만, 가슴속에서 치밀어 오르는 분노를 참을 수가 없었다.

"그럼, 아무것도 가진 것 없고 밑바닥부터 시작해야 하는 사람들은 뭘 어떻게 살라는 말이냐?"

젊은이가 비웃었다.

"웃기지 마. 당신들이 월급쟁이들보다 더 많이 버는 거 누구나 다 알고 있어."

비서실장은 어이가 없었다. 다리에 힘이 풀리는 것 같았다.

정의란 무엇일까? 이에 대해서는 다양한 철학자와 정치 사상가들이 활발한 논의를 전개해왔다. 이러한 논의들은 대체로 정의를 공정함과 연결한다. 그것은 정의라는 단어의 기원과도 연관이 있다. 로마 신화에 등장하는 정의의 여신은 '유스티치아(Justitia)'로, 그녀의 이름에서 정의를 뜻하는 'Justice'가 발생했다. 정의의 여신은 안대를 두르고 왼손에는 저울을, 오른손에는 칼을 들고 있다. 그것은 공정함에 의한 심판을 의미한다. 우리가 생각하는 정의도 그렇다. 공정하게 대우받는 것, 그것이 정의다.

심판

공정함

　이제 문제는 이것이다. 도대체 무엇이 공정한 것인가? 어떤 사람들은 모든 사람이 평등하게 대우받는 것이 공정함이고, 이것이 정의라고 생각한다. 정치적인 권리나 경제적인 부에서 차별 없이 동일해야 한다는 것이다. 하지만 모든 사람이 이것을 정의롭다고 생각하는 것은 아니다. 다른 사람들은 반대로 차등적으로 대우하는 것이 공정함이고 정의라고 생각한다. 정치, 경제적인 의무를 이행하지 않는 사람에게 의무를 이행한 사람들과 똑같은 권리를 주는 것은 실제로는 공정하지 않은 처사라는 것이다. 이들은 사람들의 기여도를 기준으로 권한과 권리를 제한하고 처벌하는 것이 더 정의롭다고 여긴다.

　아리스토텔레스는 이에 대해 정확하게 이해하고 있었다. 그래서 그는 정의에 대해 이렇게 이야기한다. 정의란 '같은 것은 같게', '다른 것은 다르게' 대우하는 것이다. 이렇게 다른 것을 다르게 대하는 것을 '배분적 정의'라고 한다. 그리고 같은 것을 같게 대하는 것을 '평균적 정의'라고 한나.

< 정의의 두 관점 >

┌ 다른 것을 다르게 : 배분적 정의(차등)
└ 같은 것을 같게 : 평균적 정의(평등)

 물론 이 두 가지가 적절히 조화될 때가 가장 이상적인 상태일 것이다. 문제는 개인, 집단, 국가에 따라 어디까지를 같다고 보고, 어디까지를 다르다고 볼 것인지를 규정하는 기준이 상이하다는 데 있다.

 그래서 정의는 두 가지 관점으로 나뉜다. 특정 사안에서 평등함을 기준으로 정의를 판단해야 한다는 관점과, 반대로 차등을 중심으로 정의를 평가해야 한다는 관점이 그것이다. 이 두 가지 대립되는 관점은 윤리와 경제 그리고 정치에서 명확하게 드러난다.

 결론부터 이야기하면, 윤리에서의 정의는 '정의로움'으로, 경제에서의 정의는 '분배'로, 정치에서의 정의는 '선택'으로 드러난다.

수직적 정의관 vs 수평적 정의관
윤리에서의 정의

윤리에서 말하는 정의는 일반적으로 우리가 생각하는 정의의 관념과 닮아 있다. 그것은 '정의로움'에 대한 관념이다. 무엇이 정의로운 것인가? 어떤 사람은 기본적으로 차등적 세계를 정의롭다고 생각한다. 사회에는 수직적인 질서가 있으며, 엄연히 법과 규칙이 존재한다. 이를 준수하는 사람과 그러지 않는 사람은 다르게 대우받아야 한다는 것이다. 반면 다른 사람은 기본적으로 평등한 세계를 정의롭다고 생각한다. 모든 인간은 예외 없이 절대적인 권리로서의 인권을 갖는다. 따라서 차이와 차별이 없는 수평적인 관계의 실현을 위해 사회가 노력해야 한다는 것이다.

두 가지 종류의 사람이 세계에 존재한다. 수직적 정의관을 가진 사람과 수평적 정의관을 가진 사람. 몇 가지 상황을 통해 자신은 어디에 서 있는지 생각해보자.

<　정의로움에 대한 두 세계관　>

A : 수직적 세계관
B : 수평적 세계관

상황 1 – 노점상 강제 철거

국가K에서 아시안게임 개최가 확정되었다. 경기장 주변과 외국인 선수 숙소 정비 과정 중, 근처 지역에서 오랜 기간 장사해온 노점상들이 문제가 되었다. 지금까지는 단속을 진행하지 않아서 암묵적으로 먹자골목이 형성된 곳이다. 정부에서는 장기간에 걸쳐 자진 철거를 지시했지만, 노점상들은 응하지 않았다.

노점상들의 요구는 다음과 같다. '이곳은 고령의 상인들이 생계형으로 운영하고 있는 상권이므로 영업을 인정해 달라. 또한 기존에 장사하던 사람에게 권리금을 주고 인수한 장소이기 때문에 국가가 이에 대해서 보상하지 않으면 나갈 수 없다.' 하지만 국가K에서는 상인들 간에 거래되는 권리금에 대해서는 법적으로 인정하지 않을 뿐만 아니라, 이 지역은 합법적인 상권이 아니므로 보상해줄 수 없다고 못박았다.

국가에서는 두 가지를 고려하고 있다. 첫째, 자진 철거 기한을 넘길 경우 강제 철거에 들어간다. 둘째, 충분한 보상을 통해 자진 철거를 유도한다. 당신은 어떤 선택이 정의로운 선택이라고 생각하는가?

상반된 견해를 가진 A씨와 B씨의 대화를 들어보자.

A 불법 노점상에 대한 강제 철거는 정당하다. 우선 누구나 지켜야 할 법과 규범에서 예외를 인정하는 것은 옳지 않다. 그들은 정부의 허가를 받지 않았을 뿐 아니라, 납세의 의무를 준수하지도 않는다. 그것은 자신의 권리만을 주장하고 어떠한 의무도 이행하지 않으려는 이기적인 행동이다. 또한 주변 상인과 시민들에게 피해를 입힌다. 주변 상인들은 정당하게 세금과 임대료를 지불하면서 장사를 하고 있는 데 반해, 노점상들은 불법적 행위로 주변 상인들의 이익을 강탈하고 있는 것이다. 정부는 개인의 정당한 재산을 보호할 의무를 갖는다. 보호받아야 하는 건 합법적인 주변 상인들이다. 그리고 노점상들은 길거리를 더럽게 만들 뿐만 아니라, 시민들의 통행에 불편을 준다. 정부는 불법에 타협하지 말고 강력하게 철거를 시행해야 한다.

B 정부는 강제 철거 대신 보상을 통해 자진 철거를 유도해야 한다. 아무리 현행 법규에 어긋난다 해도 노점상들은 시장에서 형성된 나름대로의 관습적인 규칙에 따라 장사를 했고, 이곳에 들어오기 위해 권리금을 주고받았다. 오랜 기간 단속이 없었기에 노점상들은 암묵적으로 정부가 허가했다고 생각하고 권리금을 지불한 것인데, 마지막으로 이곳에 들어왔다는 이유만으로 모든 손해를 감수해야 한다는 것은 정당하지 않다. 국가는 법을 표면적으로 해석할 것이 아니라, 모든 시민의 재산과 안전을 보호해준다는 실질적인 측면에서 시행해야 한다. 그리고 현실적으로 생계가 어려워 밖으로 나온 사람들이므로 강제 철거를 시행한다는 것은 그들의 최소한의 생존권을 보장하지 않는

것이다. 그들이 이렇게 장사할 수밖에 없었던 원인 중 많은 부분은 경제적 상황과 엮여 있으므로, 정부도 이들의 현 상황에 책임이 있다. 따라서 충분한 보상이 필요하다.

상황 2 – 파업에 대한 공권력 투입

Y항공사는 급증한 저가 항공사들과의 경쟁으로 만성적인 경영 실적 악화 상태에 놓여 있다. 이에 따라 지난 3년간 임금이 동결되어왔으며, 신규 인원 채용도 감소했다. 최근에는 경기침체까지 겹쳐 해외 여행객의 수가 급격히 줄어들었고, 이로 인해 올해 수백억 원의 적자가 예상된다. 사측은 이것이 단기적인 적자에 머무르지 않을 거라고 판단하고, 회사의 지속적인 존속을 위해서 구조조정을 단행했다. 곧바로 인원 감축안이 발표되었다. 앞으로 3년간 현재 인원의 30%를 감축하고, 이로 인해 부족해진 인력 부문에 대해서는 비정규직을 채용할 계획임을 밝혔다. 이에 노동조합은 강력히 반발했다. 그리고 사측과 십여 회에 걸친 교섭을 진행했으나, 양측의 강경한 입장만을 재확인했을 뿐 합의는 무산되었다. 노조는 그동안 동결했던 임금의 인상과 고용 안정을 요구하며 항공사를 점거하고 파업에 들어갔다. 사측은 휴가철 특수가 코앞인 상황에서의 파업을 비난하며 정부에 공권력 투입을 요청했다.

정부는 두 가지 선택 상황에 놓여 있다. 첫째, 공권력을 투입해서 파업을 강제 해산시킨다. 둘째, 공권력을 투입하지 않고 노조와 사측이 합의를 통해 문제를 해결하도록 당사자에게 맡긴다.

어떤 선택이 정의로운가? A씨와 B씨의 주장을 들어보자.

A 공권력 투입은 정당하다. 기업의 일차적인 목표는 지속적인 경영과 이익 창출이다. 기업의 존속이 가능해야만 노동자의 안정적인 고용 환경도 보장될 수 있다. 또한 기업이 이익을 창출하는 과정에서 소비자도 재화와 서비스를 이용할 수 있고, 이를 통해 사회가 유지된다. 회사의 경영 상태가 악화되어 위기 상태에 처했는데도 불구하고 자신의 이익만을 고집한다는 것은 자기중심적이고 이기적인 행동이다. 그리고 회사는 노동자들이 아니라 주주들의 재산이다. 그나마 회사가 적자를 만회할 수 있는 시기에 파업을 강행하고, 회사 시설을 불법으로 점유한다는 것은 타인의 재산을 침해하는 행위다. 국가는 이러한 집단 이기주의로부터 사회를 보호하고 개인의 재산을 지켜야 할 의무가 있다. 공권력을 투입함으로써 사회의 질서를 바로잡을 때, 그 사회가 안정적인 발전과 성장을 이룰 수 있는 것이다.

B 공권력을 투입하는 것은 부당하다. 노동조합이 집단으로 권리를 행사하는 것은 헌법에 보장된 합법적인 권한이다. 헌법 33조 1항은 "근로자는 근로조건의 향상을 위하여 자주적인 단결권·단체교섭권 및 단체행동권을 가진다"라고 명시하고 있다. 노동자가 개인이 아닌 집단으로 행동할 수밖에 없는 것은 기업이 노동자 개인에 비해 비교할 수 없는 막강한 권한과 권리를 독점하고 있기 때문이다. 회사의 일방적

인 해고는 노동자 개인과 그 가족의 생존에 막대한 영향을 미치는 사건이다. 자신과 동료의 생존을 위해서 저항하는 행위를 이기적이라고 낙인 찍는 행위야말로 타인의 생존에 무관심한 이기적인 행동이다. 또한 기업의 경영 실패와 대처의 미숙함으로 발생한 손실과 책임을 온전히 노동자에게 전가하는 처사는 정의롭지 않다. 시민들은 자신의 이익과 무관하더라도 모든 노조의 파업을 지지해야 한다. 나와 무관해 보이는 파업이 사회적으로 지지받은 후에야, 나의 권리가 부당한 이유로 침해되었을 때 나의 저항을 지지해줄 사람들이 남아 있게 된다.

상황 3 - 외국인 불법체류자 인권 문제

국가J의 외국인 체류자는 170만 명으로, 전체 국민의 3.4% 정도가 된다. 이 중에서 불법체류자는 20만 명이다. 보통 비자 기간이 만료되었거나 체류 허가가 취소된 경우다. 불법체류자 문제는 그들이 열악한 노동 환경에 처해 있고 제대로 임금을 받지 못한다는 당사자의 문제만으로 끝나지 않는다. 불법체류자 문제는 그 자녀들의 문제로도 확대된다. 부모가 법적 보호를 받지 못하는 까닭에 아이들도 최소한의 의료와 교육의 혜택에서 제외되어 있는 것이다. 인권단체와 시민단체의 강력한 요청에 따라 국가J는 불법체류자 자녀들의 복지를 위해 예산을 책정하기로 했다. 불법체류자의 자녀라 하더라도 최소한의 의료와 교육의 혜택을 받을 수 있게 하고, 다양한 제도들을 통해 부모들의 강제 추방을 지연하기로 한 것이다.

이 제도에 대해서 두 가지 평가를 할 수 있다. 첫째, 부당하고 잘못된 정책이다. 둘째, 합당하고 옳은 정책이다.

실제로 어떤 판단이 더 정의로운가? A씨와 B씨의 주장을 들어보자.

A 불법체류자들과 그 가족들에 대한 복지는 부당하다. 불법체류는 개별 국가의 주권에 도전한 명백한 불법 행위다. 대다수의 현대 국가에서는 불법체류자들에 대한 추방을 원칙으로 한다. 인권이라는 개념이 모든 불법에 대한 면죄부를 의미하는 것은 아니다. 외국인 노동자에 대한 인권은 합법적인 체류 노동자에 대해서만 적용할 수 있다. 현실적인 측면에서도 문제가 있다. 국가의 복지 예산은 한정되어 있고, 당연한 권리를 가진 무수히 많은 자국민이 예산 부족으로 복지의 혜택을 받지 못하고 있는 실정이다. 자국민의 복지 문제도 해결하지 못하는 상황에서 외국인 범죄자의 인권을 위해 세금을 사용한다는 것은 국가가 자신의 존재 목적과 의무를 망각한 것이다. 국가는 자국민의 일자리 확충과 복지를 우선으로 고려하고, 다음으로 합법적인 외국인 노동자의 권한을 자국민에 비해 가시적으로 제한해야 하며, 마지막으로 불법체류자에 대해서는 강경하게 대처해서 질서를 바로잡아야 한다.

B 불법체류자라고 하더라도 당사자와 그 가족의 인권은 보호받아야 한다. 인권은 상대적인 개념이거나 현행법에 의해 세한될 수 있는 권한이 아니다. 인간이라면 누구나 인종, 성별, 경제력에 무관하게 인간

답게 살고 보호받을 권리가 있다. 불법이라는 이름표가 붙었다고 비참한 환경에 처해 있는 것이 바람직한 것은 아니다. 물론 불법체류자를 무작정 허가하자는 것이 아니다. 국가는 두 가지를 병행해야 한다. 우선 앞으로 불법체류자가 더 증가하지 않도록 제도적 장치를 보강해야 한다. 그리고 동시에 이미 불법으로 체류하고 있는 외국인과 그 가족들에 한해서는 징벌만을 할 것이 아니라, 사회 구성원으로서 적응할 수 있도록 지원하고 인도해야 한다. 현실적인 측면에서 외국인 체류자는 3D 업종에 인력을 제공하고 있으며, 감소하는 인구로 인한 생산과 소비 침체의 문제를 어느 정도 완화해주고 있다. 사회 구성원으로서의 최소한의 처우 개선이 필요하다.

우리가 이야기하고자 하는 것은 개별적이고 구체적인 사안들에 대한 각각의 평가가 아니다. A와 B의 견해 중 무엇이 옳은지에 대한 평가는 이 책이 끝나는 시점에서 각자가 해야 한다. 우리는 구체적인 현상들을 관통하는 본질적인 정의관을 추상화해보고자 한다.

정의에 대한 두 가지 관점이 있다. 수직적 정의관과 수평적 정의관. 어떤 사람들은 정의로움은 이미 형성되어 있는 수직적 질서를 준수하는 것이라고 생각한다. 모든 사람이 동일한 대우를 받는 것은 옳지 않다. 노력한 사람과 노력하지 않은 사람, 법을 준수하는 사람과 준수하지 않는 사람, 같은 민족과 다른 민족을 분명하게 구분하고 차등적으로 대우하는 것이 정의인 것이다. 이는 아리스토텔레스가 말한 '다른 것은 다르게' 분배해야 한다는 '차등적 정의관'에 부합한다. 이러한 견해에 동의하는 사람들은 일반적으로 A의 견해를 지지할 것이다. 불법이나 사회 질서를 어지럽히는 행위에 대해서는 강력하게 대처하는 것이 정의라는 입장이다.

다른 사람들은 정의로움이 수평적인 평등을 이루는 것이라고 생각한다. 모든 사람은 성별, 인종, 나이, 지역, 부에서 어떠한 차별도 받아서는 안 된다. 특히 현재 어려움에 처해 있고 폭력적 상황에 노출되어 있다면 그들의 인권은 절대적으로 보호되어야 한다. 그뿐만 아니라 한발 더 나아가서 정부는 그들이 인격적인 대우를 받을 수 있도록 적극적으로 도와야 한다. 이는 아리스토텔레스가 말한 '같은 것을 같게' 분배해야 한다는 '평등적 정의관'에 부합한다. 이러한 견해에 동의하는 사람들은 B의 견해를 타당하다고 생각할 것이다. 연민과 배려를 통해 차별 없이 더불어 사는 것이 정의라는 입장이다.

수직적 정의관 : A의 견해

수평적 정의관 : B의 견해

어떤 정의관이 옳은가? 그것은 말할 수 없다. 수직적 정의관과 수평적 정의관은 세계를 이해하는 기본적인 관점이지, 근거 제시와 토론을 통해 논박되는 사안이 아니다. 개인이 가지고 있는 세계관에 대해서 비판하거나 비난하는 행위는 무의미하지는 않겠지만, 매우 소모적인 일이다.

나의 세계관과 타인의 세계관이 다름을 이해해야 하는 것은 우리가 결코 소통하지 못할 것임을 깨닫기 위해서가 아니다. 반대로 소통을 시작하기 위해서다. 소통의 시작은 내가 타인의 세계관을 논박하지 못한다는 것을 인정할 때, 다시 말해서 타인이 나와는 정말로 다른 세계에 살고 있음을 인정할 때 비로소 시작될 수 있다.

　우리는 지금까지 정의를 윤리적 측면에서 알아보았다. 윤리에서의 정의는 '정의로움'이었다. 이제 정의에 대한 논의는 경제로 이어진다. 윤리에서 사례를 중심으로 생각해보았으니, 경제에서는 이론적인 측면에서 정의에 대해 알아보려 한다.

차등적 분배 vs 균등적 분배
경제에서의 정의

한강공원 벤치에 앉아 천천히 해가 넘어가는 모습을 지켜봤다. 날씨가 싸늘했다. 코끝에 콧물이 맺혔다. 비서실장이 입을 열었다.

"이제 어쩌실 겁니까?"

노을빛에 물든 얼굴로 시민이 대답했다.

"여행을 떠날 겁니다. 고시원을 나올 때 떠날 계획이었습니다."

"언제는 제가 올 걸 알고 있었다고 하지 않으셨습니까."

시민은 아무 말도 없었다. 비서실장은 화가 났다.

"사람이 뭐가 그리 나약합니까? 살다 보면 시험에 낙방할 수도 있고, 장사가 잘 안 될 수도 있는 거지. 한두 번 실패했다고 떠난다느니 만다느니."

시민이 평온한 얼굴로 대답했다.

"원래 자본주의 체제에서 개인의 노력이라는 것은…."

"집어치워요!"

시민은 당황했다. 비서실장이 소리를 높였다.

"자본주의니, 생산수단이니, 이론적인 이야기는 그만 좀 해요. 자기 삶은 제대로 챙기지도 못하면서! 그리고 힘들고 속상하면 차라리 화를 내요! 그렇게 아무렇지도 않은 듯 있지 말고!"

둘은 아무 말도 없었다. 바람이 찼다. 시민은 옷소매로 코를 닦았다. 습관처럼 평온한 얼굴을 했다. 한참 만에 시민이 입을 열었다.

"비서실장님께는 미안하게 됐습니다. 부서진 포장마차지만 돌려드릴게요. 앞뒤 조금만 손보면 다시 충분히 쓸 수 있을 겁니다. 이제 각자의 길로 가는 게 좋겠습니다."

시민이 일어나서 손을 내밀었다. 비서실장은 고개를 숙이고 쳐다보지도 않았다. 시민은 떠나기 전에 마지막으로, 시민이 가야 할 길에 대한 당부를 했다. 비서실장은 듣기 싫었다.

시민이 떠났다.

비서실장은 그대로 앉아 있었다. 고개를 숙이고 발끝으로 돌부리만 긁어댔다. 고개를 돌려 멀어져가는 시민의 뒷모습을 바라봤다. 가로등 아래로 시민은 터덜터덜 걸어갔다.

우리는 정의에 대해 이야기하고 있다. 윤리적 측면에서의 정의는 '정의로움'과 관련이 있었다. 지금부터 알아보려는 것은 경제적 측면에서의 정의다. 그것은 단적으로 '분배'를 말한다. 정의로움과 분배는 정의를 이해하는 두 가지 틀이며, 둘은 긴밀하게 연결되어 있다.

분배란 사회 구성원이 사회적 생산물을 나누는 방식을 의미한다. 우리가 정말 궁금한 건 이것이다. '어떻게 나눌 것인가?' 현실에서의 정의란 특별한 무엇이 아니다. 가장 합리적이고 정당한 방법으로 생산물을 나누는 것. 사회 구성원들의 만족도를 극대화하고 불만을 최소화하는 방식으로 나누는 것. 정당한 분배가 정의다.

이에 대해 논하기 위해서 우선 현실의 상황에 대해 알아보려 한다. 다음으로 우리가 익히 들어본 여섯 가지 경제체제들의 역사를 정리할 것이다. 마지막으로 이를 통해서 경제체제가 분배 방식의 다른 이름임을 확인할 것이다.

현실에 대한 이야기부터 시작해보자. 현실에서는 사회적 생산물이 이미 차등적으로 분배되어왔고, 현재도 그렇게 진행 중이다. 문제는 앞으로 발생할 사회적 생산물이다. 앞으로의 생산물은 어떻게 할 것인가? 두 가지 관점이 가능하다. 어떤 사람들은 지금처럼 차등적으로 분배하는 것이 정의라고 생각한다. 반면 다른 사람들은 지금보다 균등하게 분배하는 것이 정의에 가깝다고 생각한다.

이것은 윤리에서의 정의관과 연결된다. 차등적 분배는 수직적 정의관과, 균등적 분배는 수평적 정의관과 연결된다.

당신은 어떤 방식으로 분배하는 것이 정의롭다고 생각하는가?

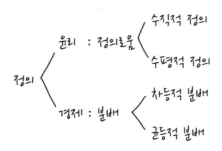

가상적인 사회를 생각해보자. 이 사회에는 다섯 명의 사회 구성원 A, B, C, D, E가 살고 있다. 그리고 이들의 한 해 생산물의 총량은 100단위다. 현재는 다음과 같이 분배되어 있다. A가 혼자 60단위를 소유하고 있고 B부터는 차례로 21단위, 12단위, 6단위를, 마지막 E가 오직 1단위만을 소유하고 있다.

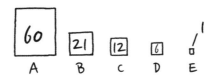

이 사회에 있는 대다수는 불만을 갖고 있다. 우선 A와 B의 불만은 이것이다. 국가에서 공공의 목적으로 사용하는 재화와 서비스에 대한 비용을 모두 자신들에게 부담시킨다는 것이다. 또한 E의 열악한 환경을 개선하기 위한 비용도 A와 B가 부담하고 있다. 이들은 이것이 정당하지 않다고 생각한다. 자신들의 투자와 노력에 따라 획득한 재산인데 이에 대한 사회적 차원의 보호가 없을 뿐만 아니라, 심지어 C, D, E

는 그 고마움도 모르기 때문이다.

C와 D도 불만이 있기는 마찬가지다. 그들은 부의 편중이 너무 심하다고 생각한다. 단순히 비교해봐도 E의 재산의 60배를 A가 혼자 소유하고 있다는 것은 납득할 수 없는 일이다. A 혼자서 전체가 생산해낸 생산물의 절반 이상을 가지고 있는 것이니 말이다. C와 D는 A와 B가 더 많은 의무를 져야 한다고 생각한다. 사회에서 부를 획득했으니 그만큼 사회에 환원해야 한다고 생각한다.

선택 1 : 현 상황 유지 및 A,B 부담 경감

A	B	C	D	E
60	21	12	6	1

선택 2 : 부의 재분배 및 A,B 부담 강화

A	B	C	D	E
40	20	17	15	8

현재를 기준으로 두 가지 방향성을 선택할 수 있다. A와 B의 재산에 대한 권리를 지금보다 더 보호해주는 방식으로 분배할 수 있다. 반대로 C, D, E에게 지금보다 더 큰 혜택을 줌으로써 부의 편중을 줄이는 방식으로 분배를 할 수 있다. 어떤 세계가 더 정의로운 사회라고 생각하는가?

참고로 이 가상의 사회는 한국의 현재 자산 분포 상황과 유사하다. 가구별 자산에 대한 2015년 통계청 자료를 참고해보자. 자산을 기준으로 한국사회를 5분위로 구분할 경우, 자산 보유가 가장 많은 5분위가 가구별 평균 10억 원을 소유해서 전체 자산의 60%를 차지하고 있다. 다음으로 4분위가 평균 3억5천만 원으로 21%, 3분위가 평균 2억 원으로 11.7%, 2분위가 평균 9,300만 원으로 5.6%, 마지막 1분위가 평균 1,978만 원을 소유해서 1.2%를 보유하고 있다.

현재 한국사회의 분배 현황을 고려한다면, 우리는 분배에 대해 어떠한 방향성을 선택해야 하는가?

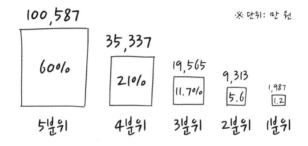

이러한 분배의 방향성이 두 가지 이념과 연결되어 있음을 앞서 알아보았다. 그것은 자유주의와 사회주의다. 자유주의는 자연적으로 발생한 현재의 분배 상태를 인정함으로써 개인의 재산권을 보장하는 것이 정의롭다는 이념이다. 사회주의는 인위적인 노력으로 부에 대한 강력한 재분배가 이뤄지는 것이 정의롭다는 이념이다.

자유주의와 사회주의는 분배 방식의 다른 이름이다.

물론 극단적으로 자유주의나 사회주의 하나만을 선택해야 하는 것은 아니다. 현실의 국가와 시민사회는 자유주의와 사회주의 사이에서 적절한 합의점을 찾는다. 그리고 이러한 합의점은 다양한 경제체제들로 드러난다. 경제체제란 추상적인 이념이 현실에서 구체화된 모습이라 하겠다.

우리가 보통 한 번이라도 들어봤던 경제체제들은 다음과 같이 분류된다. 우선 자유주의적 이념에 뿌리를 두는 경제체제가 있다. 초기 자본주의, 신자유주의, 수정 자본주의가 그것이다. 다음으로 사회주의 이념에 뿌리를 두는 경제체제가 있다. 사회민주주의, 사회주의, 공산주의가 그것이다.

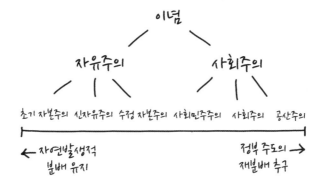

위의 그림을 참고하자. 초기 자본주의의 방향으로 갈수록 자유주의적 분배 방식이 추구된다. 반대로 공산주의로 갈수록 사회주의적 분배 방식이 추구된다.

이렇게 넓은 분배의 스펙트럼 안에서 한국사회는 현재 어디에 위치해 있는가? 그리고 앞으로 어느 방향을 향해야 하는가? 여기서 잠시 다양한 경제체제들이 탄생한 역사적 배경을 알아보려 한다. 이를 통해 체제 간의 관계와 차이점이 분명해질 것이다. 이것은 우리가 현재를 이해하고 미래를 선택하는 데 도움이 될 것이다.

자유주의 경제체제 1 - 초기 자본주의

초기 자본주의는 중세가 끝나고 근대가 시작하는 시점에서 등장했다. 실제로는 근대라는 시대를 열어젖힌 것이 초기 자본주의라고도 할 수 있다.

중세에 대한 이야기부터 시작해보자. 중세의 주인공은 왕과 영주였다. 그들은 절대적인 권한을 가지고 있었다. 천 년 가까운 시기 동안 이들에 의한 강력하고도 안정적인 지배가 지속되었다. 그럴 수 있었던 것은 이들이 물질적 측면과 정신적 측면 모두를 장악하고 있었기 때문이다. 우선 지배자들은 거대한 장원을 소유하고, 이를 토대로 세금을 징수했다. 그리고 종교를 통해 세금 징수의 정당성을 획득했다.

특히 그리스도교의 절제와 금욕의 강조가 이에 기여했다. 종교적인 분위기 속에서 물질적이고 세속적인 가치는 악한 욕망으로 비난받았고, 이기심은 극복해야 할 대상이 되었다. 백성들은 어리석고 이기적인 존재로 여겨졌다. 따라서 이들에게 자유를 주어서는 안 되었다. 백성은 통제와 교화의 대상이다. 만약 그들을 내버려 둔다면 백성들은 자기 스스로와 공동체를 파괴할 것이었다.

이러한 논리는 지배자들의 존재를 정당화했다. 왕은 반드시 있어야만 했다. 왜냐하면 신의 뜻에 따라 이 혼란스러운 세계를 바로잡고 질서를 세울 대리자이기 때문이다. 왕은 신의 이름으로 백성들을 지배하고 세금을 징수했다.

하지만 지속적인 억압과 종속의 강요는 저항을 불러일으켰고, 르네상스와 종교개혁이 발생할 수밖에 없는 시대적 분위기를 형성했다. 그리고 마침내 시민계급인 부르주아가 왕을 몰아내고 근대사회의 주인공으로 화려하게 등장했다. 이들은 중세의 지배자들을 몰아내는 동시에 그들이 강요했던 종교적 이념도 함께 몰아냈다.

부정적인 개념이었던 이기심은 긍정적인 개념으로 바뀌었다. 이기심은 극복의 대상이 아니라, 개인과 사회의 부를 창출하는 자연스러운 마음 상태로 받아들여졌다. 자신의 이익을 위한 노동과 이를 통한 부의 창출이 장려되었다. 종교적인 금욕과 절제의 분위기는 사라졌다.

18세기에 영국에서 활동했던 애덤 스미스는 그의 책 《국부론》에서 이러한 시대의 이론적 근거를 제시한다. 그에 따르면, 이기심의 자유로운 작동은 개인에게 근면하고 절약하고자 하는 욕구를 불러일으킨다. 이것은 개인의 이익을 증대시킬 뿐만 아니라, '보이지 않는 손'에 인도되어 사회 전체의 부의 증대와 진보에 이바지한다.

이제 왕이 세금을 징수할 명분은 사라졌다. 신과 가까운 왕이 질서를 잡아줄 필요는 없다. 시민 개인이 자기애와 이기심에 따라 노동할 때, 사회 전체의 부가 증대되고 질서가 유지될 것이기 때문이다. 왕의 존재는 불필요하다. 국가는 작은 규모로 축소되어야 한다. 세금은 최대한 낮아져야 하고, 부르주아의 경제적 자유가 보장되어야 하며, 이들이 노동을 통해 축적한 재산은 절대적으로 지켜져야 한다.

우리가 앞서 반복적으로 알아보았던 자유주의 이념의 뿌리는 여기서 시작한다. 봉건 영주의 간섭에 저항하고 자유를 추구했던 부르주아의 요구와 세계관이 이 체제에 잘 반영되어 있다.

자유주의 경제체제 2 – 수정 자본주의

중세의 그림자에서 벗어나 사회를 빠르게 성장시켰던 초기 자본주의는 문제에 봉착한다. 시장의 자유가 보장되면 시장의 자율적 조정 기능으로 사회의 부가 증진될 것이라고 생각했지만, 그 결과는 열악한 노동 환경과 부의 격차를 만들었고, 결국 1929년 대공황으로 귀결된 것이다.

초기 자본주의의 이론가들인 고전경제학자들은 시장을 이성적이고 합리적인 공간으로 전제한다. 개인은 자신의 본성에 부합하게 이기적으로 행동하면 충분하다. 이기심은 나의 이익을 극대화하려는 합리성으로 드러나고, 결과적으로 개인 간에 효율적인 수요와 공급이 가능하게 할 것이다. 이를 통해 사회의 부가 창출된다. 고전경제학자들에게 시장은 이상적인 공간이다.

하지만 사람들이 실제 현실에서 경험하는 시장은 이성적이고 합리적인 공간이 아니었다. 시장은 매 순간 열광과 공포의 상황으로 빠져

들었다. 1929년의 세계 경제대공황은 우연한 사건이 아니었다. 자본주의는 필연적으로 경제적 파멸로 귀결되는 것처럼 보였다. 도대체 어떤 문제가 있기에 자본주의는 파멸을 향해 걸어가는 것일까? 그것은 자본주의의 태생적 한계인 과잉생산의 문제 때문이다.

고전경제학에 따르면 부의 원천은 노동에 있다. 상식적인 말이다. 열심히 일하면 당연히 개인과 사회의 부가 증대되니까 말이다. 하지만 열심히 일하는 데는 한계가 있다. 더 큰 부를 원한다면 열심히 일하는 것만으로는 부족하다. 생산성이 좋아져야 한다. 이러한 요구에서 도입된 방법이 분업과 기계화다.

분업은 일을 나눠서 진행하는 방법으로, 개별 노동자는 쉽게 자신의 작업에 숙달되어 전체적인 생산성 향상에 기여하게 된다. 기계화역시 노동생산성을 폭발적으로 향상시키는 데 기여한다. 분업과 기계화는 실제로 풍요를 가져왔다.

하지만 예상치 못한 문제가 발생했다. 너무 커져버린 생산력이 발목을 잡은 것이다. 많이 생산하면 좋을 줄 알았는데, 그게 아니었다. 자본주의는 과잉생산이라는 고질적인 문제에 봉착했다. 과잉생산은 자본주의의 양면성을 보여준다. 그것은 풍요와 파멸이다.

과잉생산이 시장의 붕괴를 가져오는 과정은 다음과 같다. 우선 과잉생산은 수요의 부족을 발생시킨다. 수요가 부족하면 생산자인 기업의 이익이 감소한다. 기업은 이익 감소에 대응하기 위해 생산비용을 낮춘다. 이를 위해서 구조조정과 인원감축이 발생한다. 인원감축은 실업자를 증가시킨다. 실업자의 증가는 다시 사회 전체의 소비를 감소시킨다. 소비의 감소는 또다시 기업의 이익을 악화시킨다. 이러한 순환 속에서 경기는 침체하고, 결국 공황이 발생한다.

시장에 대한 믿음이 깨졌다. 이성적이고 자율적인 시장은 없다. 시장은 합리적 이성으로 움직이는 것이 아니라 야성적 충동의 지배를 받는다. 시장을 내버려 두면 안 된다. 시장은 과잉생산으로 인한 과열과 침체라는 반복적인 혼란을 거쳐 결국 파멸할 것이다.

이러한 시장에 대한 새로운 이해에서 등장한 경제체제가 수정 자본주의다. 후기 자본주의 또는 케인스주의라고도 불리는 이 체제는 20세기 초에 활동한 존 메이너드 케인스에 의해서 제시되었다. 케인스는 정부의 강력한 개입을 주장했다. 시장의 불완전성을 극복하기 위해서는 국가에 의한 조정이 필요하다는 것이다. 국가 주도의 계획경제가 시작되었고, 세금의 인상과 복지의 확대가 이루어졌다. 국가에 의한 적극적인 복지라는 개념이 자리 잡은 것도 이때부터다.

자유주의 경제체제 3 - 신자유주의

신자유주의는 1970년대에 등장한 이래 오늘날까지 세계 경제에 강력한 영향력을 행사하고 있는 경제체제다. 신자유주의가 등장한 배경은 두 가지다. 첫째는 수정 자본주의가 한계를 드러냈기 때문이고, 둘째는 세계적으로 공산주의가 확산되고 있었기 때문이다.

물론 수정 자본주의와 공산주의는 상반된 경제체제다. 이들은 자유주의와 사회주의라는 전혀 다른 이념적 뿌리를 갖는다. 하지만 유사한 면도 있다. 시장의 문제점을 해결하기 위해서는 정부가 개입해야 한다는 견해를 공유하는 것이다. 신자유주의는 바로 이 지점을 공격한다. 시장에 대한 정부 개입 자체가 문제라고 생각한다.

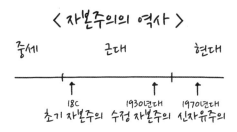

신자유주의에 따르면 수정 자본주의와 공산주의는 다음과 같은 한계를 갖는다. 우선 수정 자본주의의 가장 큰 문제는 정부의 비효율이다. 높은 세금과 과도한 복지 지출은 국가 재정을 악화시키고, 시장의 기능을 왜곡한다. 수요와 공급의 자율적 기능을 훼손하여 경기가 침체하는 가운데 물가는 상승하는 스태그플레이션을 발생시키는 것이다. 다음으로 공산주의 역시 생산의 불균형과 비효율 문제를 발생시킨다. 이것은 국가 중심의 계획경제가 시장의 다양성과 복잡성을 반영하지 못하기 때문이다. 또한 강력한 국가에 의한 개인의 통제 문제가 발생한다. 개인의 가치는 사회 전체 안에서만 의미를 갖는다는 전체주의 이념이 확산된 것이다.

신자유주의에 이론적 근거를 제시했던 경제학자 하이에크는 이것이 인간의 불완전성 때문에 발생한 문제라고 판단했다. 그에 따르면 인위적으로 경제를 통제하겠다는 생각은 오만이다. 인위적인 정부 개입은 시장의 가격을 왜곡하고, 사회적으로 파시즘을 발생시킨다. 그래서 차라리 시장을 내버려 두는 것이 낫다. 시장의 자유가 빈부격차와 공황의 문제를 발생시킬 수도 있지만, 이것은 주기적인 호황과 불황을 거치면서 자연스럽게 완화될 문제들이다. 더 큰 문제는 정부가 문제를 해결해보겠다고 시장에 손을 대는 순간 발생한다. 정부의 오만은 시장의 문제를 악화시킬 뿐이다.

신자유주의는 20세기 말에 빠르게 확산되어갔다. 사람들은 공산주의의 몰락을 목도하고, 신자유주의가 세계 경제의 호황을 이끄는 것을 경험했다. 시장의 자유, 세계화, 재산권 보장 등의 정책들이 세계적으로 확산되어갔다.

< 자유주의 경제체제 >

초기 자본주의　　　신자유주의　　수정 자본주의

← 시장의 자유　　　　　　　　정부의 개입 →

세 가지의 경제체제는 자유주의 이념을 토대로 한다. 이들은 기본적으로 시장의 자유를 추구한다는 노선을 공유하지만, 정도의 차이가 있다. 초기 자본주의와 신자유주의는 더 큰 시장의 자유를 추구한다. 반면 수정 자본주의는 적절한 수준에서 정부의 개입이 필요하다는 견해를 갖는다.

자유주의가 생각하는 정의란 분배에서의 '자유'다. 시장을 자유롭게 내버려 두어야 한다. 개인이 노력과 경쟁을 통해 자연스럽게 획득한 분배의 결과는 절대적으로 보장되어야 한다. 그것이 정의로운 사회다.

사회주의는 이러한 정의관에 반대한다. 시장을 내버려 두면 안 된다. 시장 안에서 이루어지는 개인 간의 경쟁은 공정하지 않다. 공정하지 않은 경쟁은 왜곡된 분배의 결과를 발생시키고, 결국 사회를 병들게 한다. 사회주의의 정의관은 분배에서의 '평등'이다.

이어서 우리가 알아보려는 것은 사회주의 이념을 토대로 하는 세 가지 경제체제의 역사다.

사회주의 경제체제 1 – 사회주의

우선 사회주의라는 단어는 쉽게 정의하기 어려울 정도로 오랜 기간 동안 다양한 사람들에 의해서 사용되었다. 그래서 단순하게 정의하기가 쉽지 않다. 대략적으로는 자유주의에 대비되는 의미로 사용된다. 여기서 자유주의에 대비된다는 말은 자유를 억압한다는 뜻이 아니다. 분배의 자유에 반대한다는 뜻이다. 사회주의는 평등한 분배를 추구한다.

사회주의는 19세기와 20세기에 세계적으로 활발히 논의되다가, 결국 두 가지의 입장으로 나뉘었다. 공산주의와 사회민주주의가 그것이다. 이러한 구분은 1889년의 제2인터내셔널 이후에 발생했다.

  인터내셔널이란 사회주의 계열의 개인, 노동자, 노동조합, 정당들에 의한 국제적 조직을 말한다. 최초의 제1인터내셔널은 1864년에 런던에서 있었다. 당시는 초기 자본주의의 문제점이 폭발해서 노동자 계급의 불만이 고조된 상황이었고, 이에 따라 사회주의에 대한 관심이 뜨거웠다. 제1인터내셔널은 사회주의 투쟁의 이론적 배경을 제공했던 마르크스와 엥겔스가 이끌었다.

  제2인터내셔널은 제1인터내셔널이 해산되고 13년 후인 1889년에 설립되었다. 당시는 마르크스가 죽은 다음이었던 까닭에 엥겔스가 전체적인 지도를 담당했다. 이미 전 세계에 마르크스주의가 확산되어 있었고, 개별 국가마다 사회주의 계열의 정당들이 들어섰을 때였다. 하지만 제2인터내셔널의 연대는 점차 느슨해져갔다. 그것은 1900년 이후 자본주의가 안정화 단계에 들어섰기 때문이다. 자본주의는 효율적으로 사회를 성장시키는 것처럼 보였다. 인터내셔널 내에서의 회의가 깊어졌다. 과연 마르크스가 예측했던 것처럼 자본주의가 내적 모순으로 스스로 붕괴할 것인지를 의심하기 시작한 것이다. 여기에 이론적 토대를 제공한 인물이 베른슈타인이다.

  베른슈타인은 엥겔스 사후에 영향력을 얻기 시작했다. 그는 혁명을 통해 자본주의를 붕괴시켜야 한다는 마르크스의 주장에 반대했다.

대신 점진적인 개혁을 주장했다. 혁명이 아닌 민주주의적인 방식으로 사회주의 정당이 집권해야 한다는 생각이었다.

이후 제4인터내셔널에 이르기까지 마르크스주의를 토대로 하는 혁명적이고 급진적인 사회주의 운동과 베른슈타인주의를 지지하는 개혁적이고 점진적인 사회주의 운동이 갈라서게 되었다. 사람들은 마르크스주의를 '공산주의'로, 베른슈타인주의를 '사회민주주의'로 불렀다.

공산주의와 사회민주주의의 차이는 다음과 같이 정리된다. 첫째는 자본주의의 미래에 대한 입장 차이다. 둘째는 사회주의에 이르기 위한 방법론의 차이다.

	자본주의 미래	방법론
· 공산주의	붕괴	혁명
· 사민주의	유지	개혁

사회주의 경제체제 2 - 공산주의

공산주의는 자본주의가 미래에 필연적으로 붕괴한다고 예상한다. 그것은 자본주의에서 자본가와 노동자의 관계가 생산수단을 중심으로 하는 착취의 관계이기 때문이다. 자본가는 노동자를 착취해서 생산물을 판매하고 이익을 얻는다. 하지만 착취가 진행될수록 노동자는 가난해진다. 그리고 노동자는 다른 한편에서 소비자인 까닭에 노동자의 소득 저하는 사회 전체의 소비 감소로 이어진다. 시장에서의 소비 감소는 자본가의 이익을 줄일 뿐만이 아니라 경기를 침체시키고 결국 공황을 발생시킨다. 즉, 자본가의 부를 위한 착취가 자본주의를 필연적으로 파멸시키는 것이다.

하지만 자본주의가 스스로 파멸할 때까지 기다리고 있을 수만은 없다. 자본주의가 존속하는 동안 이루어질 수많은 노동자의 희생을 방관하는 것은 도덕적이지 않다. 따라서 자본주의의 파멸을 인위적인 노력으로 앞당겨야 한다.

그래서 공산주의는 노동자들의 연대를 요청한다. 노동자들이 연대하여 폭력적 혁명을 통해 자본가를 몰아내야 한다. 여기서의 폭력은 부정적 용어가 아닌 긍정적인 용어로 사용된다. 이러한 긍정적인 폭력혁명을 통해 역사의 시곗바늘을 빠르게 돌리면, 언젠가는 필연적으로 도래할 이상적인 공산주의 사회를 조금 더 앞당길 수 있을 것이다.

공산주의는 자본주의의 미래를 필연적 붕괴라고 판단하고, 급진적 혁명을 통해서 사회주의 세계를 앞당기려 한다.

사회주의 경제체제 3 – 사회민주주의

사회민주주의는 자본주의가 유지될 것이라고 판단한다. 자본주의는 위기에 봉착했을 때 자신의 모습을 수정해나가는 유연한 체제다. 따라서 저돌적이고 섣부른 혁명은 명분을 얻을 수 없고, 사회 전체의 동의를 얻지 못할 것이다. 이러한 이유에서 급진적인 혁명보다는 점진적인 개혁을 이루어야 한다는 것이 사회민주주의자들의 생각이었다. 이들은 민주적인 선거를 통해 정권을 획득하는 평화적인 방법으로 사회주의 사회의 실현을 추구한다.

그래서 사회민주주의자들은 자본주의자들보다 공산주의자들로부터 더욱 크게 비난받았다. 마르크스주의자들은 사회민주주의자들을 '수정주의'라고 폄하했다. 수정주의라는 용어는 그 자체로 부정적으로 사용되었다. 변절자라는 어감이 담겨 있는 것이다. 공산주의자들은 사회민주주의자들이 자본가의 사상을 대변하는 기회주의자들이라고 평가했다.

하지만 러시아와 동유럽, 중국을 중심으로 강행된 공산주의 혁명은 우리가 익히 알고 있는 것처럼 만족스러운 결과를 보여주지 못했다. 대신 사회민주주의는 많은 유럽 국가에서 채택되어 지금까지 강력한 영향력을 행사하고 있다. 독일 사민당이 유럽 사민주의를 이끄는 강력한 구심점이 되고 있고, 영국의 노동당과 프랑스의 사회당 그리고 북유럽 국가들의 다양한 정당이 사민주의 이념을 추구하고 있다.

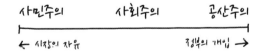

〈 사회주의 경제체제 〉

사민주의　　　　사회주의　　　　공산주의

← 시장의 자유　　　　　　　정부의 개입 →

지금까지 자유주의와 사회주의 이념을 기반으로 하는 여섯 가지의 경제체제들을 알아보았다. 경제체제는 정의관을 대변한다. 두 가지 정의관인 분배에서의 자유와 분배에서의 평등이 적절히 조율된 상태가 구체적인 하나의 경제체제로 드러나는 것이다.

　　그렇다면 우리가 물어야 하는 것은 이것이다. 어떤 경제체제가 가장 정의로운 사회를 구현하는가? 그리고 한국은 지금 어디에 위치하고 있으며, 어디로 나아가고 있는가?

　　이제 정의에 대한 논의는 윤리와 경제를 거쳐 정치로 나아간다. 단적으로 말해서 정치에서의 정의란 선택을 의미하고, 구체적으로는 경제체제의 선택을 뜻한다. 어떤 경제체제를 선택할 것인가, 이것이 정치적 정의 문제에서의 근본 물음이 된다.

　　그리고 정치적 선택은 보수와 진보로 드러난다. 우리는 정치적 선택으로서의 보수와 진보의 개념을 알아보고, 이를 기반으로 지금까지의 논의 전체를 종합해볼 것이다.

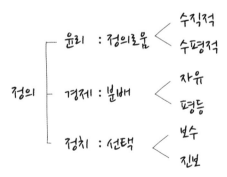

보수의 선택 vs 진보의 선택
정치에서의 정의

정의로운 사회란 무엇인가? 우리가 사회 정의를 말할 때, 일반적으로 떠올리는 것은 정치다. 정치는 사회 정의를 실현하는 가장 직접적인 방법으로 여겨진다. 이러한 생각은 타당하다. 왜냐하면 사회의 가장 첨예한 대립은 분배에서 발생하고, 분배 문제는 경제체제로 드러나며, 경제체제를 선택하는 것이 바로 정치이기 때문이다. 즉, 정치란 곧 분배 방식의 선택이다.

그리고 정치적 선택은 보수와 진보로 가시화된다. 민주주의 사회에서 시민들의 정의관은 하나로 조율되고, 결국 보수와 진보라는 하나의 방향성을 선택하게 한다.

보수와 진보라는 용어는 현실에서 매우 다양한 방식으로 사용되므로 쉽게 정의하기 어려워 보인다. 하지만 실제로는 그렇지 않다. 우리가 지금까지 이야기해온 '시장의 자유'와 '정부의 개입'이라는 상반된 방향성의 다른 이름이 보수와 진보다. 그래서 세금의 인하, 작은 정부, 자유주의, 성장, 자본가의 이익이라는 개념이 보수와 연결되고, 복지의 확대, 큰 정부, 사회주의, 분배, 노동자의 이익이라는 개념이 진보와 연결된다.

우리는 선택해야 한다. 정의로운 사회를 말이다. 다만 주의해야 할 점이 있다. 우리의 선택이 극단을 선택하는 것이 아니라는 점이다. 우리는 '궁극적인 끝'이 아니라 현재를 기준으로 '방향성'을 선택한다.

그리고 방향성을 선택하기 위해서는 우선 현재의 위치를 확인해야 한다. 그래서 질문은 둘로 나뉜다. 첫 번째 질문은 '우리는 지금 어디에 서 있는가?'이고, 두 번째 질문은 '우리는 이제 어느 방향을 선택할 것인가?'다.

질문 1 – 우리는 지금 어디에 서 있는가?

답부터 말하면 오늘날의 한국은 경제체제의 스펙트럼상에서 신자유주의에 위치해 있다. 이에 대한 근거는 세율에서 찾을 수 있다. 개별 국가들의 세율을 일괄 비교하는 것은 해당 국가의 정치, 사회적 상황이 복잡하고 다양한 까닭에 쉽지 않은 일이다. 다만 국가총생산 대비 차지하는 세금의 비율을 기준으로 대략적인 비교는 가능하다.

우선 초기 자본주의부터 공산주의까지의 경제체제들을 분배의 정도에 따라 배열해보자. 이렇게 배열된 체제들은 대략적으로 다음과 같은 세율을 갖는다.

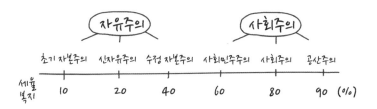

신자유주의를 추구하는 국가의 세율은 대략 20%대다. 이에 속하는 대표적인 국가는 미국, 일본, 한국이다. 수정 자본주의를 추구하는 국가는 이보다 높아져서 대략 40%대의 세금이 부과된다. 프랑스, 영국 등이 여기에 속한다. 다음으로 사민주의는 50~60%대의 세금이 부과된다. 북유럽 국가들이 여기에 해당한다.

이제 한국을 신자유주의 국가라고 부르는 이유를 이해할 수 있을 것 같다. 한국은 상대적으로 낮은 세율을 유지함으로써 낮은 복지 수준을 유지하고 있으며, 시장의 자유를 추구하고, 이를 통해 경제적 성장을 우선시하는 국가라고 하겠다. 이것이 현재 한국이 서 있는 위치다.

질문 2 – 우리는 이제 어느 방향을 선택할 것인가?

우리가 선택할 수 있는 방향으로서 보수와 진보가 의미하는 것은 그 끝으로서의 초기 자본주의와 공산주의가 아니다. 오늘날 극단적인 소수의 사람들을 제외하면 현 국사회에서 절내적으로 완벽한 초기 자본주의나 공산주의를 지지하는 사람은 없다.

시민들은 지금을 기준으로 어느 쪽으로 한발을 내디딜 것인가를 고민한다. 보수는 낮은 세율을 유지하고 있는 지금의 신자유주의 체제를 인정하고 이 상태를 지속하고자 한다. 진보는 현재의 낮은 세율에 문제가 있다고 판단하고, 수정 자본주의나 사회민주주의의 방향으로 나아가야 한다고 생각한다.

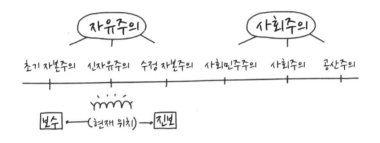

보수와 진보는 고리타분하고 모호한 개념이 아니다. 그것은 우리가 선택할 수 있는 선택지이며, 정의로운 사회를 실현할 수 있는 구체적인 방법이다. 명심해야 할 것은, 평생 한 가지의 정치적 성향만을 지지해야 하는 것이 아니라는 점이다. 평생 보수이고 평생 진보인 사람은 정치인밖에 없다. 시민은 자유롭다. 인생 속에서 변화하는 개인의 이익과 사회의 이익에 따라 순간순간 가장 적합한 선택을 하면 된다. 이제 미디어나 타인의 말, 혹은 고정관념에 휘둘리지 말고, 나와 사회의 이익을 대변할 정치적 입장을 선택할 때다.

다만 논의를 마무리하기에 앞서 주의해야 할 사항이 있다. 그것은 지금 이야기하고 있는 정치적 선택에 대한 논의에서 역사성이 배제되어 있다는 것이다. 우리가 이야기하지 않은 절반의 이야기가 있다. 정치적 선택에서 경제체제와 세금의 문제가 본질인 것은 사실이지만, 한국의 특수성을 고려할 때는 충분하지 않다. 한국의 근현대사에서 보수, 진보의 논쟁은 친일, 독재, 민주화, 이념 대립의 문제와 밀접하게 연결되어 있기 때문이다. 이 책에서는 보수, 진보 논의의 본질인 경제체제만을 다루었다.

시민은 여기에서 다룬 정치의 본질과 다루지 않은 근현대 역사를 함께 고려해서 정치적 선택을 해야 한다.

정의는 세 가지 측면으로 구분된다. 윤리, 경제, 정치적 측면이 그것이다.

　윤리적 측면에서의 정의는 '정의로움'을 의미한다. 정의로움에 대한 판단은 두 가지다. 어떤 사람은 수직적인 정의관을 갖는다. 노력한 사람과 노력하지 않은 사람은 다른 대우를 받아야 하고, 내 집단과 타자를 구분해서 차등적으로 보호하는 것이 정의롭다는 관점이다. 이에 반해 어떤 사람은 수평적인 정의관을 갖는다. 모든 사람이 최대한 동등한 권리를 갖고 평등해질 때 정의가 실현된다고 믿는 관점이다. 이들은 경제력, 인종, 성별, 지역에 따른 차별을 극복하고자 한다.

　경제적 측면에서의 정의는 '분배'를 의미한다. 분배로서의 정의는 사회적 생산물을 어떻게 나눌 것인지에 대한 문제로, 차등적 분배와 균등적 분배로 구분된다. 우선 차등적 분배는 사회적 기여, 노력, 능력 등 납득할 수 있는 기준을 고려해서 부를 분배하는 것이 정의라는 관점이다. 이러한 사고방식은 수직적 정의관에 부합하며, 자유주의적 방향성으로 드러난다. 이들은 분배에서의 '자유'를 추구한다. 다음으로 균등적 분배는 부의 차별적 분배를 제한하고 최대한 평등하게 분배하는 것이 정의라는 관점이다. 이러한 사고방식은 수평적 정의관에 부합하며, 사회주의적 방향성으로 드러난다. 이들은 분배에서의 '평등'을 추구한다.

특히 자유주의와 사회주의의 이념은 여섯 가지의 경제체제로 세분화된다. 자유주의 이념은 초기 자본주의, 수정 자본주의, 신자유주의로 구분된다. 사회주의 이념은 사회주의, 사회민주주의, 공산주의로 구분된다.

정치적 측면에서의 정의는 '선택'이다. 시민들은 정치적 선택을 통해 그 사회의 정의를 확정하고, 이것은 구체적인 경제체제로 드러난다. 시민들의 합리적 선택을 위해서는 우선 현재 한국의 위치가 확정되어야 한다. 그리고 세율을 고려할 때, 한국은 신자유주의에 속해 있다. 다음으로 현재의 위치를 기준으로 앞으로의 방향성을 선택해야 한다. 우리는 보수적 세계와 진보적 세계를 선택할 수 있다. 보수와 진보의 선택은 극단적인 끝을 고르는 것이 아니라, 현재를 기준으로 한발 더 나아갈 방향을 선택하는 것이다.

시민이 민주주의 사회에서 투표를 한다는 것은 특정 정치인에게 권력을 양도하는 문제가 아니다. 투표는 정치인이 아니라 정당을 결정하는 행위이고, 정당을 결정한다는 것은 보수와 진보라는 방향성 선택을 의미한다. 그리고 보수와 진보의 방향성을 선택한다는 것은 세계의 선택을 의미한다. 정치적 정의의 문제는 세계 선택의 문제로 귀결된다.

　우리는 지금까지 세금, 국가, 자유, 직업, 교육, 정의에 대해 알아보았다. 이것들은 시민으로서의 나를 중심으로 매우 가까이 놓여 있는 주제들이며, 나의 세계를 구성하는 대상들이다. 그리고 나의 세계는 두 가지의 방향성으로 나아간다.

　실현 가능한 두 가지 세계가 있다. 시장의 자유를 보장하는 세계와, 정부의 개입을 강조하는 세계. 현실 세계의 가장 근본적인 구분이다. 우선 세금은 두 가지 방향으로 나뉜다. 현재를 기준으로 세금과 복지를 낮추는 세계가 있고, 세금과 복지를 높이는 세계가 있다. 국가 역시 나뉘진다. 작은 정부를 추구하는 세계와 큰 정부를 추구하는 세계. 자유는 소극적 자유와 적극적 자유로 구분된다. 직업을 구분하는 기준은 생산수단의 소유 여부로, 생산수단을 소유하는 자본가로서의 직업군과 생산수단을 소유하지 못한 노동자로서의 직업군으로 구분되었다. 교육 문제의 해결에서도 일자리 확대를 통한 시장 자유적인 방안과 소득격차 완화를 통한 정부 주도적인 방안이 가능했다. 마지막으로 정의에 대한 두 가지 관점을 보았다. 수직적인 정의관을 토대로 한 차등적인 분배를 추구하는 사람들이 있다. 이들은 정치적으로 보수가 된다. 반면에 수평적인 정의관을 토대로 평등한 분배를 추구하는 사람들이 있다. 이들은 정치적으로 진보가 된다.

	세금	국가	자유	직업	교육	정의
A: 시장의 자유 :	세금, 복지 ↓	작은 정부	소극적 자유	자본가	일자리 확대	보수
B: 정부의 개입 :	세금, 복지 ↑	큰 정부	적극적 자유	노동자	소득격차 완화	진보

　이것이 시민이 살아가는 현실이다. 이제는 현실을 바탕으로 미래를 선택할 차례다.

미래

시민은 미래를 선택함으로써 오늘을 역사로 바꾼다
미래 사회를 판단하는 기준

시민은 떠나며 이렇게 말했다.

"저는 떠나지만 비서실장님은 지금처럼 계속 걸어가시길 바랍니다. 우리가 해야 하는 건 두 가지입니다. 나를 바꾸는 것과, 세상을 바꾸는 것. 우선 나를 바꿔야 합니다. 나의 일에 열정을 쏟아붓고, 사람들과 경쟁하고, 사랑하는 사람들을 돌보면서 그렇게 건강하게 나아가야 합니다. 다음으로 세상을 바꿔야 합니다. 하나의 경제체제를 선택하고, 이를 반영하는 하나의 정당을 지지해야 합니다. 나의 이익을 대변해주는 정당을. 신문을 접고, 티브이를 끄고, 타인의 말에 휩쓸리지 말고. 나의 현실을 직시한 후에 정말 나에게 이익이 되는 세계가 무엇인지 현명하게 판단해야 합니다.

세계를 복잡하게 이해하려다 지치지 말고, 세계를 관통하는 단순함에 집중해야 합니다. 내일의 세계를 시장의 자유로 나아가게 할 것인가, 정부의 개입으로 나아가게 할 것인가. 시민 각자가 현명하게 나의 이익에 따라 선택을 할 때, 그 선택은 사회 전체를 살 만한 사회로 만들 것입니다.

그렇게 해야 하고, 그렇게 하게 될 것입니다. 왜냐하면 시민은 세상의 주인이고, 역사의 끝이며, 그 자체로 자유이기 때문입니다."

부서진 바퀴 아래에 고임돌을 단단히 댔다. 앞치마에 묻은 흙을 털어냈다. 비서실장은 기분이 좋아졌다. 포장마차의 정돈이 끝나고 빗자루로 골목을 쓸 때가 되어서는 푸른 새벽빛으로 하늘이 열리고 있었다. 숨을 들이쉬자 신선한 공기가 가슴을 가득 채웠다. 오늘은 좋은 일이 있을 것만 같았다.

시민은 언제나 역사의 끝에 서 있다. 미래를 선택함으로써 오늘을 역사로 바꾸는 권한과 의무는 시민에게 있다. 근현대 사회에서 시민은 다양한 국가와 사회 안에서 시장의 자유와 정부의 개입에 대한 선택을 진행해왔다. 오늘날의 한국도 마찬가지다. 개인과 전체의 이익을 극대화하는 방향으로 미래를 선택해야 할 시점에 놓여 있다.

미래를 합리적으로 선택하기 위해서는 국내와 세계의 상황을 참고할 필요가 있다. 우리가 국내외의 상황을 이해하는 데 참고하려는 지표는 '화폐'와 '인구'다.

우선 화폐를 통해 오늘날의 국가들이 경제적으로 어떤 관계에 놓여 있는지 알아볼 것이다. 다음으로 인구를 통해 국내의 경제와 사회가 어떤 모습으로 변해갈 것인지를 생각해보려고 한다.

- 국제사회 판단 기준 : 화폐

- 국내사회 판단 기준 : 인구

　우리가 마지막에 이르러 화폐와 인구를 확인하는 이유가 있다. 그것은 미래사회의 거시적인 흐름이 이 두 개념의 영향을 받기 때문이다. 우리는 화폐와 인구를 기준으로 앞으로의 큰 흐름을 확인하고, 이를 통해 한국사회가 어떠한 방향으로 나아가야 할지를 최종적으로 선택하게 될 것이다.

세계의 미래를 이해하기 위하여
국제사회: 화폐

국제사회는 정치, 군사, 문화, 종교 등의 다양한 분야들이 복잡하게 얽혀 있다. 이러한 이유로 세계의 미래를 타당하게 그려본다는 것은 거의 불가능에 가깝다. 다만 화폐는 다른 지표들에 비해 그나마 가시적이고 직접적인 예측을 가능하게 한다.

화폐가 중요하게 다뤄져야 하는 것은 이것이 부의 문제와 직결되어 있기 때문이다. 일반적으로는 부의 문제에서 화폐보다는 노동과 자본이 더 중요하게 다뤄진다. 쉽게 말해서 열심히 노동하고, 자본을 잘 투자하면 부유해질 수 있다고 생각하는 것이다. 하지만 개별 국가를 넘어 국가 간의 문제로 확대되면 노동과 자본에 못지않게 중요한 역할을 수행하는 요인이 화폐라는 것을 알게 된다. 화폐를 잘 이용하면 국가가 부유해질 수 있지만, 그러지 못하면 어려운 환경에 처할 수 있다.

우리의 목표는 이것이다. 국가 간의 부의 문제가 결국 화폐에 의해 결정됨을 이해하는 것. 이를 위해 네 단계를 거친다. 첫째, 경제의 거시적 순환부터 확인한다. 경제는 인플레이션과 디플레이션으로 순환함을 이해하게 된다. 둘째, 인플레이션과 디플레이션의 원인과 결과를 살펴본다. 셋째, 이를 통제하기 위한 정부의 정책으로서 금리와 통화량 정책을 알아본다. 넷째, 이러한 정책이 국제사회의 화폐가치에 미치는 영향을 확인한다. 이 과정을 거친 후에는 미국의 양적 완화, 중국의 위안화 절하, 일본의 엔저 정책 등 왜 세계 각국이 자국 화폐의 가치를 낮추기 위해 경쟁할 수밖에 없는지를 간결하게 이해하게 될 것이다.

1. 경제의 순환
2. 인플레이션과 디플레이션
3. 정부 정책 : 금리와 통화량
4. 국제사회에서의 화폐의 가치

경제의 순환

앞으로의 경제에 대해서는 항상 두 가지 견해가 있다. 우선 낙관적인 경제 전문가들이 있다. 현재 위태로워 보이는 경제 상황은 일시적인 현상일 뿐, 장기적인 측면에서는 경제가 지속적으로 성장할 것이라고 믿는 사람들이다. 다음으로 비관적인 경제 전문가들이 있다. 현재 위태로워 보이는 경제 상황은 장기적인 불황의 징후로, 이에 대비해야 한다고 보는 사람들이다. 일반적으로는 낙관적인 경제 전문가들이 더 많은 편이다. 그래서 비관적인 소수의 전문가들을 '닥터 둠(Dr. Doom)' 이라고 불러 구분하기도 한다.

시민은 둘 사이에서 혼란스럽다. 안 그래도 무슨 말을 하는지 이해하기 힘든 것이 경제인데 전문가들마다 견해가 상반되니, 미래를 대비한다는 것이 합리적 추론의 문제라기보다는 일종의 믿음의 영역이 되어버렸다. 그런데 어쩌면 낙관적 견해와 비관적 견해가 모두 맞는 것일지도 모른다. 그리고 실제로 그러하다. 근대 산업화 이후 자본주의 경제체제는 호황과 불황의 경기순환을 반복해왔다.

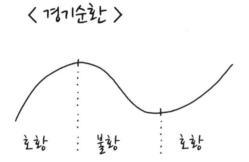

< 경기순환 >

호황 ┊ 불황 ┊ 호황

경기가 호황인지 불황인지를 가늠하는 기준은 생산, 고용, 소득, 물가수준 등이다. 하지만 어떤 지표가 중요하고 어떤 지표가 중요하지 않은지에 대한 일관된 합의는 없다. 다만 학자나 전문가마다 평가 지표가 다르다고는 해도, 거시적인 측면에서 경기가 순환한다는 관점은 현대 경제학에서 일반적으로 받아들여지고 있는 전제다.

이러한 경기순환의 관점은 현대인에게 매우 익숙하고 상식적이지만, 역사적으로 볼 때 반드시 그러했던 것만은 아니다. 마르크스는 자본주의가 필연적으로 붕괴할 것이라고 예언했다. 그것은 자본주의의 태생적인 한계 때문이다. 자본주의는 대량생산을 기반으로 하는데, 대량생산은 공급과잉을 발생시키고, 자본가의 이익을 감소시킨다. 자본가는 이익을 보전하기 위해 노동자를 더욱 착취하게 되는데, 이것은 사회 전체의 소비력을 감소시켜 자본가가 파산하는 원인이 된다. 자본주의는 필연적으로 공황으로 귀결될 수밖에 없다는 것이 마르크스의 생각이었다.

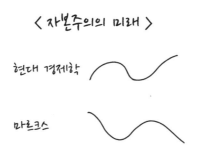

〈 자본주의의 미래 〉

현대 경제학

마르크스

세 가지 종류의 미래가 가능하다. 첫째, 경기가 순환하며 점진적으로 호황으로 간다는 견해. 둘째, 경기가 순환하며 점진적으로 불황으로 간다는 견해. 셋째, 경기가 순환하는 것 같지만 결국 자본주의는 완전히 붕괴할 것이라는 견해. 미래는 경험해보지 않았으므로 예측은 언제나 지나간 과거만을 참고할 수밖에 없다. 하지만 과거의 경험이 미래를 필연적으로 귀결시키는 것은 아니라고 할 때, 세 가지 입장 중에서 무엇이 옳은지를 판단하는 것은 논리적인 추론이라기보다는 논박할 수 없는 개인의 믿음이나 세계관에 가깝다. 당신은 어떤 세계관을 갖고 있는가? 미래는 어떻게 될 것이라고 생각하는가?

인플레이션과 디플레이션

궁극적으로 호황이 될지, 불황이 될지, 파멸이 될지 알 수 없지만, 단기적으로는 인플레이션과 디플레이션이 반복된다. 인플레이션과 디플레이션은 물가와 연결된 개념이다. 인플레이션은 물가의 점진적인 상승을 의미하고, 디플레이션은 물가의 점진적인 하락을 의미한다.

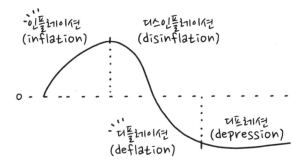

그런데 물가 하락이 무조건 디플레이션을 의미하는 건 아니다. 기존에 인플레이션이 급하게 이루어졌고 이것이 정상화되는 과정에 있다면, 이러한 상태는 디플레이션이 아니라 디스인플레이션이라고 한다. 디스인플레이션을 넘어서 물가가 마이너스가 되기 시작하면 이를 디플레이션이라고 한다. 그리고 이러한 상태가 장기간 지속되어서 결국 극단적으로 경기가 불황에 머무르는 상태를 '불경기'라는 뜻으로 디프레션이라고 한다.

예를 들어보자. 아메리카노는 5,000원이다. 그런데 한 달 후에 가격이 6,000원이 되었다. 이것이 인플레이션이다. 그리고 다시 한 달 후에는 5,000원으로 가격이 회복되었다. 이러한 회복 과정을 디스인플레이션이라고 한다. 그런데 가격이 계속 내려가서 4,000원이 되었다. 이것이 디플레이션이다. 그리고 이렇게 가격이 낮은 상태가 지속적으로 유지될 때 이를 디프레션이라고 한다.

다만 실제 경제 현실에서는 어디부터가 인플레이션이고 어디까지가 디플레이션인지를 명확하게 규정하기 어렵고, 보편적인 합의도 없다. 개별 국가의 역사적, 경제적 측면을 고려해서 유동적으로 판단해야 한다.

그럼 인플레이션과 디플레이션은 왜 발생하는 것일까? 세 가지 원인이 있다. 수요와 공급의 관계, 생산비용의 변화, 통화량이 그것이다.

< 인플레이션과 디플레이션의 발생 원인 >

1. 수요와 공급의 관계

2. 생산비용의 인상과 인하

3. 통화량

첫 번째로 수요와 공급의 관계가 인플레이션과 디플레이션을 발생시킨다. 물가와 연결해볼 때, 이것은 매우 상식적이다. 우선 수요가 늘어나면 상품과 서비스의 가격은 올라갈 수밖에 없다. 인플레이션이 발생하는 것이다. 사고자 하는 사람들은 많고 시장에 공급되는 상품이 적으니 사람들이 더 많은 돈을 주고서라도 상품을 구입하기 때문이다. 공급량은 제한되어 있으나 수요가 크게 늘어날 때, 혹은 수요량은 제한되어 있으나 공급량이 크게 줄어들 때, 인플레이션이 발생한다.

다음으로 공급이 늘어나면 상품과 서비스의 가격은 낮아질 수밖에 없다. 디플레이션이 발생하는 것이다. 시장에 공급되는 상품은 남아돌지만 이것을 구매하려는 사람은 없으니 상품의 가격이 낮아진다. 수요는 일정하지만 공급량이 늘어날 때, 혹은 공급량은 일정하지만 수요가 줄어들 때, 디플레이션 압력이 생긴다.

이 중에서 마지막에 말한 디플레이션의 원인, 즉 수요 감소로 인한 디플레이션은 기억해두어야 한다. 왜냐하면 앞으로의 한국사회가 직면한 문제이기 때문이다. 인구의 감소가 총수요량을 낮출 것이기 때문에 한국은 디플레이션의 압력에 직면해 있다. 이에 대해서는 뒤에 나올 인구 부분에서 자세히 다룰 것이다.

1. 수요와 공급의 관계

· 수요 > 공급 → 물가 상승 = 인플레이션

· 수요 < 공급 → 물가 하락 = 디플레이션

두 번째로 생산비용의 변화가 인플레이션과 디플레이션을 발생시킨다. 우선 생산비용이 증가할 때가 있다. 석유, 전기 등 생산에 필요한 기초적인 재료들의 원가가 높아지는 경우다. 그러면 시장에 있는 대부분의 상품 가격은 오를 수밖에 없다. 이를 '비용인상 인플레이션'이라고 한다. 비용인상 인플레이션은 주로 기초적인 원자재의 가격이 상승할 때 발생하고, 사회 전체적으로 너무 강경한 노조에 의해 임금 인상의 압력이 심화될 때 나타나기도 한다.

반대로 생산비용이 낮아질 때는 디플레이션이 발생한다. 기술의 혁신으로 사회 전체의 생산비용이 감소하는 경우다. 철도나 비행기가 발명되어 물류비가 혁신적으로 감소하는 등의 사회 변화가 이루어질 때가 여기에 해당한다. 시장에 있는 대부분의 상품 가격은 내려간다. 이를 '기술발전 디플레이션'이라고 한다.

일반적으로 비용인상 인플레이션은 부정적으로, 기술발전 디플레이션은 긍정적으로 평가된다. 왜냐하면 비용인상 인플레이션은 물가를 상승시키는 동시에 생산성을 악화시켜 경기침체의 원인이 되기 때문이다. 반면 기술발전 디플레이션은 물가를 하락시키는 동시에 생산비용도 그만큼 줄여서 생산자와 소비자 모두에게 이익을 준다. 사실 이두 가지는 그다지 사회적 논란을 일으키지 않는다. 그렇게 자주 발생하는 문제가 아닐뿐더러, 긍정적 측면과 부정적 측면이 너무나 선명하기 때문이다. 사회를 구성하는 개인과 기업은 생산비용의 인상을 막기 위해 고민하고, 기술발전을 통한 생산성 향상을 위해 힘을 모은다.

2. 생산비용의 인상과 인하

- 생산비용 ↑ : 비용인상 인플레이션 = 부정적

- 생산비용 ↓ : 기술발전 디플레이션 = 긍정적

세 번째 원인은 통화량과 관계가 있다. 우리가 주목하려는 사항은 이것이다. 통화란 '유통화폐(流通貨幣)'의 줄임말로, 쉽게 말해서 시장에서 움직이고 있는 돈을 말한다.

돈 역시 다른 상품과 마찬가지여서, 수요와 공급의 법칙에 따라 그 가치가 결정된다. 즉, 시장에 통화량이 많아져서 돈이 너무 흔해지면 가치가 낮아지고, 반대로 시장에 통화량이 적어져서 돈이 너무 희소해지면 가치가 높아진다.

그런데 가치는 항상 상대적이어서, 돈의 가치가 낮아지고 높아짐에 따라 상품의 가치는 반대로 움직인다. 즉, 통화량이 너무 많아져서 돈의 가치가 낮아지면 그에 대응하는 상품의 가치는 높아진다. 여기서 상품의 가치가 높아진다는 것은 상품 가격의 상승으로 나타나고, 결과적으로 인플레이션이 발생한 효과를 가져온다.

반대도 마찬가지다. 통화량이 너무 적어져서 돈의 가치가 높아지면 그에 대응하는 상품의 가치는 낮아진다. 상품의 가치가 낮아진다는 것은 상품 가격이 낮아지는 것이고, 결과적으로 디플레이션이 발생한 효과를 가져온다.

3. 통화량

- 통화량↑ : 돈의 가치↓ → 물가 상승 효과 (인플레이션)

- 통화량↓ : 돈의 가치↑ → 물가 하락 효과 (디플레이션)

    인플레이션, 디플레이션이 통화량과 맺고 있는 관계는 매우 중요하다. 개별 국가는 통화량을 통해 국내외의 경제적 관계를 조율한다. 이에 대해서 조금 더 자세히 알아보자.

인플레이션과 디플레이션이 통화량과 맺는 관계

통화량이 미치는 영향에 대해서 이해하기 위해 가상의 사회P를 생각해보자. 사회P의 시장에서 생산되는 상품 전체는 아메리카노 두 개다. 화폐는 천 원짜리 10장이 돌아다니고 있다. 그래서 아메리카노 가격은 한 개당 5천 원이 된다.

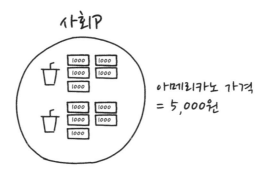

여기에 정부가 인위적으로 천 원짜리 두 장을 시장에 풀었다. 그러면 어떻게 되는가? 화폐가 많아졌다. 통화량이 팽창한 것이다. 남아도는 2천 원은 각각 아메리카노를 사는 데 포함된다. 아메리카노는 이제 한 개당 6천 원이 된다. 이 상황을 상품의 입장과 화폐의 입장으로 나누어 생각해보자.

우선 상품인 아메리카노의 입장에서는 가격이 어떻게 되었는가? 상승했다. 물가가 20% 오른 효과가 발생한 것이다. 인플레이션 현상이다. 다음으로 화폐의 입장에서는 어떻게 되었는가? 전체적인 측면에서는 통화량이 증가하여 유동성이 늘어났지만, 천 원짜리 한 장의 입장에서는 가치가 낮아진 것이다. 왜냐하면 예전에는 5장에 살 수 있던 아메리카노를 6장이나 줘야 살 수 있기 때문이다. 즉, 인플레이션은 통화 팽창, 화폐가치 하락, 물가 상승과 연결되어 있다.

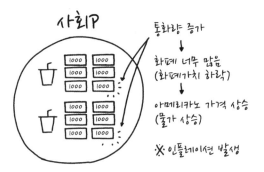

이번에는 반대로 사회P의 정부가 천 원짜리 두 장을 인위적으로 거둬들였다고 생각해보자. 그러면 화폐가 너무 부족해진다. 통화량이

수축하는 것이다. 이제 아메리카노의 가격은 4천 원이 된다. 이 상황 역시 상품과 화폐의 입장으로 나누어 생각해보자.

상품인 아메리카노의 입장에서 가격은 하락한다. 물가가 20% 하락한 것이다. 디플레이션 현상이다. 화폐의 입장에서는 전체적으로 통화량이 감소해서 유동성이 줄어들었고, 천 원짜리 한 장의 입장에서는 가치가 높아졌다. 즉, 디플레이션은 통화 수축, 화폐가치 상승, 물가 하락과 연결되어 있다.

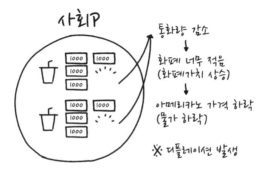

드디어 인플레이션과 디플레이션을 이해했다. 이를 실제 현실에 적용해보자. 많은 사람이 관심을 가지고 있는 투자수익은 인플레이션과 디플레이션의 직접적인 영향을 받는다.

지금이 인플레이션이 진행되는 시기라면, 개인은 어디에 투자해야 할까? 일단 현금을 쥐고 있으면 어떤가? 안 된다. 시간이 지나면 지날수록 내 돈의 가치는 낮아진다. 나는 아무것도 하지 않았지만, 내 시간과 노력을 투자해서 얻은 돈의 가치가 줄어들 것이다. 생각보다 이

속도는 매우 빠르다. 은행 예금도 좋지 않다. 예금 이자가 붙기는 하겠지만, 물가 상승과 화폐가치 하락을 따라갈 수는 없다. 나는 계속 손해를 볼 것이다. 이런 이유로 사람들은 좀처럼 가치가 하락하지 않는 부동산이나 금, 기업 등에 투자하게 된다. 인플레이션 시대에는 예금자가 줄어들고 부동산이나 금, 주식의 가격이 상승하는 것이다. 그래서 인플레이션이 계속될 경우 부동산이나 주식에 거품이 낄 가능성이 높아진다.

그럼 지금이 디플레이션이 진행되는 시기라면, 개인은 어디에 투자해야 할까? 현금을 쥐고 있는 건 어떤가? 괜찮다. 시간이 지날수록 내 돈의 가치는 높아진다. 나는 아무것도 하지 않지만, 돈의 가치가 스스로 증식할 것이다. 은행 예금도 괜찮다. 이자가 낮더라도 돈의 가치는 올라서 나의 이익이 증가할 것이기 때문이다. 나는 계속 이익을 볼 것이다. 반대로 부동산, 금, 주식에 대한 투자는 줄어든다. 왜냐하면 돈에 비해 상품의 가치가 계속 낮아지므로 사람들은 소비와 투자를 최대한 늦출 것이기 때문이다. 오늘 사면, 무엇이 되었든 항상 내일보다 비싸다. 오늘은 참고 내일 소비하는 게 이득이다. 이러한 소비의 지연은 부동산, 금, 주식에 대한 가격을 지속적으로 낮춘다. 그래서 디플레이션은 인플레이션보다 매우 위험하다. 소비 감소로 인한 경기침체, 부동산과 주식 시장의 붕괴를 초래할 수 있기 때문이다.

정리해보자. 통화량이 중요하다. 통화량이 팽창하면 화폐가치가 낮아지고 상품의 가치와 물가가 상승하여 인플레이션이 발생한다. 반대로 통화량이 수축하면 화폐가치가 높아지고 상품의 가치와 물가가 하락하여 디플레이션이 발생한다. 인플레이션과 디플레이션의 시기에 따라 개인과 기업의 소비 및 생산 그리고 투자 방식이 달라진다.

정부의 통화량 정책

그래서 각국의 정부는 통화량을 조절함으로써 경제 환경을 조율하려고 한다. 인플레이션이 과도한 시기에는 통화량을 줄여 물가를 낮춘다. 반대로 디플레이션의 압력이 생겼을 때는 통화량을 늘려 물가를 높인다. 정부가 시장을 통제할 수 있는 강력한 무기가 바로 통화량 조절이다.

그렇다면 통화량은 어떻게 조절할 수 있을까? 두 가지 방법을 동해서다. 화폐를 직접 찍어내는 방법과 금리를 이용하는 방법.

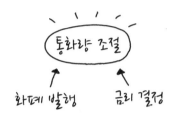

< 정부의 시장 조율 방법 >

통화량 조절

화폐 발행   금리 결정

화폐를 발행하는 방법은 쉽게 이해할 수 있을 것 같다. 그런데 금리를 이용해서 어떻게 통화량을 조절할 수 있을까? 금리에 대해서 잠시 알아보자.

중앙은행은 매달 기준금리를 발표한다. 기준금리란 금융기관 간에 거래를 할 때 기준이 되는 금리를 말한다. 쉽게 이야기하면, 한국은행이 기준금리를 2%로 발표하면 시중은행은 이를 기준으로 예금이자와 대출이자를 결정한다. 기준금리가 낮아지면 시중은행의 금리도 낮아지고, 반대로 기준금리가 높아지면 시중은행의 금리도 높아진다.

정부는 금리를 통해 통화량을 조절할 수 있다. 우선 금리가 낮아지면 어떤 일이 발생할까? 극단적인 예를 들어보자. 사회Q는 10%였던 기준금리를 2%로 급격하게 내렸다. 시중은행은 이를 기준으로 예금이자와 대출이자를 낮출 것이다. 예금을 해서 이자 수익을 얻고 있던 개인과 기업은 어떻게 될까? 예금으로는 더 이상 이익을 얻을 수 없으므로 은행에서 돈을 찾아 다른 곳에 투자할 것이다. 그리고 대출이자가 낮으므로 은행에서 돈을 빌려 다른 곳에 투자하려는 개인과 기업이 늘어날 것이다. 즉, 시장에 돈이 풀린다. 통화량이 증가하는 효과가 발생한다.

- 금리 인하 → 예금↓, 대출↑ → 통화량 증가

- 금리 인상 → 예금↑, 대출↓ → 통화량 감소

반대로 2%였던 금리를 10%로 올리면 시장에 풀렸던 돈은 은행으로 모이게 된다. 수익이 크지만 리스크도 컸던 주식이나 부동산에서 돈이 빠져나와 안전한 예금으로 들어간다. 그리고 낮은 이자를 이용해서 대출을 받아 투자하던 개인과 기업은 높은 이자가 부담스러워 은행에 돌려준다. 즉, 시장에서 돈이 회수된다. 통화량이 감소하는 효과가 발생한다.

정부는 화폐 발행과 금리 조절을 통해 통화량을 조절한다. 그리고 통화량은 시장을 조율하는 수단이 된다. 우선 시장에 인플레이션이 발생하면 정부는 화폐 발행을 멈추고 기준금리를 높인다. 그러면 시장에서 돈이 빠져나간다. 화폐의 가치가 높아지고 물가 상승이 억제된다.
다음으로 시장에 디플레이션이 발생하면 정부는 화폐를 발행하고 기준금리를 낮춘다. 그러면 시장에 돈이 풀린다. 화폐의 가치가 낮아지고 물가 하락이 멈춘다.

〈정부의 시장 조율〉

- 인플레이션 발생 : 금리 ↑, 화폐 발행 ↓
    통화량 ↓ → 화폐가치 ↑ → 물가 하락 유도

- 디플레이션 발생 : 금리 ↓, 화폐 발행 ↑
    통화량 ↑ → 화폐가치 ↓ → 물가 상승 유도

인플레이션과 디플레이션의 장단점

지금까지 인플레이션과 디플레이션의 개념과 발생 원인, 통화량과의 관계, 정부의 통화 정책에 대해서 알아보았다. 이제 판단해볼 차례다. 물가가 상승하는 인플레이션이 좋은 걸까, 아니면 물가가 하락하는 디플레이션이 좋은 걸까? 답부터 말하자면, 궁극적으로 좋고 나쁜 것은 없다. 적정한 수준을 유지해야 하는데, 문제는 적정한 수준이 무엇인가에 대한 견해가 사람마다 다르다는 점이다.

단순하게 생각하면 인플레이션은 부정적으로 보인다. 물가가 상승하면 서민들의 부담이 커지기 때문이다. 실제로 그렇다. 개인은 소비자의 측면과 노동자의 측면을 갖는다. 어떤 측면이 되었거나 개인은 인플레이션으로 손해를 본다. 우선 소비자의 측면에서는 물가가 높아지면 현재 소유한 돈으로 구입할 수 있는 상품의 양이 줄어든다. 다음으로 노동자의 측면에서는 실질임금이 감소하는 결과를 가져온다.

물론 매년 물가 상승을 고려한 임금 인상이 있겠지만, 현실적으로 임금 인상은 인플레이션을 따라가지 못한다. 예를 들면 물가상승률이 4%라고 할 때, 임금 인상은 3%에 머무는 식이다. 이것은 내 월급이 3% 오른 것이 아니라, 실제로는 1% 낮아진 것이다. 일반적으로 인플레이션은 서민에게 부정적인 측면이 강하다.

반면 자본가나 수출 중심의 대기업에는 인플레이션이 상대적으로 이익이 된다. 물론 물가 상승은 원재료 비용을 상승시켜서 생산자의 부담을 증가시킨다. 하지만 다음의 두 가지 이유가 실제로 이익을 발생시킨다. 첫째는 부동산 등의 자산 가격과 기업의 주가를 상승시킨다. 둘째는 화폐가치의 하락과 환율의 상승으로 수출에 도움이 된다.

한국은 이 중 두 번째 부분, 환율을 이용한 수출의 활성화를 중요하게 생각해왔다. 수출 주도의 빠른 경제성장을 이룩하는 데 통화량 조절을 통한 환율 정책이 도움이 되었던 것이다. 이에 대한 지속적인 비판이 있어왔다. 특히 최근에는 세계적으로 저성장과 저소비, 높은 실업률이 일반적인 현상이 되었다. 이를 '뉴 노멀(New Normal)'의 시대라고도 하는데, 이러한 세계적 분위기를 고려하지 않고 단순히 수출 활성화를 위해 인플레이션 정책을 추진하는 것은 문제가 있다는 비판이었다.

도대체 통화량과 환율 그리고 수출이 어떤 관계가 있기에 이에 대한 논쟁이 계속되는 것일까? 그 관계를 간단하게 이헤헤보자.

통화량과 환율 그리고 국제 관계

국가 간의 통화 교환 비율을 환율이라고 한다. 환율에 대해 헷갈리는 사람이 많은데, 쉽게 생각해서 다른 나라 통화 대비 '자국 통화의 가격'이다. 자국 통화의 가격. 그러니까 환율이 변한다는 것은 우리나라 통화 가격이 변한다는 것으로 생각하면 쉽다.

응용해보자. '환율이 올랐다'라는 말이 의미하는 것은 무엇인가? 우리 돈의 비율이 올랐다는 것이다. 타국의 통화 대비 원화가 1,000원이었다면 지금은 1,100원이나 1,200원이 되었다는 말이다. '환율이 내렸다'라는 말은 그 반대다. 원화가 900원, 800원이 되었다는 말이다.

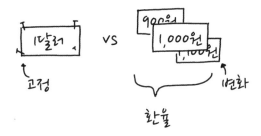

그렇다면 환율은 왜 오르거나 내릴까? 그것은 통화의 가치가 낮아지거나 높아지기 때문이다. 예를 들어보자. 한국 경제가 건실해지면서 안정적인 국가 이미지를 갖게 되었다. 도저히 망할 일이 없다. 그렇다면 한국 화폐의 가치는 높아질 것이다. 오래 가지고 있어도 휴지 조각이 될 일이 없으므로 사람들이 화폐를 쥐고 있으려고 할 테니까 말이다. 자국의 통화가치가 높아진다. 그럼 이제 뭐가 어떻게 되나? 예전에는 미국에 가면 5달러짜리 아메리카노를 5천 원에 살 수 있었는데, 이제는 4천 원에 살 수 있다. 좋은 세상이다. 이것은 1달러를 800원에 산 꼴이다. 즉, 환율은 800원으로 낮아졌다.

반대로 한국 경제가 엉망이다. 당장 내일 망할 것처럼 위태로운 국가 이미지를 갖게 되었다. 그렇다면 한국 화폐의 가치는 낮아질 것이다. 자국의 통화가치가 낮아지니, 5달러짜리 아메리카노를 사려면 6천 원을 지불해야 한다. 이것은 1달러를 1,200원에 산 꼴이다. 즉, 환율은 1,200원으로 높아졌다.

통화의 가치와 환율은 반대로 움직인다. 통화가치가 낮아지면 환율은 오르고, 통화가치가 높아지면 환율은 내린다고 기억하자.

< 통화가치와 환율의 관계 >

┌ 통화가치↓ → 환율↑
└ 통화가치↑ → 환율↓

통화가치를 결정하는 주요 요인은 해당 국가의 안정성이다. 경제적으로 건실하고 정치적으로 안정된 국가라면 그 국가의 통화는 신뢰를 얻을 것이고, 수요자가 많아짐에 따라 가치가 높아질 것이다. 그럼 좋은 일이다. 우리 통화의 가치가 높으니 상대적으로 나른 나라의 상품 가격이 저렴해지는 것이다. 우리는 싼값에 해외여행도 즐길 수 있고,

여행 간 나라의 제품도 싸게 살 수 있다.

그래서 이게 문제다. 통화가치가 높아지고 환율이 낮아지면 좋긴 하지만, 실제로는 수입량이 늘고 수출량은 줄어든다는 문제가 발생한다. 다른 나라 사람들의 입장에서도 마찬가지다. 우리나라의 제품이 비싸져서 매력도가 떨어진다. 그들은 비슷한 품질의 더 저렴한 다른 나라 제품을 구입할 것이다.

이러한 문제 때문에 많은 국가는 통화가치가 낮게 평가되길, 다시 말해서 자국의 환율이 높아지길 기대한다. 그래야 수입보다 수출이 많아져서 경상수지가 흑자가 되고 국민소득이 증가하니까 말이다. 그렇다면 어떻게 통화가치를 억지로 낮춰서 환율을 높일 수 있을까?

이에 대해서는 앞서 알아보았다. 통화량의 가치를 낮추려면 통화량을 늘리면 된다. 그렇다면 통화량은 어떻게 늘리는가? 정부가 통화를 발행하고 금리를 조절하면 된다.

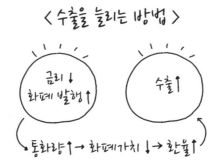

< 수출을 늘리는 방법 >

금리↓
화폐 발행↑

수출↑

통화량↑ → 화폐가치↓ → 환율↑

즉, 이런 방법을 사용하면 쉽게 수출을 늘려 국민소득을 증가시킬수 있다. 먼저 정부가 금리를 낮추고 화폐 발행을 늘린다. 그러면 시장에 통화량이 늘어난다. 통화량이 늘어나면 통화가치는 낮아진다. 통화가치가 낮아지면 환율이 높아진다. 환율이 높아지면 수입 가격은 비싸지고 수출 가격은 싸진다. 따라서 수입이 줄고 수출이 늘어난다. 경상수지가 흑자로 전환된다. 국민들의 소득이 높아진다.

예를 들어 구체적으로 이해해보자. 국가A는 달러를 사용하고, 국가B는 원화를 사용한다. 현재의 환율은 달러당 천 원이다. 두 국가의 아메리카노의 질은 동일하고, 가격은 각각 5달러와 5,000원이다. a씨와 b씨는 친구인데, 각자 국적이 A와 B다. 둘은 각각 5달러와 5,000원을 가지고 있다. 이들이 커피를 사 온다면 어디에서 사 올까? 별다른 이유가 없다면 자국에서 사 올 것이다. a씨는 국가A에서, b씨는 국가B에서 커피를 사 와서 같이 마신다.

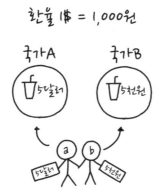

그런데 국가A가 자국의 경기침체를 우려해서 인플레이션 정책을 추진했다. 화폐를 찍어내고 금리를 낮추기 시작한 것이다. 통화량이 증가해서 달러화의 가치가 하락했다. 환율이 변화했다. 상대적으로 원화의 가치가 높아졌고, 이에 따라 원화의 환율은 낮아졌다. 이제 환율은 달러당 800원이다. a씨와 b씨는 아메리카노를 사 오기로 했다.

우선 a씨의 상황부터 보자. a씨는 국가B에 가서 아메리카노를 사지 못한다. a씨가 가진 5달러를 환전할 경우 4,000원밖에 되지 않기 때문이다. a씨는 자국에서 구입한다. b씨는 어떻게 할까? 자국인 국가B에서 구입할 수도 있지만, 다른 선택이 더 있다. 국가A에 가서 지금 가지고 있는 5,000원을 달러로 환전하면 6.25달러를 받을 수 있다. 그러면 아메리카노를 구입하고도 1.25달러가 남는다. 즉, 4,000원으로 아메리카노를 사 먹는 것이 된다. b도 국가A에서 구입한다. 국가A는 수출량이 늘어난다. 국가B는 어떻게 될까? 전반적으로 수출이 감소할 것이다. 반대로 수입은 크게 증가할 것이다.

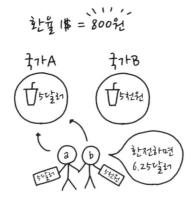

그래서 국가B도 강력한 인플레이션 정책을 펼치기로 했다. 막대한 양의 통화를 찍어내고 금리를 최대한 낮췄다. 원화의 가치가 폭락했고 환율은 큰 폭으로 올랐다. 결국 달러당 환율은 1,200원까지 오르게 되었다. 그러면 이제 반대의 상황이 발생한다. b씨는 자국에서 소비할 것이고, a씨는 5달러를 6,000원으로 환전해서 국가B에서 상품을 구매할 것이다. 국가B의 수출은 증가하고 수입은 감소할 것이다. 수출 중심의 기업들은 이익을 얻고 성장할 수 있을 것이다.

물론 국가B에 긍정적인 측면만 발생한 것은 아니다. 시장에 통화량이 늘면서 부동산과 주식 버블을 형성했을 가능성이 높다. 물가가 빠르게 상승했을 것이고, 근로자의 실질임금은 감소했을 것이다. 이로 인해서 서민들의 삶은 더욱 팍팍해지고 빈부격차는 심화되었을 것이다.

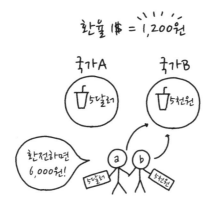

정리해보자. 정부가 화폐 발행을 늘리고, 금리를 낮추면 통화량이 증가한다. 통화량 증가는 통화가치의 하락을 가져와 환율을 오르게

한다. 환율이 오르면 수출에서 우위를 점할 수 있어서 국민소득이 향상된다. 그래서 저성장과 경기침체를 겪고 있는 국가는 끊임없이 인플레이션 정책의 유혹을 받는다.

반대의 경우도 생각해봐야 한다. 수출에서 경쟁 관계에 있는 국가가 통화량을 늘린다면 이것은 자국의 환율을 낮추는 효과를 가져와서 수출과 수입에 영향을 미친다. 그래서 세계는 타국의 통화 정책을 주시하고 이에 대응한다.

국제사회는 저성장 시대로 돌입했다. 모든 국가가 자국의 경제성장을 위해 경쟁하게 되었다. 이때 손쉽게 사용할 수 있는 방법이 인플레이션 정책이다. 앞으로 국제사회는 자국의 통화량을 팽창시키고 화폐가치를 낮추려는 경쟁을 할 것이다. 미국의 양적 완화, 중국의 위안화 절하, 일본의 엔저 정책이 이러한 맥락에서 시행되고 있다.

하지만 급격한 통화량 팽창에 따른 부작용으로 부동산과 주식 가격의 버블이 커질 수 있다. 경제성장과 경제붕괴의 아슬아슬한 줄타기가 계속될 것이다. 상대적으로 힘이 약한 국가는 세계의 눈치를 보느라 통화량 팽창을 쉽게 진행하기 어렵겠지만, 강대국은 군사적, 정치적 압력을 행사함으로써 스스로의 통화량 팽창의 정당성을 부여할 가능성이 높다.

한국도 지속적으로 인플레이션 정책을 추진하게 될 것이다. 안 그래도 부족한 내수시장의 상황을 이유로 정치권과 기업은 지속적인 고환율 정책을 요구할 것이다. 수출 중심의 대기업은 성장에 유리할 것이고, 서민들은 물가 상승과 수입 가격 상승 그리고 실질임금의 감소를 경험할 것이다.

한국이 디플레이션의 압력에 강하게 노출되어 있는 것이 사실이긴 하다. 여기에는 두 가지 요인이 있다. 첫째는 세계적인 저성장의 그늘 때문이다. 수출 의존적인 경제구조를 가진 한국의 경우 세계적인 소비 저하는 위협이 된다. 둘째는 국가 내적인 문제 때문이다. 국내의 소비가 줄어들어 내수시장이 크게 위축될 가능성이 예상되는 것이다.

그렇다면 국내의 소비가 줄어드는 이유는 무엇일까? 그것은 놀랍게도 실제로 소비를 담당할 인구 자체가 줄어들기 때문이다. 인구 감소로 인한 지속적인 디플레이션 압력이 미래 한국사회의 일반적인 모습이 될 것이다. 이에 대해서 알아볼 차례다.

한국의 미래를 이해하기 위하여
국내사회: 인구

몇 번의 단속이 더 있었다. 그동안 모은 돈과 포장마차를 정리한 돈으로 봄이 시작될 무렵 작은 가게를 열었다. 열심히 일하면 인건비 정도는 벌 수 있었다. 여름이면 가게 앞에 테이블 하나를 더 놓고 손님을 받았다. 귀뚜라미 소리가 들리고 바람이 서늘해지면 바람막이를 설치했다. 가게 문을 닫으면 한강을 따라 걸었다. 미디어에서는 장기 불황에 대한 우려와 대응에 대한 뉴스를 쏟아냈다. 지속적인 인구 감소가 내수시장 침체와 자산 가격 하락을 가져올 것이라는 전문가들의 토론이 이어졌다. 한강이 얼었다는 뉴스가 있던 날 아침, 사랑하는 사람을 만났다. 가게에 고운 일손이 하나 더 늘었다. 아이가 태어나고 보금자리를 꾸렸다. 가족에 대한 책임감은 작은 게으름도 남기지 않고 사라지게 했다.

어느 해에는 진지한 청년들이 테이블에 둘러앉아 사회와 현실에 대해 목청을 높였다. 청년실업의 문제는 젊은이들을 둘로 나누어지게 했다. 소비를 줄이고 현실에 만족하는 청년들에 대해 나이 든 사람들의 우려가 커졌다. 거리로 나와 기성세대의 이기심과 정치적 무능에 저항하는 청년들에 대해서도 나이 든 사람들은 우려했다. 아이가 초등학교에 입학할 무렵이 되자 아이의 방이 필요했지만, 거처를 옮길 여유가 없었다. 학교까지 데려다주고 돌아오는 길에 지나치는 대학 앞에는 대자보가 붙었다. 이민자에 대한 규제를 완화해야 한다는 내용이었다. 기업의 수출 확대를 통한 경제 살리기를 요구하는 정치권에서 시작된 주장이다. 생산비용을 절감하고 인구 감소에 대응해야 한다는 것이 이유였다. 미디어에서는 연일 이에 대한 관련 뉴스들이 쏟아져 나왔다. 사람들은 서로를 비난했다. 외국인이 일자리를 빼앗는다며 외국인 노동자의 추방을 주장하는 사람들과 외국인 노동자 차별에 반대하는 사람들이 나뉘어 격렬하게 대립했다. 이 와중에 소수의 젊은이들에 의한 외국인 이민자 자녀 테러 사건이 발생했다. 법정에서 그들은 당당하게 자신들은 민족주의자이며 애국적 행위를 한 것이라고 주장했다. 미디어에서는 이를 옹호하는 사람들과 파시즘의 부활을 우려하는 사람들로 나뉘어 논쟁이 이어졌다.

아이의 학교 통폐합이 결정되었다. 생각지도 않게 인근 초등학교로 단체 전학을 가야 하는 일이 발생했다. 수도권인데도 한 반에는 열다섯 명 남짓의 아이들만이 있었다. 교사들에 대한 구조조정에 반대하는 시위가 열렸다. 건너편에서는 교사들의 집단 이기주의를 비난하는 시위도 함께 열렸다. 선거 때면 통일에 대한 논의들이 뜨거워졌다. 연

쇄 도산 직전의 건설업계와 금융계를 구제하는 동시에 내수시장을 활성화할 수 있는 가장 확실한 방법임이 보수와 진보 언론을 가릴 것 없이 주장되었다. 이에 대해서 경제적 이익을 위한 수단으로 통일을 이용하는 것은 같은 민족을 침략의 대상으로 간주하는 행위라는 비판이 가해졌다.

가게 문은 점차 일찍 닫게 되었다. 주변 상권 전체가 장사가 안 되니 어쩔 수 없었다. 몇 년 전만 해도 북적이던 저녁의 거리는 언제 그랬냐는 듯 한산했다. 가족과 같이 있는 시간이 길어진 것이 처음에는 어색했지만, 점차 익숙해졌다. 아이가 언제 이렇게 자랐나 싶었다. 아이는 졸업을 하자마자 독립했다. 아내의 고운 손은 거칠어져 있었다. 흰머리를 염색했다. 일이 끝나면 집에 돌아와서 생각할 시간이 많으니 쓸데없는 생각만 많아졌다. 삶의 의미나, 소소한 행복이나, 인생의 아쉬움들. 이런 생각들이 머리를 채웠다. 그날도 손님 없는 가게를 지키고 있다가 일찍 문을 닫고 셔터를 내리고 있을 때였다.

"여기서 뭐 하고 있습니까?"

비서실장이 돌아봤다. 이제는 많이 늙어버린 대통령이 서 있었다. 비서실장이 편안한 표정으로 말했다.

"당신이 오실 줄 알고 기다리고 있었습니다."

세계의 경제 상황을 이해하기 위한 지표로서 화폐의 의미에 대해 알아보았다. 화폐 이외에도 경제를 예측하기 위한 핵심적인 지표 중의 하나가 인구다. 잘 알려진 것처럼 전 세계 선진국들은 저출산, 고령화로 인한 경기침체와 이에 따른 사회 문제에 직면해 있다. 인구의 급격한 증가나 감소로 발생하는 사회 전반의 문제들을 '인구병'이라고 한다.

　한국의 경우 총인구는 점진적으로 증가하고 있다. 2015년을 기준으로 대략 5,050만 명 정도이고, 2030년에는 약 5,216만 명까지 증가하다가 그 이후에 감소가 시작될 것으로 예상된다. 그럼 15년 정도는 인구 감소에 대비할 시간이 남은 것이 아닌가? 그렇지는 않다. 경제의 실질적인 주체라고 할 수 있는 생산가능인구는 2016년에 3,700만 명을 정점으로 줄어들기 시작해서 앞으로 연평균 1%씩 감소할 것으로 예상된다.

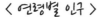

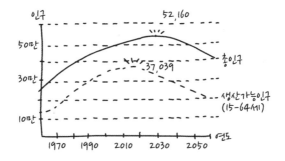

　생산가능인구란 생산을 할 가능성을 가진 15세부터 64세까지의 인구를 말한다. 생산가능인구는 넓은 개념이다. 이는 다시 경제활동인구와 비경제활동인구로 세분화된다. 이 둘의 구분은 일할 의사가 있는지의 여부다. 일할 의사가 있는 경제활동인구에는 취업자와 실업자가 포함되고, 일할 의사가 없는 비경제활동인구에는 구직을 단념한 자, 학생, 주부가 포함된다.

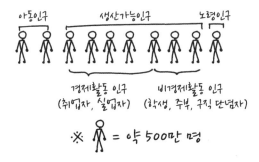

〈 인구 구분 〉

생산가능인구가 중요한 것은 이들이 생산과 소비의 주체이고, 결국 이들의 질적, 양적 변화가 경제 전체의 모습을 결정해서다. 우리는 인구 변화에 따른 한국사회의 미래를 그려볼 것이다. 이를 위해 다음의 순서를 따른다. 우선 인구 변화가 수요와 공급에 미치는 영향을 알아본다. 다음으로 단순화된 모델을 토대로 인구 변화가 어떻게 경제 모습을 변화시키는지 이해해본다. 마지막으로 이를 실제 한국 현실에 대입해보고, 10년 후의 모습을 대략적으로 예상해볼 것이다.

1. 수요·공급과 인구

2. 단순화된 모델

3. 한국의 상황과 미래

수요·공급과 인구

시장에서의 가격이 수요와 공급의 관계에 따라 결정된다는 것은 대체로 받아들여지는 상식이다. 수요가 공급보다 많으면 가격이 상승하고, 반대로 수요가 공급보다 적으면 가격이 하락한다.

수요와 공급 중에서 오늘날 더 문제가 되는 것은 수요다. 기계화된 공장에서 대량으로 저렴하게 생산되는 상품이 넘쳐나는 시대다. 공급은 이미 전 세계적으로 충분하다. 문제는 이를 어떻게 소비할 것인가이다. 모든 국가가 남아도는 상품을 어떻게 소비할지 고민한다. 그래서 수요는 한 국가의 경제를 좌우하는 기준이 된다. 수요가 증가하는 사회는 성장하고, 수요의 증가 없이 공급이 과다한 사회에는 침체가 발생한다.

예를 들어보자. 아메리카노의 수요와 공급이 균형을 맞추고 있는 사회P가 있다. 이 사회는 아메리카노를 50개의 업체에서 생산하고, 50명의 사람이 소비한다. 그런데 어떤 이유에서인지 사회P의 소비가 100으로 폭증했다. 그렇다면 공급은 어떻게 될까? 기존 생산자들은 신이 날 것이다. 가격을 올려도 수요를 충족할 수가 없다. 이윤이 늘어난다. 옆에서 이를 지켜보던 다른 사람들이 높은 이익을 가져다주는 카페 사업에 뛰어든다. 자본이 아메리카노 시장에 투자되고, 사람들이 고용된다. 카페 인테리어, 카페 가구, 원두 수입 업체가 돈을 번다. 이 과정은 공급이 100에 이르러 총수요에 가까워질 때까지 계속될 것이다. 즉, 수요의 증가는 물가가 상승하는 인플레이션과 함께 시장의 성장을 가져온다.

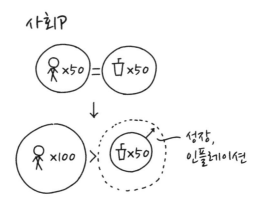

두 번째 사회Q가 있다. 사회Q 역시 아메리카노의 수요와 공급이 각각 50으로 균형을 맞추고 있었다. 그런데 사회P와는 반대로 갑자기 수요가 10으로 줄어들었다. 그렇다면 공급은 어떻게 될까? 생산자들은 장사가 안 되기 시작한다. 기존의 업체들 사이에 경쟁이 심화되고 이윤이 감소한다. 가격을 낮춰서라도 가게를 유지하려고 한다. 하지만 경쟁에서 도태되는 업체들이 발생하고 폐업의 과정을 겪는다. 실직자가 늘어나고 관련 업체들의 이익이 줄어든다. 이 과정은 공급이 총수요인 10만큼 조정될 때까지 계속될 것이다. 즉, 수요의 감소는 물가가 하락하는 디플레이션과 함께 시장의 조정과 파괴를 가져온다. 그래서 수요의 확대나 유지는 모든 정부와 사회가 가장 중요하게 생각하는 핵심적인 사안이 된다.

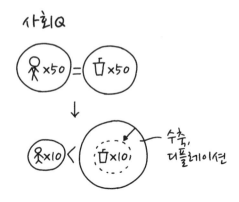

이렇게 중요한 수요의 발생 원인은 다양하다. 그중에서 가장 단순하고 근본적인 원인은 인구다. 생각해보면 당연하다. 모든 소비는 결국 인간이 하는 것이니까. 문제는 선진국뿐만 아니라 한국도 인구의 감소에 따른 수요 감소에 직면해 있다는 것이다. 어쩔 수 없이 우리는 디플레이션과 함께 시장의 축소와 조정을 겪게 될 것이다. 중요한 것은 이를 어떻게 피할 것인가가 아니라, 어떻게 지혜롭게 수습해갈 것인가가 되어야 한다.

수요의 확장과 축소가 실제로 어떻게 경제의 성장과 침체를 만들어 가는지, 단순화된 모델을 토대로 조금 더 알아보자.

단순화된 모델

한 사회는 연령에 따라 상이한 인구수를 갖는다. 당연한 이야기 같지만, 실상은 보통 생각하는 정도보다 격차가 크다. 예를 들어 현재 40

대 중반인 1970년생은 약 95만 명 정도다. 반면 현재 10세 전후의 아동의 경우 한 연령대가 약 45만 명 정도다. 절반이 안 된다.

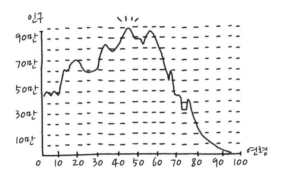

이렇게 연령대에 따른 인구수의 차이가 큰 것은 베이비붐 때문이다. 베이비붐 세대란 사회적 시련이 끝나고 안정된 사회에서 대량으로 태어난 세대를 말한다. 전쟁이나 공황 등 사회적 혼란이 극심할 때에는 출산율이 급감한다. 그러다가 사회가 안정을 찾으면 그동안 미뤄왔던 결혼이나 출산이 급격히 증가하여 다른 시기에 비해 많은 아이가 태어난다.

한국에서는 보통 6·25전쟁 이후인 1955년부터 1963년까지의 9년간 태어난 사람들을 1차 베이비붐 세대로 분류한다. 2016년 현재를 기준으로 50대 중반부터 60대 초반에 속하는 세대다. 그리고 2차 베이비붐 세대는 1968년부터 1974년의 7년에 해당한다. 40대 초반부터 후반까지의 세대다. 두 베이비붐 세대를 합치면 1,300만 명에 이르며, 전체 인구의 27%를 차지한다. 이후 1차 베이비붐 세대가 아이를 낳는

데, 이때가 1979년부터 1985년의 7년간이다. 이 시기에 출생한 세대를 에코 베이비붐 세대라고 한다. 30대 초반부터 후반까지의 세대다. 이후로는 지속적으로 출산율이 낮아지고 있는 상태다.

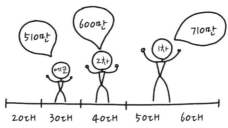

참고로 세계적으로는 제2차 세계대전이 종료된 1945년 이후 많은 아이가 태어났다. 미국은 급격한 경제성장의 황금기에 태어난 1946년부터 1965년생들을 베이비붐 세대로 분류한다. 일본의 경우는 1947년부터 1949년 사이에 출생한 이들을 지칭한다.

이러한 베이비붐 세대는 경제, 정치, 사회, 문화의 전 영역에 걸쳐 막대한 영향력을 행사할 수밖에 없었다. 이들이 태어나서 성장해감에 따라 이렇게 많은 인구를 수용해야 할 기반 시설이 팽창해야 했기 때문이다. 단순화된 모델을 가정해보자.

A집단은 B집단의 전 세대다 A집단은 인구는 50단위이고, B집단의 인구는 100단위다. 우선 A가 태어나서 10대와 20대에 교육을 받는다.

교육은 50단위의 인구를 수용할 정도의 시설을 갖추고 있다. A는 이어서 30대에 취업을 한다. 일자리 역시 50단위의 인구를 수용할 정도다. A는 결혼을 하고 출산을 한다. 그리고 B가 태어난다.

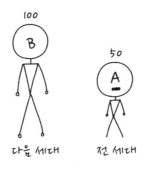

B집단은 A집단을 뒤따르며, A집단이 형성한 사회적 기반을 팽창시킨다. 우선 B는 교육 시설을 팽창시킨다. 초중고의 교실은 폭발하기 직전이다. 50단위를 수용할 수 있는 학교 시설에 100단위의 학생들이 쏟아져 들어오니 어쩔 수 없는 일이다. 교실은 좁고 학생은 많다. 새로운 학교들이 세워지고 있으나 현재 인원을 수용하기 역부족이다. 대학 역시 마찬가지다. B집단을 수용하는 과정에서 양적으로 팽창한다. 대학의 정원이 늘어나고, 새로운 대학 설립이 허가되며, 교수들이 대거 채용된다. 그럼에도 불구하고 과도한 학생 수로 인해서 대입 경쟁은 치열해진다. 학생들의 소비문화와 산업이 발전한다. B의 거대한 소비력은 관련된 시장을 확대시키고 국가 전체의 경제적 성장을 가져온다. 경제성장 속에서 B가 취업을 하고 결혼을 한다. 결혼과 육아 산업이 팽창한다.

다시 A를 보자. A는 중년이 되었다. 적절한 부동산을 소유하고, 모아놓은 돈으로 투자를 한다. 40대와 50대에 대형 자동차를 구입하고, 주택의 크기를 늘린다. 60대에 은퇴해 의료 서비스를 받고 요양을 한다.

B가 중년이 되었을 때는 부동산 가격이 폭등한다. 주택은 한정되어 있으나, 그에 대한 수요가 폭발적이기 때문이다. 주택 가격의 빠른 상승은 주택을 투자 대상으로 변화시킨다. 시세 차익을 얻기 위해 환금성이 좋은 아파트에 대한 투자가 급증하고 가격에 거품이 형성된다. 자동차에 대한 소비는 관련 산업을 성장시킨다. 기존 세대의 두 배에 해당하는 인구는 거의 모든 산업을 팽창시킨다. B집단이 60대에 은퇴할 시점이 되어서는 의료나 요양과 관련된 실버산업이 성장한다.

앞서 수요와 공급의 관계를 살펴본 것처럼 수요의 증가는 초과 공급량의 해소를 가져온다. 기존 세대인 A가 만들어놓은 경제적, 사회적 시설들은 B의 수용을 위해서 양적인 팽창을 겪는다. 이 과정에서 투자와 성장이 이루어지고 물가가 상승하는 인플레이션이 발생한다.

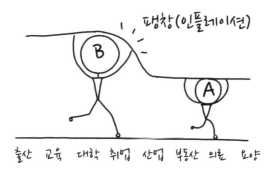

C집단은 B집단의 다음 세대다. B집단이 100단위의 인구를 가진 것에 비해서, C집단은 50단위의 인구를 갖는다. B는 공교육과 대학 교육의 환경을 양적으로 팽창시켰다. 풍부한 소비 능력을 바탕으로 사회 전반의 산업을 확장시켰고, 부동산과 주식 등 자산 가치 팽창의 원인이 되었다. B가 은퇴할 시점에 이르러서는 마지막으로 의료나 실버 산업이 발전했다.

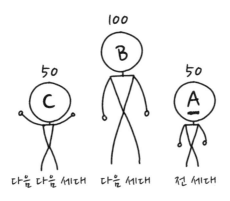

C의 교육 환경은 B에 비해 여유롭다. B가 다니던 학교의 한 반 학생이 60명에 가까웠다면, C는 한 반에 30명 정도다. C의 인구수로 학생은 줄어들었지만, 앞서 B가 팽창시켰던 학교들과 선생님들은 남아 있다. 초중등 학교의 통폐합이 진행되고 폐교가 늘어난다. 신규 교사의 채용이 줄어들고 정년을 낮춰야 한다는 주장이 나타난다. 신입생이 부족하여 부실한 대학이 생긴다. 각 대학은 정부의 압력과 자발적 합의에 따라 전체 정원을 줄이고 구조조정의 대상이 된다. C의 소

비 능력 부족에 따른 기존 사회 시설의 축소와 파괴는 사회 전체 산업을 위축시킨다. 기업의 투자 감소로 일자리가 줄어들어 취업 경쟁이 심화된다. 경기 침체와 일자리 부족은 결혼 연령을 늦추고 출산을 미루게 한다.

장기적인 경기침체가 발생한다. 자동차나 주택 구입이 줄어든다. 주택 수요의 감소에 더해서 은퇴하는 B가 부동산을 처분해 은퇴자금을 마련하고자 하기 때문에 부동산의 공급이 더 심화된다. 이에 따라 부동산 가격 하락 압력이 가중된다. C가 은퇴할 시점에 이르러서야 사회 전반의 구조조정이 마무리될 것이다.

수요의 감소는 공급의 축소를 요구한다. 기존 세대인 B가 팽창시켜 놓은 경제와 산업은 C의 소비 능력에 이르기까지 파괴의 과정을 겪게 된다. 이 시기 동안 개인과 기업의 희생과 부담이 증가하고 투자와 성장이 극도로 저하된다. 물가가 하락하는 디플레이션이 발생한다.

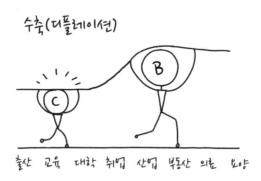

수축(디플레이션)

출산 교육 대학 취업 산업 부동산 의료 요양

한국의 현 상황과 아비투스

A, B, C의 세 집단은 한국사회의 현재 모습을 보여준다. 2016년을 기준으로 한국의 연령별 인구구조를 추상화해보면, 30년을 기준으로 세 집단으로 구분할 수 있다. 1세부터 30세까지가 C집단, 31세부터 60세까지가 B집단, 61세부터 90세까지가 A집단에 해당한다. 한국의 베이비붐 세대에 해당하는 B집단은 생산과 소비를 통해 한국사회를 성장시켰다. 그리고 이제 차츰 은퇴를 앞두고 있다. 이제 C집단이 그 뒤를 잇는다. C집단은 성장 과정 내내 이미 양적으로 팽창되어 있는 산업구조들과 대면해야 한다. 그리고 자기 집단의 생산과 소비 능력에 부합할 만큼 산업의 파괴와 조정을 감당해야 한다.

부모 세대인 B와 자녀 세대인 C는 경제, 사회적으로 다른 환경에 처해 있다. 살아가면서 B는 지속적인 팽창을, C는 지속적인 수축을 경험한다. 이러한 경험은 개인의 사고관을 규정한다. 지속적인 성장만을 경험했던 B는 이러한 사고관을 갖는다. '열심히 노력하고 최선을 다해 경쟁하면 부를 획득할 수 있다.' 이것은 그들이 삶 속에서 직접 목격한 사실이다. 반면 지속적인 수축만을 경험했던 C는 다음과 같은 사고관을 갖는다. '부모 세대는 시대적인 혜택을 통해 사회의 기득권과 부를 독점했고 지금의 청년들에게는 기회가 주어지지 않는다.' 이것은 그들이 삶 속에서 직접 목격한 사실이다.

B에게 C는 자기변명이나 하는 나약한 세대로 보인다. 그리고 C에게 B는 자기 성공의 신화를 맹신하는 이기적인 세대로 보인다. 이것은 충

분한 평가가 아니다. 자신의 세대가 속했던 경제적 환경을 고려하지 않고 다른 세계를 평가한다는 것은 공정하지 못하다.

세대 간의 갈등이 발생하고 있는 현 상황에 대해 이해하기 위해서는 '아비투스(Habitus)'라는 개념을 참고할 필요가 있다. 아비투스는 20세기에 프랑스에서 활동한 사회학자인 부르디외가 제시한 개념이다. 보통 '습관'이나 '습속'으로 번역되고, 영어에서 습관을 의미하는 'Habit'과 연관되어 있다. 하지만 개인적인 습관이라기보다는 사회구조적인 측면에서 형성되는 습관을 의미한다. 쉽게 말하면 특정한 사회 환경에 의해서 형성된 개인의 사고나 행동의 일정한 패턴이라 할 수 있다.

우리는 습관을 갖고 있다. 매일 유사한 동작으로 씻고 준비하고 취향에 맞는 옷을 입고 출근해서 일하다가 퇴근한 후 부담 없는 종류의 술을 선택해 한 잔 걸치고 집에 들어와서 잔다. 이 모든 습관은 내가 선택해서 반복해온 것이다.

실제로 그럴까? 나의 행동과 취창과 선택은 정말 나의 개인적인 것일까? 부르디외는 그러한 일관된 행동 패턴으로서의 습관은 계급적이고 구조적인 사회적 환경이 나에게 내재화된 것이라고 말한다. 즉, 나의 취향은 나의 개인적인 취향이 아니라 계급적인 취향이다. 노동자는 새로 나온 최신형 핸드폰이 갖고 싶고, 쉴 때는 TV를 보고 싶고, 친구와 편안하게 한잔하고 싶을 때는 소주에 삼겹살이 생각난다. 노동자는 노동자처럼 말하고, 노동자처럼 생각하고, 노동자처럼 행동한다. 자본가는 새로 나온 최신형 요트를 갖고 싶고, 쉴 때는 해외여행을 계획하고, 친구와 편안하게 한잔하고 싶을 때는 고급 술집이 생각날지 모른다. 자본가는 자본가처럼 말하고, 생각하고, 행동한다. 우리가 지극히 개인적이라고 생각해왔던 나의 취향과 성향과 선택은 나의 것이 아니라 계급적인 것이다. 이것이 아비투스다. 사회적 계급과 환경에 의해 형성된 나의 사고와 행동의 패턴.

아비투스는 그 자체로는 좋거나 나쁜 것이 아니다. 사회적 환경에 따라서 노동자는 노동자의 취향을 갖고, 자본가는 자본가의 취향을 갖는다는 것이 반드시 잘못된 것은 아니다. 사람은 각자가 처한 환경에 만족하며 행복하게 살아간다. 문제는 지배적 위치를 점유한 계층이 아비투스를 이용해서 지배를 정당화하고 지배질서를 유지한다는 점에 있다. 부르디외는 이를 '상징적 폭력'이라고 부른다.

아비투스는 사회 안에서 서열화된다. 지배 집단의 아비투스는 우월하고 고상하며 정상적인 것으로 그려진다. 반면에 피지배 집단의 아비투스는 열등하고 저열하며 비정상적인 것으로 그려진다. 예를 들어 고급 문화와 대중문화의 구분이 여기에 해당한다. 지배 집단이 향유하는 문화인 고급 문화는 노동자들이 향유하는 대중문화보다 우월하고 고상한 문화로서의 지위를 얻는다. 이러한 지배 집단 중심의 서열화는 지배 집단 스스로가 받아들이는 것을 넘어서 피지배 집단에게도 폭력적으로 주입된다. 노동자는 자신들의 아비투스로서의 삶의 방식을 세련되지 못한 것, 부끄럽고 극복해야 할 대상으로 여기게 된다. 대신 자본가의 삶의 방식을 추구하고 자신의 정체성을 그들에게 투여한다. 그들의 취향, 소비, 행동, 정치적 성향을 흉내 내다가, 결국 경제적 격차를 극복하지 못하고 좌절한다.

자본가와 노동자의 아비투스를 나눌 수도 있지만, 부모 세대와 자녀 세대의 아비투스를 나눌 수도 있다. 부모 세대인 집단B는 성장하는 사회를 경험하면서 그 속에서 성장하는 사회의 아비투스를 내재화한다. 타인보다 노력함으로써 성공하는 삶을 살아야 하고, 이를 위해 안정적인 직장을 가져야 하고, 저축과 투자를 함으로써 부를 쌓아야 한다는 사고방식이 내재화된다.

반면 자녀 세대인 집단C는 앞으로 정체된 사회를 경험하게 될 것이다. 그리고 그 속에서 성장하지 않는 사회의 아비투스를 내재화할 것이다. 노력이 성공을 보장하지 않으며, 최소한의 권리도 치열한 경쟁을 통해서만 얻을 수 있음에 만성적인 피로를 느낄 것이다. 이로 인해서 경쟁과 성공을 멀리하는 사람들이 늘어날 것이다. 안정적인 직장도 없고 저축과 투자도 의미 없다.

B집단과 C집단의 아비투스는 그 자체로는 좋거나 나쁜 것이 아니다. 구조적인 경제적 환경에 따라서 부모 세대는 성장에 대한 가치관을 갖고, 자녀 세대는 정체에 대한 가치관을 갖는 것이 반드시 잘못된 것은 아니다. 사람은 각자가 취한 환경에 만족하며 살아간다. 문제는 사회의 중심을 차지한 부모 세대의 가치관이 주변부를 맴도는 자녀 세대에게 상징적 폭력으로 주입된다는 점에 있다.

대학 입시에서 떨어진 학생은 부모에게 죄송함을 느낀다. 취업을 하지 못하고 학교에 남겨진 학생들은 선생님에게 죄송하다고 말한다. 경쟁을 포기한 청년들은 목소리를 높여 권리를 주장하는 대신 주어진 환경을 인내한다. 부모 세대의 개인적 성공에 대한 아비투스는 자녀 세대에 주입되어 사회적 문제를 개인적 실패의 문제로 해석하게 만든다. 사회적 성공과 경쟁적 삶의 추구를 정상적인 가치로 상정하는 학교, 미디어, 부모 사회의 상징적 폭력에 주목할 필요가 있다.

앞으로의 10년

앞으로 한국이 경험할 사회적 변화는 인구구조의 변화를 토대로 할 것이다. 직면한 10년간 우리를 기다리고 있는 인구 변화는 B집단인 베이비붐 세대의 꾸준한 은퇴와 생산가능인구의 축소다. 이 두 요인은 필연적으로 수요의 축소를 가져온다.

B집단은 장성한 자녀들의 분가와 은퇴 이후의 노후자금 확보를 위해서 큰 주택을 정리하고 작은 주택으로 이전하는 등 부동산을 정리

하려는 경향이 커진다. 이것은 부동산 시장의 공급량을 증가시킨다. 부동산 가격을 유지하려면 증가한 공급량만큼 수요량이 뒷받침되어야 한다. 하지만 소비의 주체가 되는 생산가능인구가 지속적으로 줄어들고 있으며, 특히 부동산을 구입해야 할 자녀 세대인 C집단의 경제적 여건이 좋지 않다. 안정된 일자리가 부족하고 임금이 낮기 때문에 결혼과 출산을 피하고, 이로 인해서 부모 세대가 소유한 주택처럼 큰 주택이 필요하지 않은 것이다. 이것은 부동산의 공급은 늘어나고 수요는 부족한 상황을 만들어낼 것이다. 부동산 가격의 지속적인 하락은 피하기 어렵다.

부동산 가격의 하락은 자산의 축소에 따른 소비심리 저하로 이어진다. 그리고 소비가 위축되면 상대적으로 사회 전체의 초과 공급이 발생한다. 공급량 과다는 물가를 낮추고 디플레이션의 압력으로 작용할 것이다. 디플레이션은 기업의 생산과 개인의 소비를 위축시킨다. 생산과 소비의 위축은 공황인 디프레션 압력으로 나타난다.

앞으로의 정부는 디플레이션과 디프레션을 피하기 위해 인플레이션 정책을 꾸준히 펼칠 가능성이 높다. 이를 위해서 통화량을 늘릴 것이다. 통화의 팽창은 통화가치를 낮추고, 환율을 상승시켜서 수출은 늘어나고 수입은 줄어든다. 수출 중심의 대기업은 그나마 경기침체에 대처할 수 있을 것이다. 반면 내수시장은 침체하고 개인의 경제 상황은 악화되는 가운데, 수입 가격의 상승으로 물가만 상승하는 스태그플레이션을 경험할 가능성이 높다. 기업과 개인, 자본가와 노동자 사이의 소득격차가 더 심화될 것이다.

기업은 정부에 지속적인 요구를 할 것이다. 위축된 내수시장에서는 수익을 얻을 수 없고 오직 수출을 통해서 수익을 얻을 수 있으므로, 지속적인 인플레이션 정책이 필요함을 말이다. 동시에 경제적 위기에 대응하기 위해서 정부의 규제를 줄이고 노동시장을 유연화하도록 요청할 것이다. 이로 인해서 안정적인 일자리보다 임시적인 일자리가 증가하고, 노동자는 고용 불안과 임금 저하를 경험할 수 있다. 또한 정부의 인플레이션 정책은 실질임금의 감소를 가져와 서민들의 경제활동을 위축시킬 것이다.

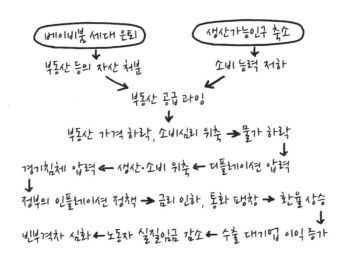

경제를 전망하는 두 가지 관점이 있다. 단기적으로 놓인 불확실성과 위기는 극복될 것이며 결과적으로는 성장할 것이라는 낙관적인 관

점이 있다. 반대로 단기적으로 놓인 불확실성과 위기는 궁극적인 침체의 전조라는 비관적인 관점이 있다. 앞으로의 한국사회에 대한 전망도 갈라진다. 인구의 감소와 국제사회의 불확실성을 지나서 한국사회가 궁극적으로 성장할 것이라는 관점이 있고, 반대로 인구 감소와 세계 경제의 불확실성이 한국 경제를 위기로 몰고 갈 것이라는 관점이 있다. 어떤 관점이 실제 미래의 모습을 반영할지는 쉽게 판단할 수 없다.

다만 낙관적이든 비관적이든 공통된 전제는 앞으로 한국사회의 인구 감소가 생산과 수요의 감소를 가져올 것이며, 세계 경제의 장기적인 침체가 여기에 더해진다는 것이다. 한국 정부는 장기간에 걸쳐서 디플레이션 압력에 대비해 인플레이션 정책을 지속할 수밖에 없다. 이 과정에서 수출 중심의 대기업은 살아남겠지만, 빈부격차는 더 심화될 것이다.

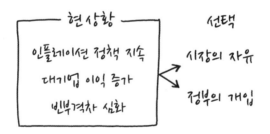

인플레이션 정책이 지속된다는 전제에서 우리가 선택할 수 있는 건 두 가지다. 첫째, 인플레이션 정책에 더해서, 시장의 자유를 선택하는 것이다. 세계적인 경기침체로 인해 고전하고 있는 대기업의 생존과 성장을 위해서다. 둘째, 인플레이션 정책에 더해서, 정부의 개입을 선택하는 것이다. 물가 상승과 실질임금 감소, 안정적인 일자리 박탈의 상황에 놓인 서민들을 위해서다.

앞으로의 한국사회는 어떤 방향을 선택해야 하는가?

지금까지 앞으로의 사회를 예측하기 위한 지표로서 화폐와 인구에 대해 알아보았다. 통화량의 변화는 세계의 미래를 이해하는 데 유용한 도구다. 그리고 인구의 변화는 한국의 미래를 이해하는 데 도움이 된다.

통화량의 변화는 인플레이션과 디플레이션을 발생시킨다. 우선 통화량이 증가하면 시장에서 화폐의 가치가 낮아진다. 이에 따라 상품 가격이 상승한다. 이러한 물가 상승을 인플레이션이라고 한다. 다음으로 통화량의 감소는 시장에서 화폐의 가치를 높인다. 이에 따라 상품 가격이 하락한다. 이를 디플레이션이라고 한다.

인플레이션과 디플레이션의 상황에서는 이익을 발생시키는 대상이 변한다. 우선 인플레이션의 상황에서는 화폐의 가치가 낮아지는 반면, 부동산과 주식의 가격이 상승한다 이것은 자산 가격의 확대로 소비를 진작하고 경제를 성장하게 하지만, 자산의 거품을 발생시킨다는 문제점이 있다. 또한 통화량 확대로 인한 환율 상승으로 수출이 늘고 수입이 줄어서 수출 중심의 대기업이 이익을 얻고, 개인은 물가 상승과 실질임금 감소로 이익이 줄어든다.

다음으로 디플레이션의 상황에서는 화폐가치가 높아지는 반면, 부동산과 주식의 가격이 하락한다. 물가가 하락하고, 가지고 있는 현금의 가치가 상승한다. 이로 인해서 개인은 소비를 미루고, 기업은 생산을 미룬다. 소비와 생산의 저하는 경기침체를 발생시킨다.

통화량은 환율과 수출에 영향을 미친다. 통화량이 증가하면 화폐가치의 하락으로 환율이 올라서 수출을 늘리는 효과를 가져온다. 수출 중심의 대기업이 이익을 얻지만, 개인은 물가 상승과 실질임금 감소를 경험하게 된다. 통화량이 감소하면 화폐가치의 상승으로 환율이 낮아져서 수입을 늘리는 효과를 가져온다. 수출 중심의 대기업의 이익이 감소하지만, 개인은 물가 하락과 실질임금 증가를 경험하게 된다.

정부는 통화량을 결정함으로써 사회의 모습을 조율해나간다. 통화량을 결정하기 위한 권한으로 정부는 화폐 발행과 금리 결정의 수단을 갖는다. 세계적인 저성장이 일반적인 모습이 된 오늘날의 세계에서 각국 정부는 자국 통화를 팽창시키고자 하는 유혹을 받는다. 통화량의 증가는 국내의 디플레이션 압력을 완화하는 동시에, 수출의 활성화를 통해 경상수지를 흑자로 전환시켜 국민소득을 증가시키기 때문이다. 앞으로 세계는 지속적인 저성장과 이를 해결하기 위한 통화량 확대 경쟁의 상황에 놓일 가능성이 크다.

국제사회의 환경 변화를 예측하기 위해서 화폐의 의미에 대해 이해해야 한다면, 한국의 미래를 유의미하게 예측하기 위해서는 인구 변화에 주목해야 한다. 특히 생산가능인구의 감소가 문제가 된다. 생산가능인구가 생산과 소비의 주체가 되기 때문이다. 특히 수요의 감소는 상품 가격의 하락을 가져오고, 이는 디플레이션의 압력으로 작용한다. 디플레이션이 발생하면 개인은 소비를 미루고, 기업은 생산을 중단한다. 이것은 일자리 감소를 가져오고 소비의 위축을 촉진해서 사회를 장기적인 침체에 빠지게 한다.

특히 한국은 베이비붐 세대의 탄생, 성장, 은퇴에 따라 경제적 환경이 변화되었다. 베이비붐 세대는 성장하는 가운데 사회의 기반 시설을 팽창시켜 수요를 창출하고 일자리를 발생시키는 역할을 했다. 사회 성장의 주체가 되었던 것이다. 사회는 인플레이션을 경험했다. 문제는 베이비붐 세대의 은퇴가 시작되었지만, 그들의 수요를 받쳐줄 세대가 존재하지 않는다는 것이다. 그래서 베이비붐 이후의 자녀 세대는 팽창된 시설을 수축시키는 역할을 맡는다. 그들의 소비 능력에 부합할 때까지 공급의 축소가 필요한 것이다. 그들은 디플레이션의 환경에 놓여 있다.

한국은 생산가능인구의 감소와 베이비붐 세대의 은퇴를 앞두고 있는 까닭에 공급 과잉과 수요 부족의 상황에 직면할 것으로 예상된다. 이것은 자산 가치의 하락과 소비심리의 위축을 일으켜 지속적인 디플레이션 압력으로 작용할 것이다. 디플레이션으로 인한 경기침체를 피하기 위해 정부는 인플레이션 정책을 취할 가능성이 높다. 통화량 팽창을 통해 소비와 투자를 촉진하고 환율을 상승시켜 수출이 유리한 상황을 만들 것이다. 이로 인해서 수출 중심의 대기업이 이익을 얻고, 소비자와 노동자로서의 개인의 희생이 커질 수 있다. 빈부격차가 심화될 가능성이 높은 것이다.

저성장을 반드시 비관적으로 받아들여야만 하는 건 아니다. 앞서 우리는 큰 틀에서 경기를 순환의 관점에서 파악할 수 있음을 보았다. 인구로 인한 혜택과 빠른 성장의 시간이 있었으니, 이제는 조정과 내실의 시간을 보낼 차례인지 모른다. 우리의 젊은 세대는 부모 세대가 생각하지 못하는 자신들만의 방식으로 이 시간을 의미 있게 견뎌낼 것이다. 문제는 저성장과 경기침체에 있는 것이 아니다. 진짜 문제는 상징적 폭력에 있다. 성장만이 정상이고 경제적 성공만이 유일한 목표라는 지난 시대의 가치관을 부여잡은 채, 앞으로의 시간을 비정상으로 규정할 사고방식이 문제다. 새로운 환경에서 새롭게 등장할 가치관이 건강하게 자랄 수 있도록 성장의 담론을 내려놓을 차례다.

에필로그

시민이 돌아왔다

집무실이 노을에 물들었다. 대통령과 비서실장의 대화는 끝날 줄을 몰랐다. 살아왔던 이야기들. 가게를 열었던 이야기, 아내와 아이의 이야기, 사회와 현실에 대한 이야기가 끊이지 않았다.

비서실장이 물었다.

"그나저나 어떻게 아직까지 대통령이신 겁니까?"

대통령이 잠시 당황하는 듯하다가 침착하게 대답했다.

"시간이 참 빠르지 않습니까? 이렇게 기나긴 시간이 지나서야 버튼을 누를 때가 왔다니. 우리가 선택하지 않는다면, 그건 선택하지 않은 것이 아니라 관성처럼 하나의 방향을 선택하고 있는 거지요. 우리는 매번 현재를 유지하는 선택을 해온 것입니다."

비서실장이 말했다.

"시민은 떠났습니다."

대통령이 미소 지었다. 그리고 비서실장의 손을 잡으며 말했다.

"아니요. 버튼을 누르러 돌아오셨습니다. 잠시 후에 연회장에서 경축 버튼 누름 행사가 시작될 겁니다."

비서실장이 자연스럽게 손을 빼며 말했다.

"시민이 돌아오셨다고요? 그런 행사 이름은 누가 지은 겁니까?"

대통령이 다시 비서실장의 손을 잡으며 친근하게 말했다.

"겉으로 보이는 모습이 아니라, 본질을 관통하는 내용이 중요한 거 아니겠습니까? 우리의 오랜 우정처럼 말이죠."

뒤로 젖히며 자연스럽게 손을 빼려 했지만, 잘 빠지지 않았다. 침묵 과 긴장감이 흘렀다. 대통령이 말했다.

"이제 출발할 시간입니다."

시민이 돌아왔다. 비서실장은 가슴이 뛰었다.

우리는 지금까지 세금, 국가, 자유, 직업, 교육, 정의, 미래에 대해서 이야기했다. 이 일곱 가지 분야는 한 명의 시민이 탄생했을 때, 그가 현실 세계에서 만나는 것들이다. 현실 세계는 제한된 시간을 살아가 는 한 명의 시민에게 너무나도 거대하게 다가온다. 그것은 역사성과 복잡성 때문이다. 개인의 삶에 비해 너무나도 긴 세계의 역사와 무수 히 많은 개인의 복잡한 관계의 양상이 지금의 세계를 구축한 것이다. 이러한 현실 세계의 압도감으로, 어떤 이는 자신에게 익숙한 하나의 관점으로 세계 전체를 가늠해보려고 하고 어떤 이는 현실을 회피하 려고도 한다.

하지만 언제까지나 모른 척할 수는 없다. 거대한 세계를 이해하기 위한 첫걸음을 떼야 한다. 그리고 그 첫걸음은 우선 세계를 단순하게 추상화해서 잘라보는 것에서부터 시작할 수 있다. 무엇인가를 이해하기 위한 방법으로서의 '분석'은 그 의미 자체가 자르고 나누는 것을 말한다. 세계에 대한 이해는 세계에 대한 분석으로부터 시작할 수 있다.

세계를 자르기 위한 기준은 다양하다. 세계를 남자와 여자로 나눌 수 있고, 남한과 북한으로 나눌 수도 있으며, 선과 악, 미와 추, 나와 타자, 동양과 서양, 배운 자와 못 배운 자, 가진 자와 못 가진 자로 나눌 수도 있다. 이러한 다양한 기준 중에서 완벽하게 잘못되거나 틀린 기준이란 없다. 모든 기준은 세계를 분석하기 위한 타당한 관점이다. 이렇게 다양한 기준들이 사회 안에서 공존하고 조율될 때, 그 사회는 열려 있는 사회가 된다. 하나의 관점만을 정상적인 관점으로 강요하거나 자신과 다른 관점을 제거하려는 행위만큼 사회를 병들게 하는 행위는 없다.

세계를 자르는 다양한 기준 중에서 우리가 선택한 것은 시장의 자유와 정부의 개입이었다. 이 기준을 사용한 것은 실용적인 목적 때문이다. 시장의 자유와 정부의 개입은 세계의 더 넓은 부분까지 동시에 자를 수 있는 포괄적인 도구다. 우리는 세금, 국가, 자유, 직업, 교육, 정의의 범위까지를 이 기준으로 나누어보았고, 마지막으로 미래사회를 예측했다. 세계는 다음과 같이 나눠진다.

	세금	국가	자유	직업	교육	정의
A: 시장의 자유	세금, 복지 ↓	작은 정부	소극적 자유	자본가	일자리 확대	보수
B: 정부의 개입	세금, 복지 ↑	큰 정부	적극적 자유	노동자	소득격차 완화	진보

첫 번째 세계는 시장의 자유로 나아간다. 세금과 복지는 낮아진다. 시장은 효율적으로 움직이고 경제는 성장할 것이다. 세금 인상이 굳이 필요하다면 간접세를 통해서 국민 전체에게 세금을 부과해야 한다.

국가는 작은 정부의 형태가 되며, 국가의 역할은 최소한의 질서 유지에 한정된다. 자유주의와 공화주의가 이러한 국가 형태에 부합하는 이념이다.

자유에 있어서는 소극적 자유가 추구된다. 타인의 간섭이 없는 상태인 소극적 자유는 개인의 자율성과 재산권 보장을 최우선으로 고려한다. 이러한 자유가 실제로 의미하는 것은 개인이 생산수단을 소유할 수 있는 자유의 보장이다.

직업에 있어서는 자본가인 투자가와 사업가의 이익이 극대화된다. 생산수단을 소유한 자본가는 이를 토대로 타인의 노동력을 이용하고 부를 축적할 수 있기 때문이다.

교육 문제의 근본 원인을 일자리 부족으로 판단하고, 일자리의 양을 늘리기 위해 시장의 자유를 추구한다. 기업이 시장에 재투자하고 고용을 확대하도록 세금을 낮추고 규제를 완화하는 것이다.

시장의 자유가 말하는 정의는 수직적 윤리관이다. 의무를 준수한 사람에 한정해서 권리가 부여되어야 한다. 이러한 차등적 질서가 유지될 때 정의가 실현된다. 경제적 측면에서의 정의는 차등적 분배로 이어진다. 능력과 기여도에 따른 분배의 질서가 확립되어야 한다. 이것은 자유주의 이념에 부합한다. 구체적으로는 초기 자본주의, 신자유주의, 수정 자본주의가 여기에 포함된다. 이러한 경제체제에서는 자본가의 이익이 우선되고, 이는 정치적 보수라고 지칭된다.

두 번째 세계는 정부의 개입으로 나아간다. 세금과 복지는 향상된다. 빈부격차는 완화되고 사회의 삶의 질이 개선된다. 세금의 주체는 소수의 부유층이며, 직접세가 강화된다.

국가는 큰 정부의 형태가 된다. 국가의 역할은 사회에 적극적으로 개입함으로써 국민 전체의 삶의 질을 개선하는 것이다. 사회주의와 민주주의가 이에 부합하는 이념이다.

자유에 있어서는 적극적 자유가 추구된다. 자신의 선택을 이행할 수 있는 능력을 의미하는 적극적 자유는 평등과 빈부격차 완화를 우선적으로 고려한다. 이러한 자유가 실제로 의미하는 것은 생산수단의 개인소유를 제한하는 것이다.

직업에 있어서는 임금노동자의 이익이 우선된다. 국가는 생산수단의 개인소유를 제한함으로써 자본가에 의한 부의 독점을 막고, 적극적인 복지를 통해서 노동자의 삶을 개선하기 때문이다.

교육 문제의 근본 원인을 소득격차로 판단하고, 이를 줄이기 위해 정부의 개입을 추구한다. 고소득자와 기업의 세금을 높이고 고용안정성을 위한 제도를 마련하는 것이다.

정부의 개입이 말하는 정의는 수평적 윤리관이다. 모든 사람은 기본적으로 동등한 권리를 가진 만큼 동등하게 대우받아야 한다. 평등이 실현될 때 정의가 실현될 수 있다. 경제적 측면에서의 정의는 균등적 분배로 이어진다. 기회의 평등이 보장되고, 결과적 평등이 사회적으로 조율되어 실현된다. 이것은 사회주의 이념에 부합한다. 구체적으로는 사회민주주의, 사회주의, 공산주의가 여기에 포함된다. 이러한 경제체제에서는 노동자의 이익이 우선되고, 이는 정치적 진보라고 지칭된다.

미래의 한국사회는 어떠한 방향으로 나아가야 할 것인가? 물론 이것은 하나로 고정된 방향은 아닐 것이다. 직면한 현실을 고려하고, 개인과 사회의 이익을 고려해서 시민이 그때마다 선택해야 할 문제다. 당장 눈앞에 놓인 미래는 세계적인 저성장과 통화량 팽창 경쟁, 그리고 한국에서의 생산가능인구 감소와 베이비붐 세대의 은퇴다. 앞으로의 세계는 디플레이션 압력에 따른 개별 국가의 인플레이션 정책이 주가 될 것이고, 한국도 크게 다르지 않을 것이다. 이 과정에서 수출 중심의 대기업은 어려운 시기를 빠듯하게 견뎌낼 수 있을 것이고, 노동자는 물가 상승과 실질임금 감소에 따른 내수 부진과 빈부격차의 심화를 겪게 될 것이다.

우리는 선택해야 한다. 한국의 경제를 책임지고 있는 대기업의 성장을 위해 우선은 시장의 자유를 추구할 것인가? 아니면 지속적으로 심화될 내수 부진과 빈부격차 완화를 위해 우선적으로 정부의 개입을 추구할 것인가?

그리고 이러한 선택은 시민의 정치적 행동으로 결정된다. 우리가 보수 정당에 혹은 진보 정당에 투표한다는 것은 특정 정치인을 지지하는 것이 아니다. 또한 우리를 대표하는 누군가를 선발하는 것도 아니다. 시민의 정치적 행위로서의 투표는 시장의 자유와 정부의 개입이라는 사회 방향성의 선택이며, 궁극적으로 세계의 선택이다.

시민은 그 자체로 자유다. 역사의 필연적 귀결로서 시민은 자유의 실현자다. 여기서의 자유는 두 가지 의미다. 개인으로서의 나를 구성할 자유와 사회를 선택할 자유. 삶의 현장 속에서 나는 치열하게 일하고 공부하고 경쟁하며 나를 구성한다. 동시에 세계를 분석하고 이해함으로써 정치적, 경제적, 사회적 선택을 해야 한다. 세계의 복잡성으로부터 잠시 회피하여 쉬고 있는 시민들에게 손을 내밀고, 그들을 사회적 담론의 장으로 이끌어야 할 책임은 시민으로서 당신에게 있다.

대통령과 비서실장은 복도를 따라 연회장으로 걸어갔다. 비서실장이 물었다.

"시민은 어떻게 지내셨다고 합니까?"

"자신에게 주어진 삶을 최선을 다해서 살아왔다고 하셨습니다."

연회장의 문 앞에 섰다. 저 안에 시민이 있다. 비서실장은 조심스럽게 문을 열었다. 연회장을 채우고 있던 많은 사람의 시선이 그들에게 집중되었다. 비서실장이 들어오는 것을 보고 사람들이 박수를 쳤다. 비서실장은 조금 당황했지만, 금세 낯익은 얼굴들을 알아보았다. 전문가 A와 B가 있다. 횟집을 운영하는 노인과 눈이 마주쳤다. 고시원 총무와 Y오일 사장도 왔다. 구청 건설과 직원과 포장마차를 일으켜주지 않았던 젊은이도 있다. 김 부장도 왔다. 모두 반가운 얼굴들이다. 비서실장은 주위를 둘러보았지만, 시민을 찾을 수는 없었다.

비서실장이 물었다.

"시민은 아직 도착하지 않으신 겁니까?"

"시민은 도착했습니다. 여기 이렇게 모두 모여 있지 않습니까?"

대통령이 비서실장을 연회장의 가운데에 있는 테이블로 안내했다. 비서실장이 테이블 앞에 섰다. 테이블 위에 낯익은 물건 두 개가 놓여 있다. 빨간 버튼과 파란 버튼이다. 대통령이 말했다.

"모두 당신이 오기만을 기다리고 있었습니다. 이제 모두의 뜻을 담아서 버튼을 눌러주십시오. 시작한 사람이 마무리를 지어야죠."

비서실장이 말했다.

"저는 시민이 아닙니다."

대통령이 대답했다.

"자신에게 주어진 삶을 최선을 다해 살아온 사람이 시민이 아니겠습니까."

버튼은 오랜 세월을 기다린 만큼 낡아 있었다. 비서실장의 주위로 사람들이 둘러섰다. 대통령이 비서실장에게 말했다.

"마음의 결정은 하셨습니까?"

비서실장은 마음이 차분해졌다. 주위를 둘러보았다. 친근한 사람들이 기대감 가득한 얼굴로 자신을 바라보고 있었다. 비서실장은 대통령을 보고 고개를 끄덕였다. 그리고 말했다.

"오랜 시간 생각해온 것이 있습니다. 어떤 사회가 시민을 떠나지 않게 할 수 있었을까, 어떻게 하면 시민이 자신의 삶에 뿌리내리게 할 수 있었을까, 오랜 시간 생각해왔습니다."

대통령이 말했다.

"당신을 기다려온 우리들에게 한마디 해주세요."

사람들의 얼굴을 다시 한 번 둘러봤다. 마음이 확고해졌다. 너무도 먼 길을 돌아서 이 앞에 섰다. 비서실장은 눈을 감았다. 잠깐의 침묵이 흘렀다. 시민은 눈을 뜨고 이렇게 말했다.

"지금처럼 계속 걸어가야 합니다. 우리가 해야 하는 건 두 가지입니다. 나를 바꾸는 것과. 세상을 바꾸는 것. 우선 나를 바꿔야 합니다. 나의 일에 열정을 쏟아붓고, 사람들과 경쟁하고, 사랑하는 사람들을 돌보면서 그렇게 건강하게 나아가야 합니다.

다음으로 세상을 바꿔야 합니다. 하나의 경제체제를 선택하고, 이를 반영하는 하나의 정당을 지지해야 합니다. 나의 이익을 대변해주는 정당을. 신문을 접고, 티브이를 끄고, 타인의 말에 휩쓸리지 말고, 나의 현실을 직시한 후에 정말 나에게 이익이 되는 세계가 무엇인지 현명하게 판단해야 합니다.

세계를 복잡하게 이해하려다 지치지 말고. 세계를 관통하는 단순함에 집중해야 합니다. 내일의 세계를 시장의 자유로 나아가게 할 것인가. 정부의 개입으로 나아가게 할 것인가. 시민 각자가 현명하게 나의 이익에 따라 선택을 할 때, 그 선택은 사회 전체를 살 만한 사회로 만들 것입니다.

그렇게 해야 하고, 그렇게 하게 될 것입니다. 왜냐하면 시민은 세상의 주인이고, 역사의 끝이며, 그 자체로 자유이기 때문입니다."

이제 결정의 시간이다.

당신에게 묻는다. 우리 사회는 어떤 내일을 선택해야 하는가?